THE ART OF WAR
REVISED AND WITH AN INTRODUCTION BY NEAL WOOD
Niccolò Machiavelli
"Machiavelli taught Europe the art of war; it had long been practiced, without being known."—Voltaire
36 Strategies of the Martial Arts
The Classic Chinese Guide for Success in War, Business and Life
Hiroshi Moriya
Sun Tzu
A ARTE DA GUER
SUN TZU
A ARTE DA GUERRA
OS TREZE CAPÍTULOS ORIGINAIS
ΣΟΥΝ ΤΖΟΥ
Η ΤΕΧΝΗ ΤΟΥ ΠΟΛΕΜΟΥ
ΝΕΑ ΕΙΚΟΝΟΓΡΑΦΗΜΕΝΗ ΕΚΔΟΣΗ
兵法
TÔN TỬ
CHIKUMA SHINSHO
世界一わかりやすい「孫子の兵法」
長尾剛
SUN CU
SANTĖRUS

THE ART OF WA
EL ARTE DE LA GUERRA
東洋古典百選
孫子兵法
SUN ZIS krigskonst
Arte de la Guerra
SUN-TZU
MILITARY HISTORY FROM PRIMARY SOURC
SUN TZU
The Art of WAR
SUN ZI'S MILITARY METHODS
THE ART OF WAR
SUN-TZU
PENGUIN BOOKS
THE BOOK OF LORD SHANG
Sun Tzu

孫子の兵法
The Art of War
from the outline and the illustration
2500年前から読み継がれている
古今東西もっとも有名な兵法書に
その答えがある！
500
SUN TZU
THE ART OF WAR
SUN TZU
El Arte de la Guerra
SUN TZU
HOJAS DE LUZ
SUN CU
UMETNOST VOJNE
兵法
SUN TZU
THE ART OF WAR
THE NEW ILLUSTRATED EDITION
TRANSLATED BY
SAMUEL B. GRIFFITH
EL ARTE DE LA GUERRA
Sun-tzu
"Si no puedes ser fuerte, y sin embargo no puedes ser débil, eso resultará en tu derrota."
longseller
SUN TZU
Sun Tzu
Arta războiului
SUN TZU
El arte de la guerra
Versión, estudio

SUN TZU
L'ARTE DELLA GUERRA
Guerra
MENAS
中国古代
诸子经典与
现代管理
Kitab Klasik Cina &
engurusan Moden
叶新田博士翻译与撰著
oleh
Dr. Yap Sin Tian
Southern Cross University, Australia)
孙子兵法
Sun Wu
EL ARTE DE LA GUERRA
ejecutivos y directivos
The Ancient Chinese Revealed
Translated by Gary Gagliardi
Translated by William Scott Wilson
Hiroshi Moriya
The Classic Chinese Guide for Success in War, Business, and Life
The 36 Stra
of the
Martial Arts
A Arte da Guerra
Sun Tzu
CLÁSSICOS DO
Introdução e Notas
LIONEL GILES

孫子の兵法
麻生太郎 外務大臣 創設
国際漫画賞 受賞作!!
李志清
SUN ZIS KRIGS-KONST
TÔN VŨ
孙子兵法
NHÀ XUẤT BẢN HÀ NỘI
MISTR SUN
O UM
VÁLEČN
ANCIENT SAGES OF CHINA
SUN TZU
The Ultimate Master of War
CHINA INTERCONTINENTAL PRESS
THE ART OF WAR
GRAPHIC NOVEL BY
KELLY ROMAN
SUN TZU'S THE ART OF WAR TRANSLATED BY LIONEL GILES
ILLUSTRATED BY
MICHAEL DeWEESE

EL ARTE DE LA GUERRA
Sun Tzu
El arte de la guerra
Sun Tzu
活用孫子兵法
Sun Tzu
TAITO
TIETOSANOMA
CASE STUDIES ON SUN TZU'S ART OF WAR
A STUDY TO SUCCESS
손자병법

孫子兵法
THE ART OF WAR
Sun Tzu
THE ART OF WAR
SUN TZU
The Art of War
Sun Tzu
EDICIONES OBELISCO
EL ARTE DE LA GUERRA
para ejecutivos y directivos
SUN-TZU
y Jack Lawson
談笑用兵
孫子兵法完全求生手冊
兵法不只在戰場，也在你我生活中！
用兵法過生活，讓你無往不利！
嚴定暹
Sun Zi Bingfa
Pemikiran dan Aplikasinya dalam
Zaman yang Terus Berubah
黃昭虎
Chow-Hou Wee
实习律师和
孙子兵法
Baby Barista

위대한 기업, 36계 전략으로 승부한다
비즈니스 전쟁터에서 통하는 싸움의 기술
SENI PERANG SUN TZU & 36 STRATEGI
Tjio Tjiang Feng
MASTERPIECE • KARYA MONUMENTAL
兵書上的戰車
宋代的《孫子兵法》研究
SUN TZU ART of WAR
孫子兵法
孫子兵法 白話譯解
孫子
談判說服的策略
方鵬程 著
Gary Gagliardi
A ARTE DA GUERRA
Sun Tzu
Plus
Tao Hanzhang
SUN TZU THE ART OF WAR
The Illustrated Edition
EDITED AND INTRODUCED BY

孙子
智慧故事
SUN
EL ARTE DE LA GUERRA
孙子兵法
1999
不战而胜
尼克松
EL ARTE DE LA GUERRA EMPRESA
Sun Bin über die Kriegskunst
孙子兵法 孙膑兵法
孙子
TZU
Management
The Art of War
Sun Tzu
DODO PRESS

THE ART OF WAR
Sun Tzu
철학 사회를 꿈꾸며
孫

LESSONS IN THE ART OF WAR
MARTIAL STRATEGIES for the SUCCESSFUL FIGHTER
SUN TZU to VON CLAUSEWITZ
TINA SPRAGUE
TUTTLE
THE ART OF
EL ARTE DE LA GUERRA
Sun Tzu
Sun Tzu
A ARTE DA GUERRA
14ª edición
Sun Tzu
ARTE
Pierre Fayard
Sun Tzu e l'arte della seduzione

L'Arte della Guerra
Sun Tzu
FOR SUCCESS
NEW WORLD PRESS
DEN KLASSISKA SKRIFTEN OM KRIGSKONST
EL ARTE DE LA GU
El arte de la Guerra
SUN TZU
The ART of WAR
THOMAS CLEARY

孙子兵法
全球
传播录

韩胜宝 著

Global Spread
of Sun Tzu's
Art of War

江苏凤凰教育出版社
Phoenix Education Publishing, Ltd

目录

1
源流与评述

导读 3
文本源头 8
流传版本 18
注释校解 42
中国古代《孙子兵法》注释 42
中国近现代《孙子兵法》注释 43
日本《孙子兵法》注释 55
名家评述 63
亚洲 63
欧洲 72
美洲 75

2
传播与输出

导读 83
小语种争奇斗艳 86
版本一枝独秀 91

输出最受欢迎 94

日文 98

法文 102

俄文 104

德文 106

阿拉伯文 108

西班牙文 112

英文 140

汉英对照 152

越南文 160

捷克文 164

泰文 166

匈牙利文 168

缅甸文 170

希伯来文 172

芬兰文 174

罗马尼亚文 178

意大利文 180

荷兰文 182

希腊文 184

印尼文 186

波兰文 188

土耳其文 190

瑞典文 192

僧伽罗文 196

斯洛文尼亚文 198

蒙古文 200
立陶宛文 202
挪威文 204
波斯文 208
葡萄牙文 210
保加利亚文 214
塞尔维亚文 216
乌克兰文 218
爱沙尼亚文 220
丹麦文 222
克罗地亚文 224
韩文 226
马来西亚文 228

3
再版与译者

导读 233
再版新译 240
日文 241
韩文 248
俄文 252
英文 254

西班牙文 270
意大利文 280
斯洛文尼亚文 282
其他语种译本 285
翻译群体 293
服部千春 294
安乐哲 299
胜雅律 305
瓦莱丽·妮凯 314
亚纳·古德尔克 320
吕福克 325
柯山 331
马迪·诺约宁 335
朴在熙 340
廖梅林 345
邱庆河 350
黄昭虎 354
黄基明 358
刘汉忠 362
其米德策耶 365
郝唯民 369
胡塞尼 372
希夏姆·马里基 376

4

衍生与创新

导读 383

政治军事类 386

哲学文学类 403

商业管理类 413

体育竞技类 436

生活竞争类 440

少儿读物类 461

文化艺术类 476

5

阅读与收藏

导读 483

阅读频掀高潮 487

- 亚洲 488
- 欧洲 493
- 美洲 507
- 大洋洲 515

非洲 516
成为珍贵收藏 518
联合国 519
亚洲 520
欧洲 528
美洲 531
大洋洲 534

1
源流与评述

导读

《孙子兵法》又称《孙武兵法》《吴孙子兵法》《孙子兵书》《孙武兵书》等，根据 1972 年山东临沂银雀山汉墓竹简考证，它是中国现存最早的兵书，也是世界上最早的军事著作，早于克劳塞维茨《战争论》约 2300 年，被誉为“兵学圣典”。

公元前 512 年，《孙子兵法》成书，作者是春秋末期祖籍齐国乐安的吴国将军，被誉为“兵家至圣”“百世兵家之师”“东方兵学的鼻祖”的孙武（公元前 545—公元前 470）。《孙子兵法》全书十三篇，共有六千字左右，诞生距今已有 2500 多年历史，是中国优秀传统文化中的元典之一。

《孙子兵法》之所以历久弥新，成为中华文化中的重要遗产、华夏文明乃至世界文明中璀璨的瑰宝，是因为其传世文本成为传世之宝，世代传承，世代传颂。

早在战国时代，《孙子兵法》就受到广泛的关注。《韩非子·五蠹篇》说：“境内皆言兵，藏孙、吴书者家有之。”韩非子的论述对历朝历代的影响很大。此后，历代的将帅将它列为必读书目之首。时至今日，《孙子兵法》已从中国兵书之首变成世界兵书之首，并且这个地位始终没有动摇。

《史记》与《孙子兵法》的关系非常密切，《孙子吴起列传》是《史

孙子像

记》的重要一篇，并以“《孙子》十三篇”作为《孙子兵法》的称名，孙武的生平也是通过《史记》第一次被载入史册。《孙子吴起列传》记载：“孙子武者，齐人也，以兵法见吴王阖闾。阖闾曰：子之十三篇吾尽观之矣。”

《史记》是中国古代最著名的历史著作之一，记事翔实，内容丰富。《史记》中多处评价孙武之功业。可以说，司马迁是研究孙武的首创者，也是为中国古代伟大军事家孙武立传的第一人，奠定了孙子传世之作的基础。

而传世《孙子兵法》文本的源头乃是西汉成帝时刘向、任宏，他俩对古抄本加以整理，校勘其文字，统一其篇名，排定其篇章次序，确定其书名，编成《吴孙子兵法》三卷。之所以称孙武为“吴孙子”，是为了区别于“齐孙子”孙膑。

西汉时期是《孙子兵法》发展的一个重要阶段，是孙武其书正式见于著录的重要开端，也是其书基本定型和开始流传的关键阶段。当时朝廷对兵书进行了三次大的搜集和校理。第一次是汉高祖在位时“韩信申军法”的军事改革。第二次是在汉武帝时，当时反击匈奴的战争正在如火如荼地进行，为了夺取战争的胜利，统治者对兵学的关注自然又提上议事日程，于是就有军政杨仆整理兵书之举。第三次是在汉成帝时，由“任宏论次兵书”。在这三次兵书整理过程中，一定都有最重要的《孙子兵法》一书。尤其是第三次，它对于传世本《孙子兵法》书名的正式确定，具有重要的意义，《孙子兵法》的书名沿用至今，流芳千古。

春秋战国至西汉时期是中国兵书产生最多的时期，但是《汉书·艺文志》记载的许多兵书，如《项王》《韩信》《范蠡》等今已全部失传，唯独《孙子兵法》流传至今。

《孙子兵法》成书后，早期主要依靠口授笔录和简帛抄本来传播，形成了以十三篇与其他杂篇同时流传的局面。从东汉末年曹操对《吴孙子兵法》进行注释，到唐宋时代出现了诸多的注释本和合刻本，其中对后世影响最大的是《武经七书》和《十一家注孙子》。而《武经七书》第一次把《孙子兵法》列为中国古代兵书之首。这是因为战国以来，《孙子兵法》受到军事家、政治家的格外推崇，到了唐宋时期地位愈加凸显。正如唐太宗李世民对《孙子兵法》所评价："朕观诸兵法，无出孙武。"

《孙子兵法》从中国古代的传世版本到流传世界的各种翻译版本，从卷帙浩繁的注释校解佳著到精妙绝伦的评述力作，影响中国，也影响世界。最重要的不是给予思想，而是给予思维。孙子是兵学领域开拓创新的大师，是顶层思维的巨匠。

《孙子兵法》的产生经历了一个较长时期的孕育过程，先秦时期就已经形成的统体思维、辩证思维、象类思维等思维方式，对孙子理论体系的构筑起了指导性作用。

这部中国古代兵书蕴含着第一流的人类智慧，不仅有军事战略，更有博大精深的思维方式和哲学思想，已经成为重组当今世界文化的极其重要的资源。全球学者对孙子的思维给予极高的评价，称《孙子兵法》所蕴含的深刻哲理和思维模式，对维护世界和平有重大的贡献。其中，一个高层次的战略思维是"不战而屈人之兵，善之善者也"。

中国崛起有文化交流的大国思维，《孙子兵法》展示了中国人对和平、和谐的追求，从而促进中华文化与世界融合。由此看来，代表中国战略思维、和平理念的孙子文化是最能为全世界接受的，世界各国从孙子智慧中找到打开思维空间的金钥匙，孙子的思维模式在今天依然充满了生命力。

古老的《孙子兵法》思维是其活的灵魂。当西方式策略撞上东方式思维，让西方人在惊讶之后学会了融通。在今天飞速发展的信息时代,《孙子兵法》所代表的东方战略智慧及其价值观念,对西方战略思维、战争实践、军事理论乃至社会发展产生了广泛而持久的影响。

世界各国从《孙子兵法》这个智慧宝典中探寻政治思维、军事思维、外交思维、哲学思维、战略思维、竞争思维、创新思维等系统性思维模式,并应用孙子的思维,创造了一个又一个智慧谋略的奇迹。

↗ 1972年,山东临沂银雀山汉墓出土了大量珍贵竹简,揭开了孙武其人其书的千古之谜,结束了《孙子兵法》与《孙膑兵法》著作权的千古之争,成为震惊世界的考古重大发现之一,更成为中国文化史上的一件盛事。它证实了《史记·孙子吴起列传》有关孙武仕吴、孙膑仕齐,各有兵法传世的记载。银雀山汉墓出土的汉初竹简抄本,是现今为止《孙子兵法》存世最早的版本。

↗ 银雀山汉墓竹简共计有完整简、残简4942枚,此外还有数千残片。其内容包括《孙子兵法》《孙膑兵法》《六韬》《尉缭子》等先秦古籍兵书及古佚书,无一儒家经典,而道家和兵法类文献则占有相当大比重。这些古籍均为西汉时手书,是较早的写本,对于研究中国古代兵法等方面提供了可贵的资料。

↗ 中国文物出版社陆续出版全部竹简,分编三辑,其中第一辑包含《孙子兵法》《孙膑兵法》《六韬》《尉缭子》《晏子》等。其中《孙子兵法》《孙膑兵法》还另印行大三十二开简注本各一种。

↗ 随之,竹简版《孙子兵法》在海内外广为流传。

↗ 东汉末年曹操对《吴孙子兵法》三卷加以注释,成《孙子注》一书。因其自序中称“略解”,故又称《孙子略解》,简称《曹注〈孙子〉》,又称《魏武帝注孙子》,是为传世《孙子兵法》的最早注释本,对《孙子兵法》

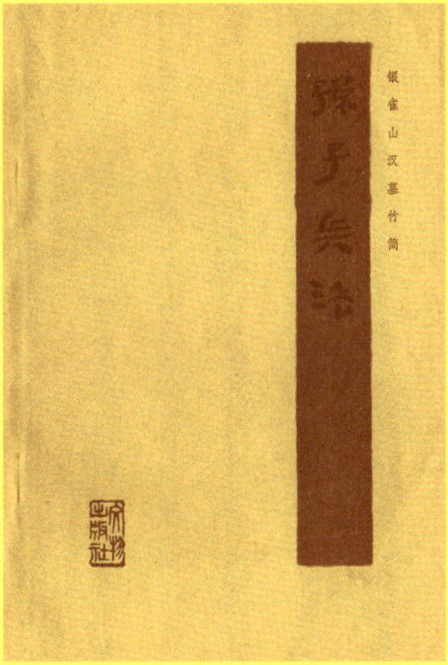

《银雀山汉墓竹简孙子兵法》

银雀山汉墓出土的《孙子兵法》竹简

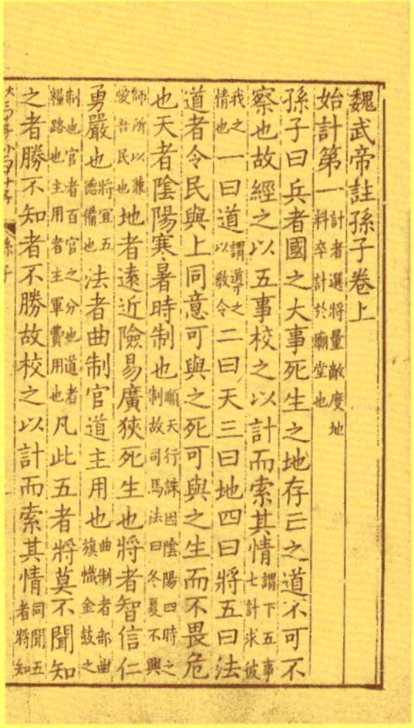
魏武帝註孫子卷上
始計第一計者選將量敵度地料卒計於廟堂也
孫子曰兵者國之大事死生之地存亡之道不可不
察也故經之以五事校之以計而索其情謂下五事七計求彼
我之情也一曰道謂導之以教令二曰天三曰地四曰將五曰法
道者令民與上同意可與之死可與之生而不畏危
也天者陰陽寒暑時制也順天行誅因陰陽四時之制故司馬法曰冬夏不興
師所以兼愛吾民也地者遠近險易廣狹死生也將者智信仁
勇嚴也將宜五德備也法者曲制官道主用也曲制者部曲旗幟金鼓之
制也官者百官之分也道者糧路也主者主軍費用也凡此五者將莫不聞知
之者勝不知者不勝故校之以計而索其情同聞五者將知

影宋本《魏武帝注孙子》

的流传起到了重要的推动作用。

↗ 影宋本《魏武帝注孙子》。此书收于孙星衍的《平津馆丛书》甲集，三卷本。

↗ 宋本《武经七书》本《孙子》。现存的版本为南宋刻本，藏于日本东京静嘉堂文库，其印本三卷收于《续古逸丛书》。

↗ 元丰三年(1080)，宋神宗诏令将《孙子》《吴子》《司马法》《尉缭子》《六韬》《三略》《李靖问对》七书定为武学教本，称《武经七书》，俗称“武经本”，是北宋朝廷作为官书颁行的兵法丛书，也是中国古代第一部军事教科书。

↗ 《武经七书》始于宋神宗元丰年间出版的宋刻《武经七书·孙子》，由何去非、朱服等校定，约成书于1080—1086年间。自北宋至清初，《孙子兵法》流传始终以武经本为主导，是朝廷武举考试官定的权威版本。

↗ 《武经七书》的校定、颁行，是北宋朝廷在军事理论建设上的一个贡献，它奠定了中国古代军事学的基础，对中国和世界发展近代、现代军事科学起了积极的作用。《孙子》是其中最重要、保存最完整的古代兵法。

↗ 宋本《十一家注孙子》。此本约成书于1131—1161年间，集合了曹操、杜牧、梁孟氏、陈皞、贾林、李筌、梅尧臣、王皙、何延锡、张预、杜佑等11人的注评。该版本是最为流行的传世本之一，现藏于上海图书馆，1961年由中华书局上海编辑所影印出版。

↗ 《十一家注孙子》集成了各代对《孙子》的理解和发展，对学习理解孙子的思想很有裨益，具有很高的学术价值，对近世影响最大。因此，这一版本得以广为流传。

↗ 清代中叶(嘉庆年间)，著名汉学大儒、目录学家、校勘学家、藏书家孙星衍对宋本《十一家注孙子》加以精心校理，成果以《孙子十家注》

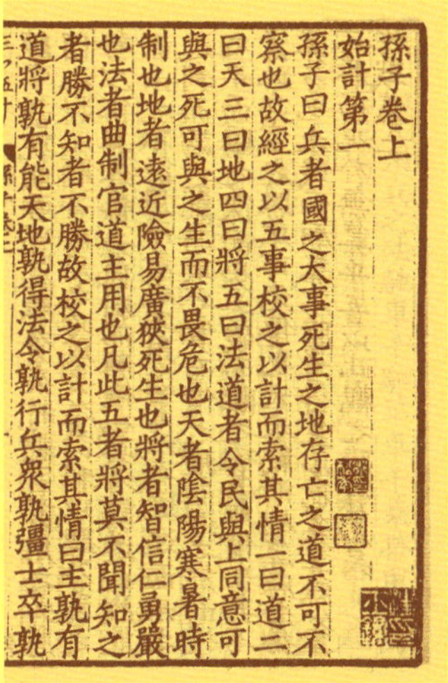

孫子卷上
始計第一
孫子曰兵者國之大事死生之地存亡之道不可不
察也故經之以五事校之以計而索其情一曰道二
曰天三曰地四曰將五曰法道者令民與上同意可
與之死可與之生而不畏危也天者陰陽寒暑時
制也地者遠近險易廣狹死生也將者智信仁勇嚴
也法者曲制官道主用也凡此五者將莫不聞知之
者勝不知者不勝故校之以計而索其情曰主孰有
道將孰有能天地孰得法令孰行兵衆孰彊士卒孰

《武经七书·孙子》书影

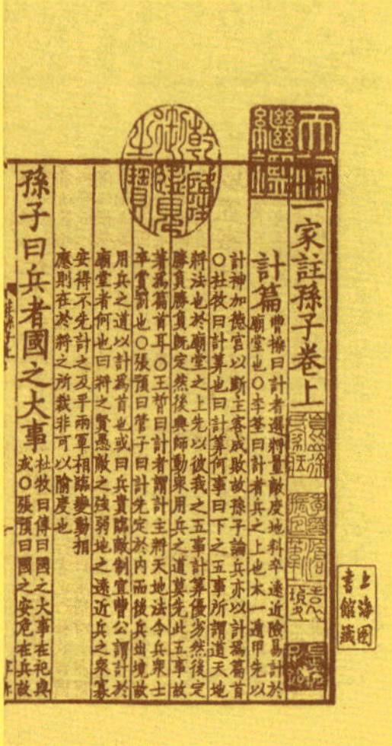

一家註孫子卷上
計篇 曹操曰計者選將量敵度地料卒遠近險易計於廟堂也○李筌曰計者兵之上也太一遁甲先以
計神加德宮以斷主客成敗故孫子論兵亦以計為篇首
○杜牧曰計算也曰計算何事曰下之五事所謂道天地
將法也於廟堂之上先以彼我之五事計算優劣然後定
勝負勝負既定然後興師動衆用兵之道莫先此五事故
著為篇首耳○王晳曰計者謂計主將天地法令兵衆士
卒賞罰也○張預曰管子曰計先定於內而後兵出境故
用兵之道以計為首也或曰兵貴臨敵制宜曹公謂計於
廟堂者何也曰將之賢愚敵之強弱地之遠近兵之衆寡
安得不先計之及乎兩軍相臨變動相
應則在於將之所裁非可以隃度也
孫子曰兵者國之大事 杜牧曰傳曰國之大事在祀與戎○張預曰國之安危在兵故

上海图书馆藏宋本《十一家注孙子》

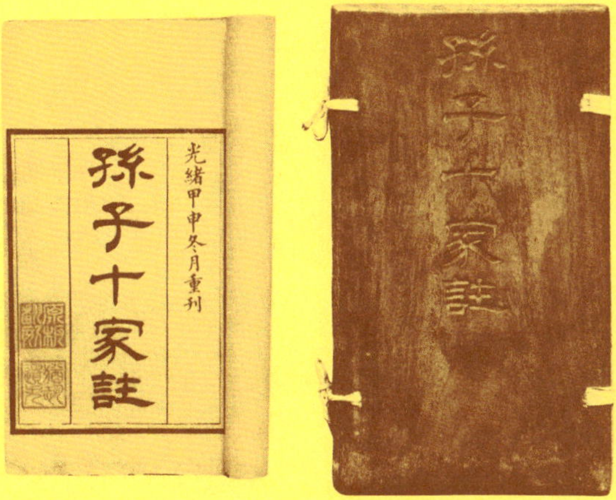

清代，孙星衍对《孙子十家注》做了精审的校勘工作。此本收录了北宋中期之前十位学者的注解，成为《孙子兵法》最为重要的传本之一。

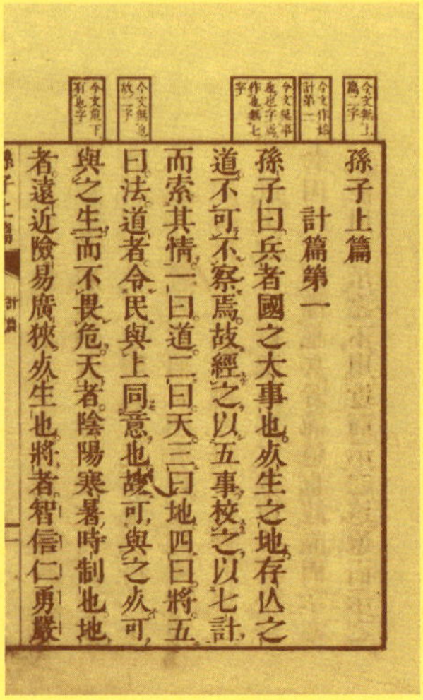

孫子上篇
計篇第一
孫子曰兵者國之大事也死生之地存亾之
道不可不察焉故經之以五事校之以七計
而索其情一曰道二曰天三曰地四曰將五
曰法道者令民與上同意也故可與之死可
與之生而不畏危天者陰陽寒暑時制也地
者遠近險易廣狹死生也將者智信仁勇嚴

日本樱田本《孙子兵法》

为名刊行，即收录了北宋中期之前10位学者的注解，其校定本成为近百年来流传最广、影响最大、最敷实用的传本。

此外，《孙子兵法》在日本还有一重要传本，即樱田本。樱田本是由日本仙台藩士、长沼派武学学者樱田迪于1852年将家藏抄本《古文孙子》加以标点而刊行于世。

樱田本源自唐贞观时传抄本，属于曹注本系统，刊印前可能据施子美《武经七书讲义》、刘寅《武经七书直解》、赵本学《孙子书》而有所修改，但与中国传世本有280多处异文，而北条氏长所撰《孙子外传》抄本，则是对樱田本《古文孙子》的最早注解。

20世纪20年代初，日本史学专家佐藤坚司发现日本樱田本（日本称之为《古文孙子》）。1942年，佐藤坚司又在宫城县图书馆发现北条氏长所撰《孙子外传》抄本。

随后，佐藤坚司于1962年将《古文孙子》与《孙子外传》作为其《孙子之思想史研究》一书的资料一并出版，使得樱田本重为世人所知。对于樱田本的成书时间，日本学者多认定为“魏武（曹操）以前之书”，但中国学者却普遍认为是“曹注《孙子》”到宋本《孙子》之间的一个过渡本，可能是唐初抄本，故其对于《孙子兵法》传本校勘具有重要的参考价值。

流传版本

↗ 《孙子兵法》在战国末期和汉代初期已很流行，当时流行的就是"十三篇"文本。据《史记·孙子吴起列传》记载："世俗所称师旅，皆道《孙子》十三篇。"

↗ 数千年间，《孙子兵法》历经朝代更迭和历史长河的荡涤，饱经千年战火的磨砺，接受人类文明的洗礼，从东方传至西方，跨越时空，长盛不衰，成为中国古籍在世界上翻译和流传的版本最多、影响最大的著作之一。全世界留下了许多经典的《孙子兵法》流传版本，其世界性翻译传播有着重大的历史意义和现实意义。

↗ 亚洲在世界军事思想史上的地位举足轻重，世界三大兵书即中国孙武的《孙子兵法》、日本宫本武藏的《五轮书》与德国克劳塞维茨的《战争论》三大兵书中两本出自亚洲，对人类数千年的战争史产生了不可估量的影响。

↗ 作为军事文化经典文本的《孙子兵法》，对中原周边地区影响巨大，最先进行翻译的是当时的辽朝、金朝和西夏。女真兵法虽没见到实物，但西夏文则有实物，20世纪初，一支俄罗斯探险队在今内蒙古额济纳旗西夏黑水城遗址中发现了翻译成西夏文的《孙子兵法》。日本、朝鲜、越南等亚洲国家很早就传入汉语版《孙子兵法》。

↗ 公元8世纪上叶，遣唐使吉备真备从中国把《孙子兵法》带回日本在军队中传授，成为《孙子兵法》在世界传播第一人。

↗ 吉备真备是日本奈良时代的学者、政治家(公卿)，曾两次出任遣唐使。他精研经史，成为饱学之士。唐开元二十二年(734)，吉备真备携带包括《孙子兵法》在内的1700多部中国典籍回到日本，将他所学习、研究的成果在日本广泛传播。从此，日本对孙子研究应用一直走在世界前列。吉备真备还带回了由张良传下来的《六韬》《三略》等兵法书，被尊为日本的兵法之祖。

↗ 著有《孙子事活钞》的德田邕兴，在《合传派武学传来口授》一书中评价："夫孙子十三篇兵法，由吉备公自中华携归，始向本朝传播，因此与本朝的神武融合，号称龙圆备，是为兵法、军事之奥义。"

↗ 据《续日本记》记载，吉备真备回国后奈良王室派人前往太宰府向吉备虚心学习《孙子·九地》《诸葛亮八阵》等军事知识。如果这本日本史书的叙述属实的话，那么便可以证明，在唐朝时期，是吉备真备循海路将《孙子兵法》带回日本并广为传播的。

↗ 公元1660年，出现了日译本《孙子兵法》的雏形，著作有《孙子谚解》《孙子摘要》《孙子管蠡》《孙子详注》《孙子国字解》《孙子评注》等。到德川家康时期(公元17世纪)，有了真正意义上的《孙子兵法》日文译本。

↗ 在朝鲜史书中首先纪录《孙子兵法》的是《朝鲜王朝实录》。李氏朝鲜从《孙子兵法》里学会如何筑城、守城、攻城。

↗ 据《朝鲜通史》记载，15世纪李氏朝鲜的义宗至世祖时期，曾出版过《武经七书》的注释本，其中就有《孙子兵法》。清乾隆四十三年(1778)朝鲜就刊印了一题名为《新刊增注孙武子直解》的书，分为上、中、下三卷。在《新刊增注武经七书直解》内，系以刘寅的《武经七书直解》为底本，补充旧注增订而成。

↗ 高丽时期研读《孙子兵法》已很普遍了，《司马兵法》《武经七书》

西安吉备真备纪念园

《三略》也很流行，朝鲜五科考试将《孙子兵法》列入其中。朝鲜著名的爱国名将李舜臣也曾经历过这个考试，后来他打朝鲜卫国战争是在中国明朝军队支援下，用《孙子兵法》战胜了日本。

三国时期的百济国与日本交流频繁，而百济国受中华文化影响很深。来自朝鲜半岛百济国的几位兵法家到日本修筑城池，因精通中国兵法被授予荣誉勋位。

截至目前，亚洲出版的译本有日文、韩文、越南文、泰文、马来西亚文、印尼文、缅甸文等版本。如此众多的不同语言文字译本在亚洲国家出现，不仅提高了亚洲普及研究和传播应用孙子文化的整体水平，而且带动了全球孙子文化热。

在西方，《孙子兵法》起初是由少数精通汉语的欧洲军官口口相传。到了1772年，法国神父约瑟夫·阿米欧（Joseph-Marie Amiot）在巴黎翻译出版了法文版。可以说，《孙子兵法》作为军事文化经典文本转换，从法文版开始。

阿米欧中文名字叫钱德明，法国神父，1718年出生于法国土伦。1737年进入耶稣会，1750年奉派来华，第二年就被乾隆皇帝召进京城，此后一直受到清朝的礼遇，成为乾隆会见西方使节的首席翻译官。他在东方古都北京一住就是43年，1793年逝世于北京。

除了传教以外，阿米欧把主要的精力都用在研究中国文化上面。他学会了满文、汉文，把中国的历史、语言、儒学、音乐、医药等各方面的知识介绍到法国去，引起法国乃至欧洲文化界的广泛关注。其中，最有价值的译介工作是受法国国王路易十五时代的大臣M.贝尔东的委托，翻译六部中国古代兵书，其中一部便是《孙子兵法》。

阿米欧是入华耶稣会士中最后一位大汉学家，也是把《孙子兵法》介绍到欧洲的第一人。这部书的法译本一问世，就引起法国公众的关注和好评。《法国精神》等文学刊物纷纷发表评论，有的评论者甚至说，他在《孙子兵法》里看到了西方名将和军事著作家色诺芬、波利比乌斯和萨克斯笔下所表现的“那一伟大艺术的全部真理”,“如果法国的将士都能研读这部伟大的兵法,这将有助于国家的强盛”,建议将这一“杰作”人手一册,作为“那些有志于统领我国军队的人和普通军官的教材”。法国《当代文艺》杂志登载评论,一位不具名的评论家希望“年轻一代的贵族能认真阅读这位名将的著作”。法国《杂志精粹》和《斯卡范杂志》也刊登了译作内容摘要。

《孙子兵法》传入西方后产生的影响,用法国海军上将拉克斯特的话说,“《孙子兵法》所描述的那些方法和计谋,既适用于小的战争,也适用于重大的政治抉择,所有领域的领导人,包括从企业到政治家和军队统帅,都会发现对自己很有用”。可以说,阿米欧对《孙子兵法》在欧洲的传播贡献很大。

法国神父开启了《孙子兵法》在西方传播的历程,也为后来俄国人、英国人、德国人相继翻译出版《孙子兵法》奠定了基础,影响了法国乃至西方的兵学界,俄、德、西、英、意等语种的译本相继在欧洲问世。

阿列克谢·列昂季耶维奇·列昂季耶夫(1716—1786),俄国最早的汉学家之一,俄国外交委员会满汉语译员,满语通译和俄罗斯文馆教师。1772年,由列昂季耶夫翻译的《中国思想》在圣彼得堡出版,《孙子兵法》的部分译文也收入其中,为《孙子兵法》的首次俄译。

《中国思想》是俄国出版的第一部中国文学作品的译文集,收录了历代皇帝和大臣治国论道的谕旨和奏章。此书因其内容丰富、学术价值颇高而广为流传,广受欢迎,引起其他欧洲国家的广泛关注。1778年和1807年分别在德国的魏玛和德雷斯顿出版了德文和法文译本。

列昂季耶夫为中国文化的传播以及俄国汉学的建立和发展做出了重要贡献。俄罗斯学者称“列昂季耶夫完全可以称得上是18世纪最重要的汉学家”。

1778 年，德语版《孙子》在德国的魏玛出版。1910 年，德文《兵法——中国古典军事家论文集》在德国柏林出版，译者为布鲁诺·纳瓦拉(Bruno Navana)。译本中有中文原著的插图，并附有“古代中国战歌”的字样。

译者在书中写道：“《孙子》一书，必将为欧洲作者及其科学著述提供参考。”此书系为献给当时德军参谋长封·莫尔特克将军而翻译的，为稀见之书，甚至引起人们对此书是否存在的怀疑。直到 20 世纪 90 年代，瑞士汉学家、著名孙子研究学者胜雅律在瑞士联邦军事图书馆中始见到原版，方消除怀疑，此版本成为弥足珍贵的孤本。

1905 年，《孙子》英译本首次在日本东京出版，由英国皇家骑兵团上尉 E.F. 卡尔斯罗普(E. F. Calthrop)翻译。该英译本依据的是日文版的《孙子兵法》，当时卡尔斯罗普在日本学习语言，他在翻译过程中得到日本人的帮助。这是第一个英译本，尽管尚不完整，但使《孙子兵法》主要内容得以在英语国家广为传播。

1908 年，卡尔斯罗普重新翻译出版了《孙子兵法》英译本，由伦敦约翰·默莱公司出版，爱丁堡出版社印刷。该书的封面书名标题为《兵书》(Book of War)，副题是“远东兵学经典”，并在译者署名处注明“根据中文翻译”。

该译本全书 132 页，不但包括 13 篇兵法、10 页的序言，还有 6 篇吴子兵法和长达 12 页较详细的英文检索。从全书看，由于译者与审阅者均为军人，该修改本译文比较完整，存在于 1905 年依照日文翻译版中的问题也明显减少。该译文的一些长处，包括兵法 13 篇的部分篇名，都为后来的英译者所借鉴和采用。该译本 1908 年至 2007 年先后再版 7 次。如果没有该译本的出现，或许《孙子兵法》没有这么早就被西方世界发现并为之惊叹，也无法这么快在英语世界乃至全球展示出丰富的内涵和永恒的生命力。这是卡尔斯罗普对《孙子兵法》成为世界军事重要文献的杰出贡献。

有学者评价，“卡尔斯罗普的修改版译本反映了一个英国年轻军官对中国古典兵学的崇敬，以及他敏锐地察觉到孙子兵法在现代战争中的作用。正如他在前言中所说，中国古代兵学杰作以最卓越出众的方式表明的原则是如何永恒不变的，他们的话已成为格言”。因此，对此修改版英译本的价值应当肯定。

英国国际出版顾问、教育家保罗·理查德教授说：“首批中译英的《孙子》著作，可以追溯到 100 年前。20 世纪英国曾翻译出版了 17 个版本《孙子兵法》。”此后，经典英译本《孙子兵法》不断问世，在西方掀起了一股又一股经久不衰、居高不退的“孙子热”。

1910 年，莱昂内尔·贾尔斯（Lionel Giles）的《孙子兵法》英译本问世，这个由伦敦卢扎克公司出版的译本忠于原作，汉英对照，逐句译出，注释详尽，通顺流畅，对在西方世界中传播孙子思想起到了深远的影响。

贾尔斯中文名字叫翟林奈，生于中国，是英国领事官、汉学家老贾尔斯（翟理思）之子。贾尔斯于 1900 年供职于大英博物馆图书馆，负责管理东方书刊和手稿，潜心研究汉学。

贾尔斯在翻译《孙子兵法》前做了充分准备，翻译过程中下了很大功夫，研究了《左传》《史记》《吴越春秋》《四库全书》等大量典籍，考察了《孙子》十三篇成书的历史背景和孙武其人，还研究了中国历代的与现存的《孙子兵法》诸版本。贾尔斯表示：《孙子兵法》是中国兵学之精粹，不能因翻译不当而使其蒙尘受辱。

在纷繁芜杂的中国兵学经典中选好版本是此版本成败的关键。贾尔斯独具慧眼地以《孙子十家注》为蓝本进行英译，该蓝本所具有的权威性，使英译本的依据经得起历史的检验。

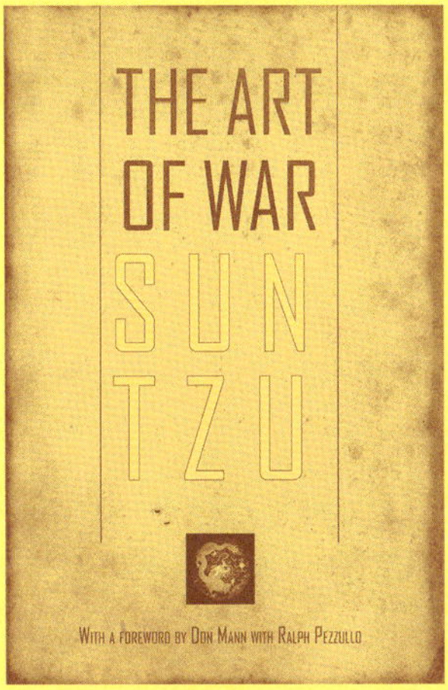

莱昂内尔·贾尔斯英文版《孙子兵法》

塞缪尔·B.格里菲斯英文版《孙子兵法》英国牛津大学出版

贾尔斯效法著名汉学家理雅各翻译“四书”“五经”的做法，分段逐句译成英文。为尊重原著，先出中文，后出英译文，而且中英文完整地保持在同一页上。与理雅各略有不同的是，每段《孙子兵法》中的长句或短句都加阿拉伯数字序号，所有引自中国典籍的注释都附上原文，以便于西方读者阅读，也便于懂双语者对比检验。

解释详尽是贾尔斯英译本的又一特色。译者对注释家分别作了简介，概述其主要著作以及他们对《孙子兵法》所作注释的特点。针对“十三篇”中的兵学概念、人名、地名、古汉语词汇等的加注，大都选自《十家注》的原注，但也有译者自己独特的见解。作者在整个译本中还恰到好处地对早先西方译本的译法多作评论，这在一般的译注中也是罕见的。

贾尔斯英译本达到了“信、达、雅”的标准，译文严谨，语句通畅，富有韵味，自成风格，不仅在很大程度上表达了《孙子兵法》原有的文章之美，而且比较完整准确地用英文表达了孙子博大精深的兵学思想。

贾尔斯的译本被公认是一部将《孙子兵法》介绍给西方读者的佳作，为其他西方文字翻译《孙子兵法》奠定了基础，也使欧洲人能更好地了解孙子思想。

英国坎大哈伯爵罗伯茨陆军元帅曾致函给贾尔斯，称“孙子的许多格言完全适用于现在”。美国托马斯·R. 菲利普斯准将于 1949 年重版该英译本时在撰写的导论中写道：“贾尔斯博士的译文语义准确，遣词凝练生动，其他英、法文译本在这两方面都显得逊色。”

贾尔斯英译本由牛津大学出版社多次再版，世界最著名的英语图书出版商企鹅出版社也连续多年出版。

当代最重要的《孙子》英译本出于美国准将塞缪尔·B. 格里菲斯（Samuel B. Griffith）之手，1963 年出版于伦敦、牛津和纽约，书名为《孙子——战争艺术》,1971 年发行了袖珍本。近几十年来该书不断重印再版,至 1982 年已发行了 12 版,在西方各国广为流行。

格里菲斯英译本一经问世,随即打破沉寂,风靡西方各国,当年就被列入联合国教科文组织的中国代表翻译丛书。此后数次再版,曾连续数月雄踞亚马逊图书排行榜第 1 名,一度创下一个月 16000 本的销量。

该译本无论从其语言理解还是内容注释来看,是在整个西方英语世界最具权威且不可替代的《孙子》英译本,并成为后来转译他国文字最多的英译本,多次出版发行,一直为西方知名人士和军事院校所援引和采用,在美国海军学院、西点军校、武装力量参谋学院、美国军事学院等军队学术机构拥有很大的影响力。

格里菲斯翻译的《孙子兵法》与同类书籍不同之处在于：中国古代军事术语译得较好,译文富有军事特色,且简单易懂,行文流畅而不失其精髓；全书包含了较丰富的有关中国古代战争和《孙子兵法》在世界上影响等其他方面的学术内容；蕴含西方人的理念,与实际生活结合紧密,故而能为大多数西方读者喜欢。

格里菲斯译本附录在全书中所占篇幅过半,内容涉及孙武其人、《孙子兵法》成书、孙子的战争观、毛泽东军事思想与《孙子兵法》《孙子兵法》对日本及西方的影响等全面介绍,有助于西方人更准确、更全面地了解《孙子兵法》。

英国战略学家利德尔·哈特(Liddell Hart)专门为格里菲斯译本撰写了前言。他评述说:“长期以来我们需要出版一本新的《孙子》全译本,更能恰当地解释孙子的思想。在有可能导致灭绝种族的核武器发展后,这种需要尤感迫切。这项工作现由既通晓军事,又了解汉语及中国人的思想的格里菲斯将军来进行翻译,并已完成,实属幸事。”

美国著名专栏作家 J. 艾尔索普在读过该译本后曾在其全国性的

报纸专栏文章中多次赞扬该书；当时的美国特种作战部队将领与反叛乱高级参谋官都读过这本英译的《孙子兵法》，而国防部长麦克纳马拉在读后还将美国总统约翰逊 1965 年春季行动的某些做法与孙子的论点进行比较，甚至连驻越美军司令 W. 威斯特摩兰上将也抽时间研究孙子的名言，并思考孙子的思想与毛泽东思想、武元甲之间的联系。

有学者分析，美国准将翻译的《孙子》之所以走红西方，首先是格里菲斯是职业军人，参加过二战的实战，在军事认知上比非军人翻译家强得多。其次，格里菲斯为美军大范围了解中国军事思想打开一扇大门，20 世纪五六十年代正是冷战高峰时期，美军也试图了解中国军人的思维方式。再次，他的翻译更符合西方现代读者的阅读习惯。此外，英国战略家利德尔·哈特为此译本作序，也进一步扩大了此书在西方的影响。

1981 年，美籍英国著名作家、亚洲家世小说家詹姆斯·克拉维尔（James Clavell）翻译的《孙子兵法》新译本，由霍德默比乌斯出版社出版。该译本以贾尔斯英译本为依据，对原译本中的大量注释作了精选，并在此基础上作出必要的改写，使之简明扼要，与正文的搭配更加得当。从 1981 年至 1988 年，这个英译本被译成德文、西班牙文普及本，连续十次出版发行。

克拉维尔对《孙子兵法》的酷爱并非文人墨客的心血来潮，也不仅仅是一般意义上的推崇，他从其切身体会中，尤其是反思二战期间的战俘经历，领会到孙子的伟大智慧。

这位美籍作家、亚洲家世小说家原是英国人，他 18 岁参军，29 岁移民美国，进入好莱坞电影界，成为电影剧本作家、制片人、导演中的佼佼者。1973 年，克拉维尔为寻求创作灵感前来香港。1977 年，克拉维尔在参加香港“快乐谷”的一次赛马会后的次日，香港赛马总会干事威廉斯送给他一本《孙子兵法》英译本，当他阅读这本由大英博物馆学者贾尔斯的译本时，立刻被《孙子兵法》充满睿智的丰富内容和优美的语言所倾倒，从此与《孙子兵法》结下不解之缘。为了弘扬《孙子兵法》，他不仅编辑和重新出版英译本，并且在他后来创作的《贵族之家》小说里，让书中的许多人物都对孙子极尽赞誉之辞。

克拉维尔称："自从我接触《孙子兵法》这本书以来，我每想起我所参与的战争，我的父辈们所参与的战争，或者任何一种偏离常规的战争，我就对孙子的法则没有深入我们的心灵而感到愤懑——我年少时进入男子公立学校，大部分的入学者都是军官的儿子，他们将来都要加入英国三军当军官。在 1939 年，我们是 15 岁或 16 岁。我们班约 80 人，其中只有 7 人在战争中生存下来。如果我们掌握了孙子的知识，就绝不会死那么多人。"

"《孙子兵法》是为子孙后代求生存、谋和平的经典之作。"克拉维尔在其所编英译本的长篇导论中热情讴歌《孙子兵法》。他指出："孙子在 2500 年前写下了这部在中国历史上奇绝非凡的著作。我强烈地认为，《孙子兵法》对我们的生存至关重要；它能提供我们所需要的保护，看着我们的孩子和平茁壮地成长。永远记着，从古时起，人们知道'战争的真正目的是和平'。"

克拉维尔提出："我的祖籍是英国，我在第二次世界大战期间是一名英国皇家炮兵的尉级军官，并被关在爪哇和新加坡昌吉的日本战俘营里达 3 年半之久。因此，我对战争有所了解，我更知道高级军官的情况，他们几乎个个都很蠢和缺乏军事知识。要把《孙子兵法》作为对全体军官特别是将官的年度考核的内容，而成绩好坏是晋升的法定依据。"这一充满热情、富有浪漫色彩的呼吁是出自其内心的。

有学者评价：克拉维尔赋予人文色彩的通俗解释和精心编辑，使得此书一经问世即成为发行最为广泛的《孙子兵法》普及读物。自 1981 年出版以来已有多种版本在世界各国发行，其影响仅次于美国

托马斯·克莱瑞英文版《孙子兵法》

准将格里菲斯的英译本。

1988 年，托马斯·克莱瑞（Thomas Cleary）重译了《孙子兵法》，由纽约道布尔德出版社出版。1998 年，此本又出大开本精装版。3 年后，译者对原书做了较大修改再出修订本。到 2009 年，该译本已重印 16 版，2008 年又出版了 CD 光盘。

克莱瑞是东亚语言文化哲学博士，青年时代就对东方文化和佛教产生了浓厚兴趣。他特别强调《孙子兵法》这部军事论著中蕴含着“丰富的人文主义内涵”，并与道家思想联系起来探讨，这是对中国古代哲学思想研究的一种新尝试，说明西方学者不仅重视《孙子兵法》的军事价值，也关注其哲学价值。

他的英译本对原文本的选取和对原文本的独特见解，展示了其在接受和理解原文本中的译者主体性。他选取宋本《十一家注孙子》为底本，将道家思想“非战”“虚实”等融入其中，将《孙子兵法》视为道教典籍而非军事典籍。

克莱瑞称：“《孙子兵法》这部战略经典著作不仅充满着伟大的道家作品诸如《易经》和《道德经》的思想，而且它揭示了道家的基本原理乃是所有中国传统武学兵经的最终之源。更有甚者，尽管《孙子兵法》在陈述原理方面无与伦比，但探索其战略实践的深奥底蕴之关键则取决于道家专注的心理展现。”

克莱瑞的译本被列入美国“桑巴拉龙版丛书”道家著作类。在他重译的《孙子兵法》长达 40 页的导论中，首先用大量的篇幅将《孙子兵法》与《道德经》作比较。在其序言中声称：“我认为，了解《孙子兵法》的道家要旨的重要性，怎么强调都不过分。”

正当海湾战争进行得如火如荼的时候，美国媒体报道海湾美军陆战队中正流传着一本《孙子兵法》。这篇报道引起了国际军事学术界的关注，也让各国的军事指挥机关感到惊奇。这本流传在美军中的《孙

Sun Tzu's
Art of War
The Modern Chinese Interpretation
Bold-faced wisdom to guide you
through life's daily conflicts
General Tao Hanzhang
translated by Yuan Shibing

陶汉章英文版《孙子兵法》

子兵法》,不是2500年前孙武写的《孙子兵法》,而是后人所写的《孙子兵法概论》,重视知识产权的美国人在书的封面上印着一个中国人的名字:陶汉章。

这本《孙子兵法概论》,是20世纪五六十年代陶汉章在南京军事学院当教官时,在院长刘伯承元帅授意下写成的,后几易其稿,直到1985年才出版。

陶汉章曾任军政大学副校长、军事学院副院长、国防大学副校长等职,是著名《孙子兵法》研究大家。在战争年代编著过训练大纲《军事问答一百题》《游击战述纲要》《参谋工作守则》。中华人民共和国成立后参与了中国第一所正规化的最高军事学府南京军事学院的创办,为中国军队培养了一大批高级军事人才。

陶汉章的《孙子兵法概论》,主要记述了他在战争实践中应用《孙子兵法》的体会,系统论述了谋略、兵势、正兵和奇兵、虚和实、论用兵的主动性和灵活性、论用间、值得阐述的地理形势理论在现代战争中的作用、孙子的思想对当代战略的影响。

1984年10月,陶汉章编著《孙子兵法概论》,由解放军出版社出版。1987年10月,纽约斯特林出版公司出版了英译本,封面的英文名称《孙子兵法》两侧各有一个汉字“帝”,副题是“现代中国的解释”。1993年,这个译本又由沃兹沃斯出版公司再版。

陶译本有美国、英国、马来西亚、新加坡等4个国家的译本,在世界数十个国家出版发行,在海内外产生了巨大影响。在美国出版后不到两年就售出了5万册,被列为“20世纪80年代最为畅销的军事理论书籍”之一。

1988年,美国海军陆战队司令艾弗瑞·戈雷下令,重新编写陆战队的作战手册,要求以《孙子兵法》提出的快速机动为作战指导,把《孙子兵法》纳入陆战队的谋划韬略之中。海湾战争爆发后,有人向美国国防部推荐陶汉章所著《孙子兵法概论》,但只买了 100 本发给参战的高级将领。紧接着,美国军事书籍俱乐部和星条旗出版社又买了一批,推荐给美国参战的海军陆战队。

↗ 美国海军陆战队战争学院把陶汉章的英译本《孙子兵法概论》列入课程,这是美国海军所独有的。在教学中,主要涉及指挥官、出奇制胜、胜利、战争和政策、策略与智慧的应用等问题。国外众多政治家、军事家、外交家和企业家都成为这本书的读者。陶汉章将军的名字,从此便在美国军界名声大震。美国国会高级顾问布尔津斯基给陶汉章将军写信说:"我读了你的书,不仅我个人受益,我相信所有读了这本书的人都受益。"美国亚拉巴马州的州务卿派员专程前来中国,把"亚拉巴马州荣誉州务卿"的称号,授予陶汉章将军。

↗ 1972 年山东临沂银雀山汉墓竹简兵书的出土,震撼了全球考古和出版界,为翻译《孙子兵法》提供了珍贵的一手研究材料。世界各国以《孙子兵法》和《孙膑兵法》竹简为翻译本的主要底本,纠正了许多谬误,使这两部中国兵书更为准确、更符合原意,极大地提升了以《孙子兵法》为代表的中国兵书在全世界的地位和影响。目前,世界上有十本以上的《孙子兵法》畅销书,都来源于银雀山汉简的底本,作者作为 CCTV《国家宝藏》银雀山《孙子兵法》《孙膑兵法》汉简守护人,感到非常欣慰。

↗ 郑良树,字百年,1940 年生,马来西亚人,祖籍广东潮安。他是大马华人族群与文化研究所所长,帛书兼孙子学专家。他的著作丰富,研究范围广泛,出版的著作已有 20 多种。

↗ 《孙子斠补》由中国台湾学生书局 1974 年出版;《竹简帛书论文集·〈孙子〉续补》《竹简帛书论文集·论〈孙子〉的作成时代》《竹简帛书论文集·论银雀山出土〈孙子〉佚文》,由中国台湾中华书局 1982 年出版;《诸子著作年代考》由北京图书馆出版社 2001 年出版,对《孙子兵法》其著书年代进行了考证。

“竹简帛书出土所带来的震撼，恐怕与古史辨学派新说的震撼不相伯仲；因为古史辨学派为古籍真伪带来‘石破天惊’的新说，而竹简帛书却为这些新说带来‘冷酷无情’的否决。”这是郑良树的惊人之语。

用缣帛作书写材料写就的文籍，称为帛书，郑良树是研究帛书行家，他从帛书考证确定《孙子兵法》其著书年代在公元前 496 到前 453 年之间，最新的发掘资料支持了“十三篇”是在春秋末期时就以今日所见的形态加以编成的观点。

郑良树根据地下出土资料所引及《孙子》文字来考察，认为春秋末年及战国早期，社会变动非常剧烈，数年的战争，动辄十万军队，并认为军制、战术等都是长期性的孕育和演变，春秋末年战国早期未必不是它们孕育的开始，何况军事家们对这些战术、名词等，都比常人更会有敏锐的“先知”。

据此，郑良树认为：“《孙子》十三篇作成的时代应该在春秋末年，战国早期（战国始年以《史记》为准），也就是大约孙武卒后的 40 余年间。”

1982 年，日本原防卫大学教授河野收所著《竹简孙子入门》，由日本大学教育社结集出版，具有较高的学术价值。此书共六章。第一章为兵法书，介绍了《孙子兵法》诞生的经纬、成书时代的特性及思想背景；第二章为目的论，阐述了《孙子兵法》的政治目的和行动目的；第三章为战力论，阐述了一般的动的战力、相对的动的战力；第四章为战略论，阐述了不战屈敌——战争的抑止、自保全胜——不败的优先、拙速——短期战的单纯化；第五章为战术论，阐述了先知——正确的未来预测、庙算——周到的计划；军争——抓住先机克敌制胜、致人而不致以人——主导权的确立、智勇若一——超人的力的活用；第六章为管理论，阐述了管理者的地位、责任、权限、手段等。附录为孙子（银雀

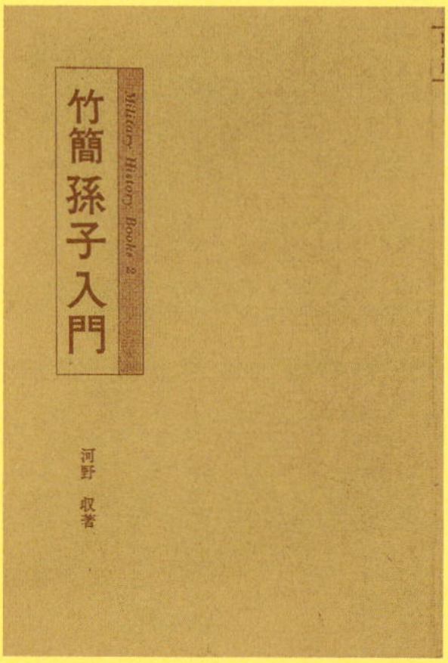

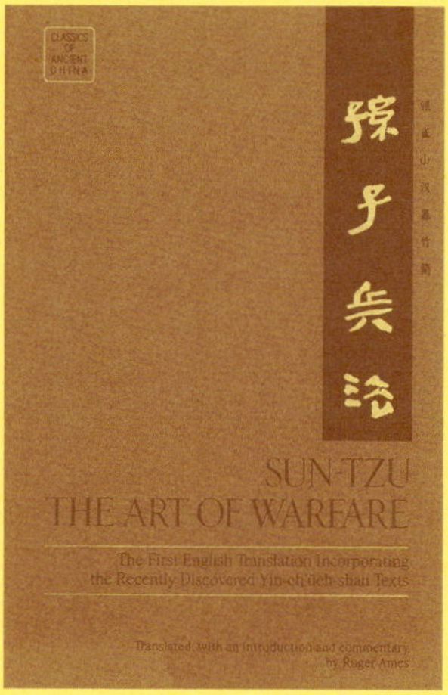

河野收《竹简孙子入门》

安乐哲英文版《孙子兵法》

山汉墓竹简孙子补备)。

河野收对竹简本做了比较详细的解说,对《孙子兵法》原文的校改注释、参互通校、斟酌异同,颇多精到之见,取得不俗的成就。作者认为,在核战略中,威慑十分重要,这种威慑和孙子的"不战而屈人之兵"本质相同。

此前,河野收把简本《孙子》和今本《孙子》进行比较研究,写出系列论文《银雀山竹简孙子研究》,并在日本防卫大学《文化与社会科学研究》杂志(1979—1985)连载,对《孙子》原文的一些疑难问题进行了深入探讨。

河野收等日本孙子学者对银雀山汉墓竹简的研究,带动了一批《孙子兵法》新著的出版,从而使日本的《孙子》研究上了一个新的台阶。

1993年,美国夏威夷大学教授、汉学家罗杰·埃姆斯(Roger Ames),中文名安乐哲,以银雀山汉简本为底本,翻译为《孙子兵法:首部含有新发现的银雀山汉墓竹简的英译本的新译本》,由纽约巴兰坦出版社出版。

该译本将银雀山汉墓竹简校勘的十三篇原文译成英文,完善了通行本的译文,并补充翻译了新竹简本中未见于通行本的部分。同时,还简要介绍了银雀山汉简出土情况,并辑录《孙子兵法》佚文,详尽讨论了这部中国古代兵书的历史背景以及该书与其他中华军事和哲学著作的关系,并试图解释中西方人生观的差异性。在一些核心范畴和重点论述上花费了很多功夫,力图对西方传统的翻译进行纠偏和重解,使该英译本更符合原意。

1994年,美国出版了拉尔夫·D.索耶(Ralph D. Sawyer)从《武经七书》析出重编的《孙子兵法》单行本,由美国西部视点出版公司出版。该译本充分利用汉墓竹简《孙子兵法》残本,补正武经本的《孙子

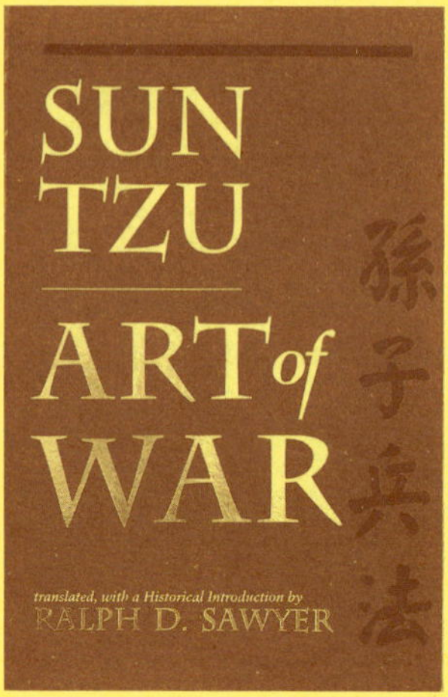

拉尔夫·D. 索耶英文版《孙子兵法》

加里·加格里亚蒂西班牙文版《孙子兵法》

兵法》。1995年，美国西部视点出版社还出版了拉尔夫·D.索耶译的《孙膑兵法》。

1996年，拉尔夫·D.索耶又与梅·津·李索耶合作编译了《战士必读的军事篇言：选自中国军事指挥和战略经典——根据中国古代的武经七书和孙膑兵法编译》，由波士顿香巴拉出版社出版。

索耶所译的《武经七书》以《孙子兵法》为主要内容，其英译文考证较充分，注释详尽，翻译严谨，将近百页资料翔实提供了相关历史信息，从文献学角度进一步丰富了《孙子兵法》的英译研究。

为了让西方更好地理解《孙子兵法》的精髓，索耶仔细研究了《孙子兵法》的兵学概念，在汲取他人学术成果的基础上提出自己的看法并落实到具体的译事之中；着重于军事策略的应用研究，广泛探讨了从商朝到战国时期的战争模式、战略战术等内容；充分利用汉墓竹简《孙子兵法》残本，补正武经本的《孙子兵法》，使英译文能更加忠实于原作。

有学者评价说，索耶译文的主要优点之一是较为严谨，能够按原文逐字逐句翻译，为使译文完整和具有可读性而采用了增益法，即在英译文中以方括弧表示补足用字，这是所有英译本中前所未见的。

1999年，美国清桥出版公司出版了加里·加格里亚蒂(Gary Gagliardi)《兵法：孙子之言》英译本。加里在翻译中以银雀山汉墓《孙子兵法》竹简作为蓝本。

该译本被确定为指导其他亚洲语言著作英译的范本，2003年获得"独立出版商多元文化非小说类图书奖"，是唯一获奖的《孙子兵法》英译本，此后多次再版。

加里花费25年的时间认真研读《孙子兵法》及先前所有英译本之后，才开始动手翻译。在翻译中以临沂银雀山汉墓《孙子兵法》竹简作为蓝本，但更多的是采用了中国台湾学者魏汝霖的现代汉语注释。

↗ 他以自己独特的方式翻译，追求准确地理解《孙子兵法》原文中的每一个汉字，先将汉字逐字译为英文，然后再逐句进行英译。该译本采用汉英左右对照的排版，便于读者完整掌握字句的确切含义。其译文流畅，加注极少。

↗ 澳大利亚国立大学教授约翰·闵福德(John Minford)最得意之作是将《孙子兵法》介绍给西方读者。他表示说，以他个人翻译过的作品为例，其中只有《孙子兵法》最受欢迎。闵福德在翻译《孙子兵法》时，参阅了银雀山的汉简。

↗ 美国前国务卿亨利·基辛格(Henry Alfred Kissinger)在书中曾引用闵福德对一句孙子名言的翻译："是故百战百胜，非善之善者也；不战而屈人之兵，善之善者也。"

↗ 闵福德1946年生于英国伯明翰。他是英国著名汉学家、学者、才华横溢的文学翻译家。

↗ 闵福德是将中国古典名著《红楼梦》介绍给西方的先行者，2002年，曾与导师，也是岳父的大卫·霍克斯合译。他还率先把金庸武侠小说《鹿鼎记》翻译成英文，由牛津大学出版社出版，受到英国学界的一致好评，金庸也因此荣获英国剑桥大学荣誉文学博士学位。这位素有"金庸兵法"之美誉的武侠小说大家，在《鹿鼎记》中一再提及的"知彼知己，百战不殆"，是《孙子兵法》中的警句。有学者称，用金庸小说可注解《孙子兵法》，这或许是闵福德翻译世界第一兵书的前兆。

↗ 2002年，闵福德翻译出版的《孙子兵法》，底本的选择和注释部分所采用的是广为流传的《十一家注孙子》，同时也采信其他学者所作的校订，如参考大英博物馆东方藏书手稿部助理部长贾尔斯的译文，美国夏威夷大学安乐哲教授的译本，及美国海军陆战队格里菲斯准将的译本。

↗ 闵福德《孙子兵法》译本的内容包括导论、文本注释、拓展阅读建议、中国注家列表、年代表、朝代表、重要历史事件、十三篇英译文及相关注家的评论注释。有学者评价,闵福德对底本的选择,不仅体现出他认真细致的学术态度,也反映了他敏锐的眼光。其译本字句精练、阐意完整,体现出其深厚的中华文化功底。闵福德坦言,《孙子兵法》是中国最重要的书籍之一,它的观点已经渗透中国文化的方方面面。

↗ 《孙子兵法》自问世以来，经历代传抄刊刻得以广泛流传，对其进行注解的学者不计其数。除了传世本以外，海内外各种注释版本品目繁多。

·中国古代《孙子兵法》注释·

↗ 银雀山汉墓出土的《吴问》《四变》《黄帝伐赤帝》《地形二》《见吴王》等，均应是中国古代早期解释、阐发、增益孙子"十三篇"之作。

↗ 魏武帝是注释孙子第一人。东汉末年，曹操得《孙子》佳本，并为其博大精深的军事理论所感染，"吾观兵书战策多矣，孙武所著深矣"，又用"审计重举，明画深图"八个字概括了《孙子兵法》的要义。于是发愤注释，所著《孙子略解》成为今天现存的最古注释本。

↗ 曹操《孙子略解》的问世，标志着《孙子兵法》真正进入了注解的时期。曹操注重文字训解，但他本人又是军事家，更重实际应用。因此，其注理论性、实践性兼备，对后世有重大影响。

↗ 欧阳修曰："世所传孙子十三篇多用曹公、杜牧、陈皞注，号三家。"郭化若在 1984 年出版的《孙子译注·再版的话》中提出《宋本十家注》和《武经七书》中《孙子》，"两者实际都是以曹注本为底本"。事实上，自曹操《孙子略解》起,《孙子》的流传就始终没有脱离曹注的影响。

魏晋南北朝时期,其注文大都比较简略,偏重文字训诂,表现了《孙子兵法》早期注解时期的特点。隋唐五代是《孙子兵法》注释的高峰时期。唐朝时期,有李筌、贾林、杜佑和杜牧四人给《孙子兵法》作注。

宋代是武经首位确立时期,在版本校勘、注解讲义、兵书合刻、集注汇解、分类编辑等方面均有突出成就。

明清是《孙子兵法》疏解、阐发和考据的大丰收时期。以刘寅的《武经七书直解》与赵本学《孙子校解引类》最有代表性。

·中国近现代《孙子兵法》注释·

民国时期是《孙子兵法》研究史上一个极为重要的转折时期,标志着中国古代孙子学的终结,孙子研究新时代的开启。中华人民共和国成立后《孙子兵法》研究和注解在传承中创新发展,进入了一个全新的时代。尤其是汉简本《孙子兵法》版本系统的出现,打破了武经本和十一家注本《孙子兵法》两大基本版本系统流传的格局,影响重大,意义深远。最具代表性的有蒋百里、刘邦骥、李浴日、郭化若、李零等人作品。

蒋百里(1882—1938),原名蒋方震,字百里,浙江海宁人。1912年任保定陆军军官学校校长,后担任袁世凯、黎元洪等人的幕僚,1925年任吴佩孚部总参谋长,1935年任民国政府军事委员会高等顾问,1938年任陆军大学代理校长。刘邦骥(1868—1930),字襄奎,湖北汉川麻河镇人。先后创办武师范学堂、陆军小学堂等。1901年任湖南军事参议官,1917年任浙江宁波道台,1924年任北洋北京高级警官学校校长。两人均为北洋时期著名军事理论家,民国兵学奇才。

1915年,蒋百里和刘邦骥受北洋政府大元帅袁世凯之令编纂《孙

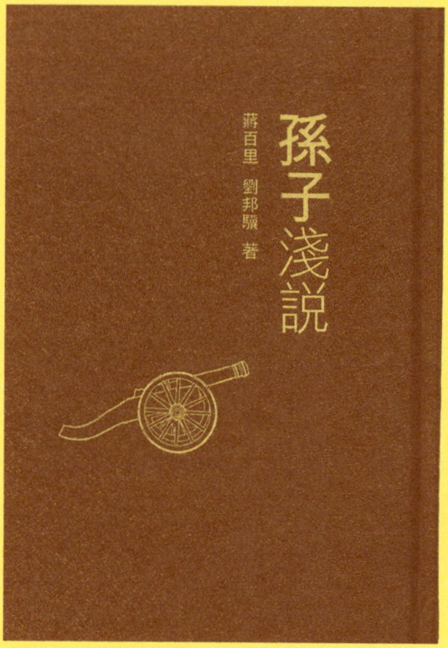

蒋百里，刘邦骥《孙子浅说》

子浅说》。此书是对《孙子》全书的注释，是由刘邦骥参考蒋百里《孙子新释》注释特点和形式扩展而成的军事杰作。

《孙子浅说》由作者自序、民国大总统徐世昌序和正文组成。该书除对《孙子》进行一般性校注外，其最大特点在于首次使用近代军事理论框架，对《孙子》十三篇包含的军事思想体系进行归纳。全书包含：计篇第一，论军政与主德之关系；作战篇第二，论军政与财政之关系；谋攻篇第三，论军政与外交之关系；形篇第四，论军政与内政之关系；势篇第五，论奇正之妙用；虚实篇第六，论虚实之至理；军争篇第七，论普通战争之方略；九变篇第八，论临机应变之方略；行军篇第九，论行军之计划；地形篇第十，论战斗开始之计划；九地篇第十一，论战斗得胜深入敌境之计划；火攻篇第十二，论火攻之计划；用间篇第十三，论妙算之作用。

《孙子浅说》突破只对字词校勘注释的传统做法，着重从整体上阐述孙子的兵学思维，具有很强的现代意识和实用功能，开创了一条《孙子》研究的新路。其理论多为后人所沿用，具有较高的学术价值，尤其是系统归纳对民国以后的孙子学研究产生了积极的影响。此书于1915年铅印面世，后于1927年、1934年、1939年、1943年多次重刊。

李浴日（1908—1955），近代著名军事学家，现代中国文人从事军事学研究的先驱者，中国现代军事理论体系的主要倡建者，民国时期《孙子兵法》研究第一人。他与蒋百里、杨杰同为中国军事学巨擘，驰名海内外。在民国兵学领域，李浴日的研究堪称多个第一，相当部分至今仍未有人超越，影响深远。

世界兵学社由李浴日创办于广东曲江，出版《世界兵学》月刊，以“阐扬中国固有兵学，介绍各国最新兵学”为宗旨，出版各种兵学著述。

《孙子新研究》（原名《孙子兵法之综合研究》），世界兵学社1947年出版。周至柔评价该书“从各个角度评析孙子每一种思想的运用，研究孙子功夫深切，迈绝古今”。金圣叹评价他为“孙子研究造诣最深的专家”。于右任赞他“与孙子同不朽”。

李浴日先后出版过《孙子新研究》《孙克兵学新论》《孙子兵法总检讨》《中国兵学大系》以及《兵学论丛》《兵学随笔》等兵学专著。据不完全统计，他译著兵书 12 种，达 160 余万言，对孙子的生平及其著作做了全面、系统的研究。

李浴日提出中国人要有自己的战略思想，建立中国的兵学体系，并作为他人生最高目标，也是他毕生的宏愿。他所辑古籍定名为“中国兵学大系”，是中国首次对 2000 多年以来中国兵学理论的总结和检阅。如此全面和系统，在当时的整个中国是空前的，在 20 世纪 80 年代以前的中国也绝无仅有。

李浴日的一系列兵学研究，曾使中国掀起《孙子兵法》研究的新热潮，标志着孙子研究一个新时代的开始。他的研究成果至今仍为海内外学者所重视。

郭化若（1904—1995），黄埔四期优秀生，中国人民解放军杰出的军事理论家和教育家，当代研究《孙子兵法》的泰斗级人物。曾任中国军事科学院副院长，1955 年被授予中将军衔，被称为中国共产党“军中一支笔”。1939 年底，郭化若写出了 4 万多字的《孙子兵法之初步研究》一文，成为我军第一个用辩证法解释《孙子兵法》的人，并被公认为研究《孙子兵法》最有威望的专家，当代最有影响力的研究《孙子兵法》权威。

1957 年，人民出版社出版了郭化若《今译新编孙子兵法》；1962 年，中华书局上海编辑所再版。此书用通俗典雅的现代汉语释解《孙子》，最早应用马克思主义的理论和方法解读《孙子》，通过孙子精神的本体开拓，探究其深层次的文化内涵，在释注校勘方面开辩证研究孙子之先河，具有时代意义。

郭化若《今译新编孙子兵法》

此书的最大特色是富有创新精神，敢于打破常规，把《孙子》十三篇打乱后重新编排。各项内容相对集中，编为论战争、进攻战、运动战、速决战、主动性、灵活性、地形、用间、情况判断、火攻、管理教育、指挥关系、将帅修养十三篇，从孙子和《孙子兵法》、孙子的军事思想和哲学思想等几部分，以独到的见解，科学的方法，全面系统而又深入浅出地诠释《孙子》的全部精华，使得这部难念的兵书变得通俗易懂，在国内外有广泛的影响，对在实践中推广和普及《孙子兵法》起了很大的推动作用。

郭化若始终没有停止对《孙子兵法》的研究，而且不断有新作问世。解放战争初期，郭化若就利用战斗间隙，用白话文翻译《孙子兵法》，为《今译新编孙子兵法》打下了扎实的基础。1984 年 9 月，郭化若又推出了力作《孙子今译》，这是他的封笔之作，此后多次再版发行。

杨丙安，毕业于北京大学史学系，曾任河南省社会科学院研究员、中国孙子兵法研究会副会长、河南省老子学会会长。研究方向涉及孙子兵学、老庄哲学等领域。著有《孙子集校》《孙子会笺》《十一家注孙子校理》《老学新探》等专著。

1959 年，杨丙安《孙子集校》由中华书局出版，是中华人民共和国成立后继郭化若《今译新编孙子兵法》之后关于孙子兵学的第二部有影响的学术著作，获全国图书展金钥匙奖，受到海内外学术界的重视。

《孙子集校》只校文字，未解本义。随着银雀山汉简《孙子兵法》《孙膑兵法》的出土和对《孙子》研究的深入，杨丙安在充分掌握现存的孙子注释和研究资料的基础上，参考版本 40 余家，选阅善本 50 多部，并与银雀山出土的兵书汉简相对照。本着取其所长、舍其所短、去粗取精、去伪存真的学术态度，对《孙子》佚文做了广泛的收集整理加以汇编，对《孙子兵法》十三篇进行了全面的笺注。

1986 年，杨丙安的《孙子会笺》由中州古籍出版社出版，弥补了

《孙子集校》的缺憾。这是一部应用马克思主义的观点和方法研究中国古代军事经典著作的又一力作，是比较完备的《孙子》笺注本，为孙子兵学研究增添了丰富的史料，具有较高的学术价值和史料价值。

魏汝霖，河北满城县（今河北保定）人，曾历任国民党各级部队长、参谋长，驻澳大利亚陆军武官，上海师管区少将司令。去中国台湾后，任研究院讲座、大学教授、中华战史研究协会秘书长、中华文化复兴运动推行委员会委员等职。

1970 年 5 月，魏汝霖所著《孙子今注今译》由中国台湾商务印书馆出版。

《孙子今注今译》全书共分四章：第一、二章，为孙子的考证，包括孙子的传记、孙子的兵法等；研究孙子应注意事项，包括孙子的时代背景、《孙子》十三篇的真美至善等。第三章，为《孙子》原文总集校，乃本书今译所依据的蓝本。第四章，为《孙子》十三篇今注、今译与引述，是本书的主体。

今注今译部分的特色是：把始计篇第一作为国防计划；作战篇第二作为动员计划；谋攻篇第三作为国家战略或政略；军行篇第四作为军事战略或战略；兵势篇第五作为战争艺术；虚实篇第六作为机动作战或革命与游击战术；军争篇第七作为作战目标；九变篇第八作为统帅学；行军篇第九作为用兵学；地形篇第十作为地形学；九地篇第十一作为地略学；火攻篇第十二作为核子战；用间篇第十三作为情报战。

此书附有“吴王阖闾伐楚柏举及入郢之战作战经过要图”“齐魏桂马陵道之战作战经过要图”“春秋时代形势图”。附录有《银雀山出土〈孙子兵法〉残简释文之研究》《孙武十三篇与孙膑兵法之研究》等。

中国台湾商务印书馆在推荐此书时评语：《孙子兵法》不断吸引全世界的研究，是一部千古奇书。注译者魏汝霖学养与实务经历扎实，本书之版本考校完整、逻辑清晰入理，兵学之中赋予哲学与艺术的想

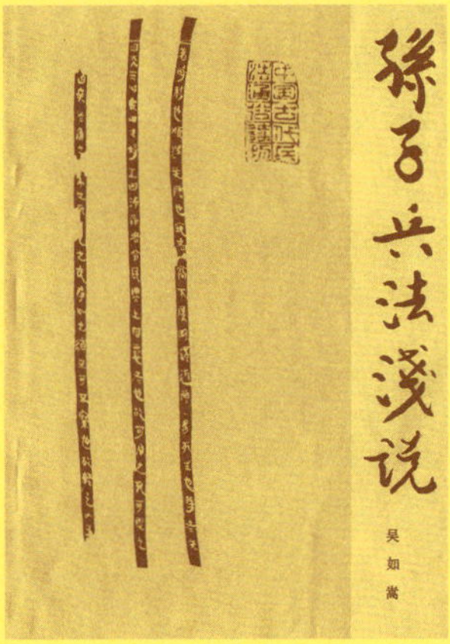

魏汝霖《孙子今注今译》

吴如嵩《孙子兵法浅说》

象，以及科学的验证，为难得注译本，与原文相辅相成。

吴如嵩，少将军衔，曾主持和参加编写的《中国古代兵法精粹类编》《孙子兵法辞典》《军事百科全书·中国历代军事思想》等著作，先后获得了全国优秀图书奖、国家图书提名奖、全国首届“五个一工程”奖、全国图书金钥匙三等奖、全军科研特等奖、中国人民解放军图书奖一等奖，以及军事科学院科研成品一等奖、二等奖等军内外大奖。

1983 年，战士出版社出版了吴如嵩著《孙子兵法浅说》，该书从军事学术角度对《孙子兵法》的战争观念、战略战术等军事规律方面进行了探讨，受到兵学、史学、文学研究和爱好者的好评和欢迎，重印了 20 多次仍然供不应求。

此书重点介绍了孙武的生平、《孙子兵法》的成书问题、取得辉煌的成就和巨大的声誉、《孙子》十三篇及译文，书中特色部分是浅说春秋时代。作者指出：春秋时代是一个大动乱、大改革的时代，也是一个思想解放的时代。孙武就是思想解放在军事上的杰出代表，《孙子兵法》就是思想解放在军事上的集大成之作。

吴如嵩还出版过《孙子兵法新论》《孙子兵法·孙膑兵法》《孙子校释》等研究孙子的专著。其中担任主要作者之一的《孙子校释》作为一项巨大的文化工程，以其功力之扎实、释文之精当，受到了学术界的高度评价。《孙子兵法·孙膑兵法》《孙子兵法与传统医学》两部著作先后被译为英、法、德、日等四种文字，在海内外广泛发行。

一个个高品位的学术成果取得的突破性成果，奠定了吴如嵩在军事学术界的地位。在 38 年的军事科研实践中，吴如嵩凭着满腔热情，对以《孙子兵法》为重点的中国古代军事思想进行了深入的挖掘研究，在古兵法研究领域取得丰硕成果并推向一个新的高度，被海内外专家学者誉为当代中国研究《孙子兵法》最权威的专家之一。

随着研究成果的不断取得，吴如嵩的知名度越来越高，许多海外军事研究机构和学者也特别推崇他。由此，他数次作为传播中国军事文化的友好使者应邀出国讲学和接受外国学者访问。从 1998 年起，他先后两次出任孙子兵法国际研讨会秘书长。

1987 年，吴如嵩被评为全军优秀科研工作者；1991 年，获得了首批政府特殊津贴；1992 年，当选为中共十四大代表；中国历代军事思想专业先后设置硕士、博士点，他成为全国范围内该专业的首位硕士和博士生导师；1998 年，他又获得了军事科学院重大科研贡献奖。

吴九龙，曾任《孙子兵法》研究会副会长，中国文物局著名考古学家。1972 年主持山东临沂银雀山 1、2 号西汉墓的发掘工作，该汉墓出土了包括《孙子兵法》《孙膑兵法》《六韬》《尉缭子》等多部竹简兵书以及佚书。

1990 年 9 月，军事科学出版社出版《孙子校释》，1991 年 1 月再版，1991 年 6 月第 3 版。由吴九龙主编，杨丙安、吴如嵩、穆志超、黄朴民合编。这是一部专门研究《孙子兵法》的权威人士编纂的书，属于中国孙子兵法研究会推出的《孙子兵法大全》之一，无论是权威性、学术性还是准确性，都是堪称一流的。

此书包括《孙子兵法》新校正文、校勘记、注释、语译四个部分。正文以影宋本《十一家注孙子》为底本，参校银雀山汉墓竹简本《孙子兵法》等 80 余种文献，吸收历代《孙子》版本校勘和文字注释的成果，博采众家之长，审慎追溯词语本义。

此书初版还附录《孙子兵法》新校正文的英、法、德、日、意五个语种的译文，第一次实现了世界主要语种的《孙子》译文同书排列。

这本集萃于一的精校精注书，反映当代中国《孙子》研究水平的校释著作，对中国古代文化典籍的传播、研究具有重要价值。

李零，北京大学中文系教授，从事先秦考古研究及古文献、古文字等研究工作，从 20 世纪 70 年代起开始潜心研究《孙子兵法》，主要著作有《〈孙子〉古本研究》《吴孙子发微》《〈孙子〉十三篇综合研究》《孙子译注》《兵以诈立》等。

↗ 1995 年，北京大学出版社出版李零《〈孙子〉古本研究》。该书收入的古本材料都是校勘《孙子》所必需的，可以反映《孙子》传本演变的大致脉络。

↗ 读者评论，此书为古籍整理的新体例、新典范，不仅是加深对《孙子兵法》一部书的认识，更能够通过这个典型案例形象地理解早期古书的普遍面貌。

↗ 1997 年，中华书局出版李零《吴孙子发微》。该书分四大部分：第一部分为《孙子》校释，第二部分为古本辑存，第三部分为曹操注和杜佑注两种古注集校，第四部分为 8 篇相关论文，内容涉及《孙子》的时代作者、流传著录、校勘注释、版本优劣、术语考证和思想探讨等方方面面。

↗ 2006 年，中华书局又出版李零《〈孙子〉十三篇综合研究》。此书收入作者《吴孙子发微》《〈孙子〉古本研究》两部著作，这两部著作本来是作为单独书稿写作的，但在内容和结构上有着密不可分的整体性。因此，作者将其合编为《〈孙子〉十三篇综合研究》，作为作者多年研究《孙子兵法》的集成之作出版。

↗ 全书分为“校释和翻译”“古本辑存”“古注集校”“有关论文”四部分，包含作者整理的《孙子》读本、提供读者作进一步研究的文本资料、作者历年发表的有关论文等。该书提供了更完整和丰富的研究资料，可作为《孙子兵法》研究者和古文献学习者的参考书。

↗ 香港中华书局、香港中国图书刊行社、香港乾坤出版社、香港信文图书有限公司、香港中和出版有限公司先后出版了《孙子兵法评注》《孙子集校》《孙子白话解——十一家注》《宋代孙子兵学研究》《白话孙子兵法》等注释书籍。下图为邱逸的《兵书上的战车》、王照的《孙

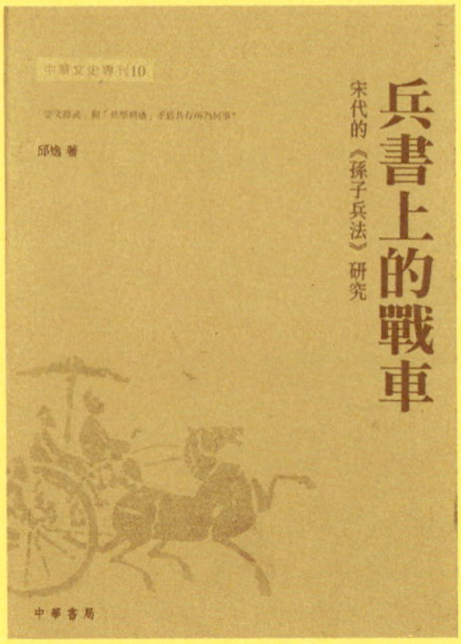

港版邱逸《兵书上的战车》

港版王照《孙子兵法白话详解》

子兵法白话详解》。

·日本《孙子兵法》注释·

↗ 日本在海外《孙子兵法》的注解研究首屈一指。日本注释流派纷呈,从古至今流传和出版了一大批注释本。最具代表性的作品有:日语训读本《魏武帝注孙子》最早版本,1764年由冈白驹校正,京都村上勘兵卫出版。日语训读本《孙子十家注》最早版本,1842—1853年期间由江户昌平坂学问所出版,孙星衍著,吴人骥校,内容包括孙子叙录和孙子遗说内容。

↗ 林罗山(1583—1657),本名信胜,字子信,号罗山,出家后法号道春。是历任四代将军侍讲并参与幕政的著名程朱学者,著有《孙子评判》《孙子训点》,特别是《孙子谚解》影响最大,因而被尊为日本注释《孙子》的第一人。宽永三年(1626),林罗山奉德川家光之命著述的《孙子谚解》,首启注释之风,对于推动日本的《孙子兵法》研究起了重要的作用,在《孙子兵法》日本传播史上被认为是一部重要的著作。

↗ 林罗山是日本研究以《孙子兵法》为首的《武经七书》的先驱。元和六年(1620),林罗山编著《孙吴摘语》一书。同年,让其门人誊抄了中国明朝刘寅注解的《武经七书直解》,并亲自为该书加了若干注解。宽永二十年(1643)在日本出版了刘寅的《武经直解》,这个刻本取名为《武经直解七种》。与此同时,林罗山还讲述过宋朝施子美所著《武经七书讲义》,并于庆安二年(1649)率先在日本写出了《七书谚解》。

↗ 在德川幕府第四代将军德川家纲时期,第一本日译本《孙子国字解》问世,作者为与山鹿素行齐名的物茂卿(获生租徕),这对日本研究和普及《孙子》又向前大大推进了一步。

↗ 荻生徂徕(1666—1728),生于武藏国半岛郡江户城(今东京),日本德川时代中期的哲学家和儒学家，古学派之一的萱园学派（又称古文辞学派）的创始人，被认为是江户时代最有影响力的学者之一。

↗ 荻生徂徕解释："孙子非言王道、亦非言霸道，也非言王霸兼有之道也。唯使士卒与上同心者即为道。此乃孙子之本意也。"

↗ 荻生徂徕最大的成就是对孙子"兵者，诡道也"的注解。在其《孙子国字解》中把"诡道"解释为"不守正定格之事"，孙子之"诡"，不是通常所说的诡谲、诡异、欺诈，而是与《诗经》中的诡随、《孟子》中的诡遇之诡意思相同，即"千变万化不定无穷"之意。他认为，以"诡道"为基础的"奇正"，才是《孙子兵法》之精髓。荻生徂徕还著有《孙子解》和《孙子九地问对》，而《孙子国字解》流行最广。

↗ 山鹿素行（1622—1685）日本江户时期学者、儒学家、兵法家。在日本被奉为文武兼备、智勇双全的战争哲学家，堪与孙子和克劳塞维茨齐名。

↗ 1685年，山鹿素行所著《孙子谚义》，是注释《今文孙子》水平最高的佳作，也是第一个将"十三篇"作为一个完整的科学体系加以阐述，堪称日本注释的代表作，日本化了的《孙子兵法》。

↗ 他幼年在江户入林罗山之门习儒学，后又兼习武艺和兵法，著有《孙子谚义》《孙子谚解》《孙子句读》《孙子要证》《孙子讲义备考》等兵法书，成为用儒家思想创立"武士道"理论的鼻祖，被称为日本古学派的开山始祖，著述甚丰，多达600卷。后刊有《山鹿素行》全8卷。而包括《孙子谚义》在内的《七书谚义》是山鹿素行兵学思想最成熟时期的著作。

↗ 《孙子》的版本被分为《魏武帝注孙子》和《十一家注孙子》两个系统，而《孙子谚义》很可能是用了《魏武帝注孙子》即《武经七书》系统。山鹿素行逐字逐句进行了极其详细的注解，并列举了其他学者的见解，显示了他具有一定的通融性。

此书从整体结构和宏观上抓住了《孙子》的精神实质，对十三篇的严谨结构作了精辟论述，认为《孙子》“通篇自有率然之势，文章之奇，不求自有无穷之妙，谋者不可忽”。其首尾连贯融会贯通的钻研方法已成为后来日本学者领会《孙子》的诀窍。

山鹿素行在自序中写道：“孙子之奇正，吴子之应变，我邦未知其名。张良借箸之比，韩信背水之策，吾邦未闻其术。而本朝古今善兵者皆暗合。抑天授之乎。神佑之乎。自有盖天盖地之神兵圣武存也。何必待外邦之七经。然博闻多识者学习之通义也。能致吾邦之兵法，而后逮此书，化而载之，推而行之，触而长之变通之，用可以大成焉。”

他在《孙子谚义》中阐述：“愚谓，《始计》之一篇者，兵法之大纲大要也。《作战》《谋攻》者次之，兵争在战与攻也，战攻相通，以形制虚实，是所以《军形》《兵势》《虚实》并次，此三篇全在知己。知己而后可军争，军争有变有行，故《军争》《九变》《行军》次之，是料敌知彼也。知己知彼而可知天知地，故《地形》《九地》《火攻》次之。地形、九地者，地也，火攻因时日者，天也。自《始计》迄修功未尝不先知，是所以序《用间》于篇末，三军所恃而动也。然乃《始计》《用间》二篇，知己知彼知天知地之纲领，军旅之事，件件不可外之。《作战》《谋攻》可通读；《形势》《虚实》一串也；《九变》《行军》一贯也；《地形》《九地》一意也；《火攻》附水攻也。《始计》《用间》在首尾，通篇自有率然之势。文章之奇，不求自有无穷之妙，谋者不可忽。”

此外，山鹿素行对《孙子兵法》中的慎战思想及计谋权变等重大原则剖析有力，具有真知灼见。例如：将开卷的“兵”字解释为“军旅”即“战争”；将“诡道”视为临战应敌时顺其形势采取的灵活作战手段，所谓“圣人用兵之际，亦必用诡诈。不然，战必败也”。

关于《孙子》传入日本，山鹿素行根据《日本书记》和《三国史记》提出了一个新的假设，即公元 408 年以前从中国传入朝鲜半岛，公元

527年以前再从朝鲜半岛传到了日本。

尽管《孙子谚义》的执笔期不到一个月，但从山鹿引用大量的资料进行详细解说，就能看出他的博览和超强记忆。而山鹿素行的兵学思想从他对“诡道”和“五事”中的“道”的解释也可看出来。同样是一个“道”字，意思和内容却不同，容易混同。长期以来，儒学的观点将兵学作为异端。而山鹿素行将“诡”解释为奇、权、变，“诡道”较量时，能作为出其不意的制胜手段。山鹿素行的“士道论”即在武士的职业区分上，也可看出受到了《孙子》的“五事”中的“道”的影响。

山鹿素行完成《孙子谚义》的时期也是他主张脱离中国文化的时期，但还是保留了很浓厚的汉文化的影响，观其晚年的著作，可以说山鹿素行也未能完全脱离汉文化。

吉田松阴（1830—1859），日本明治维新之前最后一个最杰出的《孙子兵法》研究者。在拿破仑战争席卷整个欧洲的时代，吉田很早就开始注意东西方的用兵之术。他广采博收，自幼学习《孙子兵法》，师承山鹿派兵法，并有重大发展。

吉田松阴所著《孙子评注》，自诩“深得孙子之妙”，其弟子乃木希典曾多次重印，分赠友人。吉田松阴对西方军事文化和中国古代军事文化兼收并蓄，对《孙子兵法》素有研究，所著《孙子评注》内容极为充实。

吉田松阴在其《孙子评注》的注释中，称“唯是十三篇书，读之得意，取之逢原，斯克焉也”。

他高度概括了《计篇》的“三纲领”。认为“五事以经诸内，计以较诸外，诡道以佐诸外”。而对终篇的《用间》，他推崇备至，评价极高：“（《用间》）是‘十三篇’结局，遥应《始计》。盖孙子本意，在知彼知己。知己篇篇评之，知彼秘诀在《用间》。一间用，而万情见矣，七计立矣。孙子开篇言计，终篇言间，非间何以为计，非计何以为间。间、计二事，

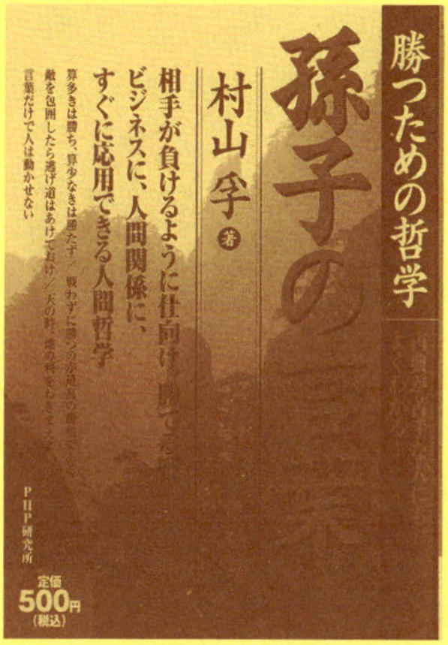

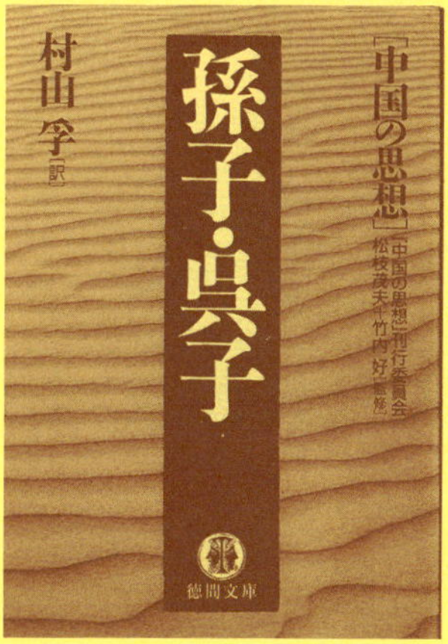

村山孚《孙子的言叶》

村山孚《孙子·吴子》

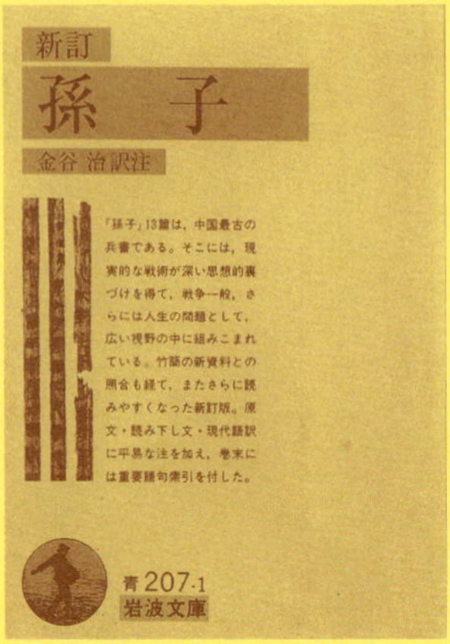

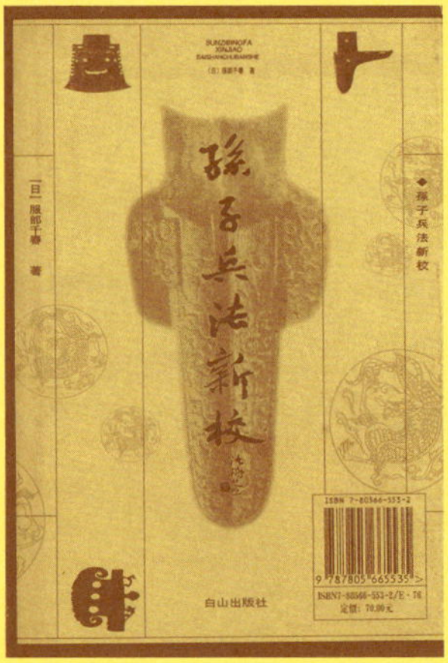

金谷治《新订孙子》

服部千春《孙子兵法新校》

可以始终十三篇矣。……按间者，兵之要，三军之所以恃而动也。然必也上智如伊吕，而其君又如汤武，然后大功可至矣。下愚幽囚，妄谈间事，心甚惭焉。尝所著《幽囚录》一书，略见其意也。”

村山孚，日本著名汉学家、中国古典研究家，曾担任《人民中国》顾问。其研究《孙子兵法》强调尊重原文，校释《孙子兵法》原文甚勤，著有《孙子·吴子》等书多部，是日本出版研究《孙子兵法》书最多的著者之一。

金谷治，日本著名汉学家，日本东北大学名誉教授，师从武内义雄，长期从事《孙子兵法》研究。他译注的《孙子兵法》一书，自1963年出版以来，多次再版重印，截至2001年已有4个版本问世，仅1963年袖珍版到1995年就重印45次之多。

服部千春，日本孙子兵法国际研究中心理事长，日本著名孙子兵法研究专家，曾任中国孙子兵法研究会高级顾问。他悉心研究中国兵书半个多世纪，出版过多部有影响的专著。

1974年中日邦交正常化不久，服部千春写出《新编〈孙子兵法〉十三篇》。1987年，服部千春所著的《孙子兵法新校》，洋洋50万言，分“新校”与“通解”两大部分。

“新校”以《宋本十一家注孙子》为底本，将银雀山出土的竹简本、日本珍藏樱田本、宋武经本、明武备志本、清岱南阁丛书本等六种版本依次排列，逐句对比，进行通校，并选中国古籍如《北堂书钞》《群书治要》《艺文类聚》《通典》《太平御览》《武经总要前集》等征引的《孙子》文句参校，然后列出“新校”，写出“校记”，因而《孙子》各版本文字异同，一目了然。“新校”重视简本文句，判断诸本文字正误，校勘出异文300余处，作注285条，表现出了极强的考证功力，在校勘功力上和出版上都别具特色，最大限度地再现《孙子兵法》的原貌。

“通解”则是从军事角度，对“新校”正文逐句进行串解，并旁征博引中、日古代战例予以阐发，探求《孙子兵法》在军事上的底蕴。

此外，此书还附有简本与樱田本，《孙子》全部书影及《孙子》三篇佚文。

日本前首相铃木幸善长子、东京都前知事铃木俊一在《孙子兵法新校》序言中评价此书堪称“中日学术交流的精华”。

冈田武彦，现代日本研究《孙子兵法》的代表性人物，获“中华学术院荣誉哲士”称号。他在国际上是享有盛誉的当代日本著名阳明学家，他还是当代日本知名的中国哲学史家、儒学家，称得上是当今世界学贯东西，横跨儒道释禅几个领域的大师。

2017年，重庆出版社出版日本学者冈田武彦的代表作《孙子兵法新解：王阳明兵学智慧的源头》。此书对《孙子兵法》的原文做了极平易的翻译，以全新角度对孙子原理和精神做了解读。不仅对中国古代注评家的观点进行了分析和判断，而且吸收和采纳了山口春水、荻生徂徕等日本著名兵学专家的兵法研究成果，将孙子的兵学思想诠释出了跨越古今的极新高度。

作为国际阳明学大家和现代日本研究《孙子兵法》的代表性人物，冈田武彦对王守仁兵学研究颇深。王守仁被誉为明代文臣统兵制胜第一人，喜好兵学，爱读《孙子》，曾有《武经七书评》传于世。

冈田武彦以《孙子兵法》结合王守仁生平军事事迹，分析被誉为明代文臣统兵制胜第一人的王守仁心路历程和军事行为，帮助读者充分了解和学习王守仁的兵法哲学智慧，从兵学角度了解王守仁。

此书在一定意义上是一部日本人解读《孙子兵法》集大成之作。通过此书还可以对日本研究《孙子兵法》以及兵学思想观一斑而知全豹。

名家评述

↗ 古今中外的政治家、军事家、外交家、思想家、哲学家，乃至史学家、教育家、文学家、企业家，对《孙子兵法》都推崇备至、广泛赞誉、好评如潮。

·亚洲·

↗ 北条氏长（1609—1670），继承了其师景宪的兵学思想，同时又阐述了自己独到的兵学主张。在掌握了甲州派兵法之后，独创了一个新的流派——北条派，从而与同样在甲州派之中开创出山鹿派的山鹿素行齐名。

↗ 世界各国对《孙子兵法》的评价当数日本最早也最高。日本江户时代前期幕臣北条氏长视《孙子兵法》全书为兵法思想的整体，将首尾两篇有机地联系起来加以评论："孙子之十三篇，终之用间者，非轻之也，益重之也。凡用战者，知敌情。不知其情者，不可全胜，故必用间之义也。"

↗ 北条一生的兵学著述很多，在日本《孙子兵法》研究者中占有特殊的地位。他不仅研究了世间常见的《孙子兵法》，即日本所称的《今文孙子》，而且他还是鲜为人知的《古文孙子》的研究者。

↗　1646年，北条氏长著有《孙子外传》一书，是对《古文孙子》的注释。此书对研究樱田本、对《孙子》的校释理解，至今都具有重大参考价值。

↗　北条对《孙子》用间理论的倾倒，给日本武学深远而巨大的影响。他在其所著《士鉴用法》中引用了整篇的《孙子兵法》原文，特别是对《用间篇》作了详尽而精辟的解释。他深知以“用间”得出“知外”的要诀，进而提出“用间行人者，知外治内法也”。对该篇中的“先知者”与“上智之间”的内在联系，分析入微，注释透彻，以至北条氏长在《用间篇》中文正文之前加了一小段日文译文，并用了1830个汉字来说明“上智之间”。佐藤坚司认为：“日本研究《孙子兵法》自北条氏长以来，才真正步入正轨。”

↗　阿多俊介，日本学者，生平不详。著有《孙子之新研究》《孙子之新研究著述之目的》《孙子之传记》《论孙子之文章》等著作和论文。与山田准合译有《孙子兵法》。阿多俊介精通汉语、英语，熟悉战史和军事，因此论述《孙子兵法》颇多独到之处。他花了近10年心血写成《孙子之新研究》，在1930年10月至1940年11月就再版4次，可见深受读者欢迎。

↗　此书主要特点是结合第一次世界大战史实并对照德国戈尔茨的《全民皆兵》和克劳塞维茨的《战争论》评议《孙子兵法》，并对孙子的速胜、主动、行动快速的论述进行赞扬，对孙子的谍报思想进行了发挥。

↗　阿多俊介《孙子之新研究》中评价：“孙子为富于天才之人。其书之在今日，无论任何人，莫不谓为万古不易之真理。又其头脑之甚有组织，思想之博大，读者不胜惊叹。……以至于今日。故学者复称孙子为兵圣，其书称为兵经，与六经之书并重，亦固其所。”阿多俊介又称《孙子兵法》：“着想之奇，行文之妙，令人三叹。字字精练，句句照应，文势飞动，宛如作者率精兵屹立于堂堂中原之气概。”

北村佳逸，日本学者、兵学理论研究者。生平不详。兵学研究著作颇丰，撰有《兵法孙子》《孙子解说》等《武经七书》研究专著。

1934年，北村佳逸出版的《孙子解说》，从哲理上论述了孙子思想，对《孙子兵法》的理论贡献与实际意义进行了高度评价。

他在自序中评价：“孙子的战斗原理，不论何时，于人类也老是无限地供应着力、热、生命和希望，以及其他一切祈祷。汉民族自在黄河流域建筑了文化基础，春风秋雨五千年了，其间不知死生了多少人，用剑或有优于孙子者，用笔而贤于孙子者实无一人。彼是兵学家，哲学者，且是东方第一流大文豪。”他赞孙子阐明的哲理有如“万古不灭的太阳”。

北村还认为：孙子在军事领域之外看透了的东西范围广、深度大。他在《兵法孙子》中写道：“自第二次世界大战，以至围棋胜败，垒球比赛，投机输赢，选举运动，甚至夫妇吵闹……若把握住《孙子兵法》的精髓，我可断然保证其必胜。”

佐藤坚司，日本著名兵法史学者，日本战后研究《孙子兵法》专著的佼佼者。毕业于日本东京大学，19岁时即撰写了有关吉备真备进入军事之林的文章，大学毕业后即专门从事日本武学史的研究，编纂了三十卷本的《日本武学大系》，1942年出版《日本武学史》。此后，致力于研究孙子、吴子、俞大猷、戚继光等中国著名军事家的兵法著作。

1962年，佐藤坚司在出版的《孙子思想史的研究》一书中评价：“尽管《孙子兵法》已有两千多年的历史，可是在国力、战力、经济力、外交等方面仍然显示了普遍的总体战体制。日本的战败以切身的体验证实了《孙子兵法》的价值。”

另外，佐藤坚司1963年所著《孙子的系统研究》强调“孙子主张采取一切措施做到心中有数”，《孙子兵法》的中心思想是“不战而屈

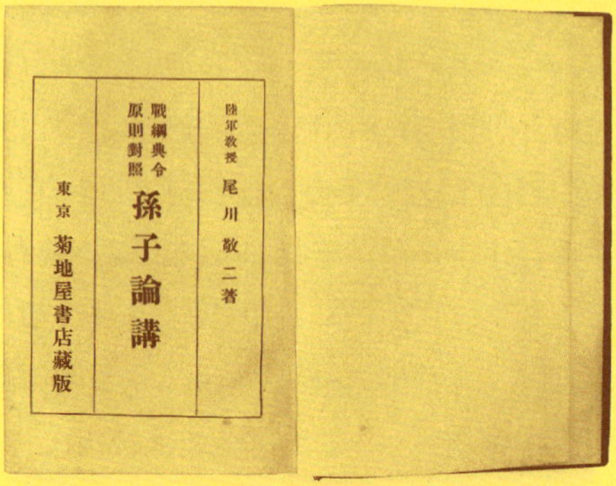

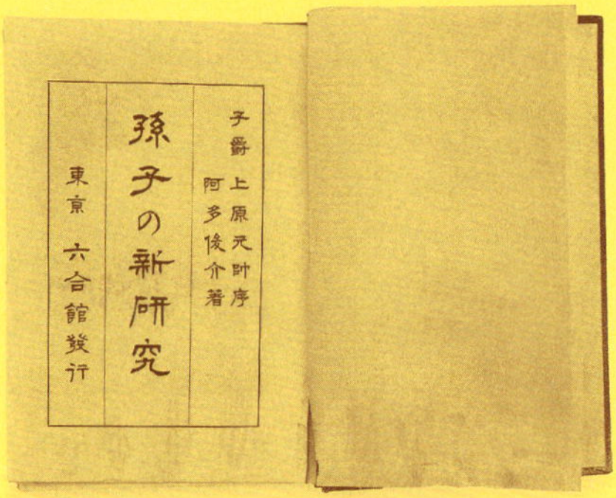

尾川敬二《孙子论讲》

阿多俊介《孙子之新研究》

浅野裕一《读孙子兵法》

浅野裕一《孙子》

福本椿水《孙子评注训注》

人之兵”，力求速战速决。

↗ 1960年，佐藤坚司以《孙子思想史的研究》论文，获日本驹泽大学博士学位，成为世界上首位以研究《孙子兵法》而获得博士学位的学者。论文于1962年出版，成为其兵学思想的代表作。

↗ 此书对《孙子兵法》的科学体系进行了详细的研究，系统地介绍和评价了日本各个历史时期各武学流派研究《孙子兵法》的概况及其成就，将日本的《孙子兵法》研究推向更高水平。

↗ 尾川敬二，名子恭，历任日本陆军士官学校教官、国文（日文）汉文教授。著有《孙子论讲》。

↗ 他在《孙子论讲·自序》中，称孙武是“兵圣”，“东方兵学的鼻祖，武经的冠冕；东方各种兵法，说皆出自《孙子》。至其文章苍古雄劲，与内容之美满相映，大有优于《六经》之感”。

↗ 浅野裕一，日本汉学家，东北大学名誉教授、博士。研究方向主要聚焦于先秦时期的中国古代思想，著有《孙子》《读孙子兵法》等著作。他在《读孙子兵法·序》中评价说：“《孙子兵法》是被人们读了2300多年的第一等的古典，与克劳塞维茨《战争论》并称东西兵书双璧。《孙子兵法》能保持其不灭的价值，在于它超过了时代和地域的差别，写出来吸引人的普通的思索。由于它的普遍性，在解决我们现代人的思想问题时，它能成为最好的教科书。”

↗ 福本椿水，日本学者。他在《孙子评注训注》中评价：“仰诵观孙子，其文遒劲瑰丽，雁行老庄韩非诸子，至其局面之大，或出于诸子之上；尤其意图深远，谋策精细，术略的确；此孙子所以为兵家之神也。”

↗ 胡志明，前越南劳动党主席。在他翻译出版的《孙子用兵法》序言中评价说：“孙子是中国最著名的军事家。他生于2000多年前。现今不仅中国，各国的军事院校都以此书为根本，大力研究。因为孙子用兵之法尽管已经悠久，但原则至今仍非常有用。孙子的原则不仅用于军事史是正确的，用于政治也非常精妙。孙子之法说起来非常简明扼要、言少意丰，如果逐字逐句翻译，则很难理解。因此，在这里只按意义进行翻，希望各位同志下功夫研究，领会这些原则，并将其应用于自己的政治军事工作中去。”

↗ 胡志明自小熟读汉文经典，尤其喜欢读《孙子兵法》和《三国》，为其军事思想的确立奠定了基础。胡志明从孙子思想中汲取经典理论，翻译出版了《孙子用兵法》一书。

↗ 胡志明曾说：孙子是中国很有名的军事理论家，是兵法的创造者。越南军队还很年轻，没有作战经验，为了应对不可避免发生的战争，要从《孙子兵法》那里学到军队需要的知识。

↗ 胡志明对如何学习《孙子兵法》也有独到之处。他认为：孙子十三篇首篇是“计”，首先要学会“预计”。如果每个将领都懂《孙子兵法》，懂得“道天将地法”五大要素，就能克敌制胜。每个将领要从《孙子兵法》那里学到智谋，权衡利弊，从“利”字中充满必胜信念，从“害”字中防患于未然，这样打仗就会完美。

↗ 1945年，越南民主共和国宣告成立，胡志明应用《孙子兵法》的战略思想，阐述了越南共产党的军事路线、建军原则、政治斗争与武装斗争相结合及全民抗日的作战指导思想、作战原则和游击战术等，为越南军事思想的形成奠定了理论基础。

↗ 1946年5月至11月，胡志明在《救国报》上亲自撰写了一系列社论，如《作战计划书》《行军与粮草问题》《猛打与进退》《定与形》《地势》《战斗与各地形行军方法》等，每篇都充满了《孙子兵法》的军事思想。胡志明写的“用间”社论，论述间谍在战争中责任重大。他说，如果克服心理负担的话，胜利就很容易，要懂得自己、懂得敌人，知己知彼，百战百胜。

↗ 胡志明的人民战争思想，包括全民动员、全民武装、全民杀敌、以小胜大、以寡敌众、以弱制强；坚持正规战与游击战相结合，阵地战与运动战相结合；坚持军事斗争与政治、外交斗争相结合，灵活应用斗争策略等，都深受孙子和毛泽东军事思想的影响。

钮先钟（1913—2004），曾任《台湾新生报》总编辑、《军事译粹》杂志社总编辑等职，被誉为20世纪中国台湾引进西方战略理论及研究中国战略思想的第一人，出版译著及著作近百种。

钮先钟在他的代表作《孙子三论》中评价，孙子提出的三句警语是千古不易的真理："兵闻拙速，未睹巧之久也；兵久而国利者，未之有也；不尽知用兵之害者，则不能尽知用兵之利。"他解释说，战争不打是最好，打起来就必须速战速决，即使结果不太理想，甚或有一点得不偿失，但仍然必须速决，而不可以由于追求较多的利益而故意拖延不决。简言之，宁可拙速而不可巧久。战争结束得愈快，则国家元气损失愈小，对战后的和平发展也愈有利。

钮先钟在自序坦言："这一本书又还是可以代表许多年来深入思考的成果。"所谓"三论"，是指"原论、较论、新论"。原论是还原孙子原意；较论则比较古今中外战略思想与孙子的异同；新论除分析孙子理论在现代的应用，并在最后指出孙子的缺失。最重要的是，他试图发展符合时代与环境需要的战略理论，为中国现代战略思想的发展，奠定理论基础。《孙子三论》的副标题是"从古兵法到新战略"。钮先钟通过还原、比较以及创新的观点三论《孙子》，借由对古兵书的探讨，提出了适应时代需要的新战略，可谓孙子研究中的上乘之作。

钮先钟归纳"孙子四求"研究方法：求知、求先、求全、求善。这八字箴言，道尽战略研究的方法、目标与原则，是一种中国独有的战略研究方法论，并赋予《孙子兵法》一种永恒的价值。他指出，研究孙子，能掌握这"四求"之要，才能算是得窥战略堂奥，进一步作战略研究，才有可能臻于"善之善者"的境界。

·欧洲·

↗ 利德尔·哈特(Liddell Hart，1895—1970)，毕业于剑桥大学。第一次世界大战中开始研究军事，先后任伦敦《每日电讯报》军事记者、《泰晤士报》军事专栏评论员、《大不列颠百科全书》军事编辑和陆军大臣的顾问。

↗ 欧洲对《孙子兵法》的认知莫过于利德尔·哈特。哈特是英国军事理论家、战略家，也是第一个对西方现代军事理论进行反思的人。他一生勤于军事理论、军事历史和军事人物的研究，撰写了《战略：间接路线》《战争中的革命》《西方的防御》《威慑还是防御》《第二次世界大战史》等 30 多部著作。代表作《战略论》，是一部阐述 "间接路线战略" 的军事理论专著，具有很高的历史价值。自出版以来，曾被世界各国广为翻译出版，一直受到西方军界重视。战后，哈特在世界军事学界的地位达到最高峰，欧美各大学及军事院校纷纷授予他荣誉学位并聘邀客座讲学，哈特被封为 "军事理论教皇"。

↗ 他在《孙子兵法》英译本序言中评价："《孙子兵法》是世界上最早的军事名作，其内容之博大，论述之精深，后世无出其右者。相比之下，孙子的文章讲得更透彻、更深刻，永远给人以新鲜感。总之，《孙子兵法》是研究战争的最佳入门捷径，又是深入全面地研究战争问题时经常要参考的宝贵的材料。"

↗ 他在 20 世纪 60 年代初撰文指出："在导致人类自相残杀、灭绝人性的核武器研究成功后，就更需要重新而且更加完整地翻译《孙子兵法》这本书了。" 他还说，孙子的兵法 "使我认识到深邃的军事思想是不朽的"。他认为，孙子思想对于研究核时代的战争是很有帮助的。因此，要将《孙子兵法》的精华使用到现代的核战略。

↗ 哈特说，《孙子兵法》写得好，在西方，只有克劳塞维茨的《战争论》

可以跟它相比，但《孙子兵法》更聪明，更深刻。《孙子兵法》比《战争论》早两千多年，但比《战争论》更年轻，不像后者，强调暴力无限，显得更有节制。如果早读《孙子兵法》，两次大战就不会导致如此严重的后果。哈特还认为：正是现在，我们才应“回到孙子”。

第一次世界大战使哈特对拿破仑战争以来的西方军事理论产生了强烈的幻灭感。于是，他推崇研究孙子，赞成孙子理论，他的《战略论》大量引用《孙子兵法》，他的战略理论在西方独树一帜。

哈特向人透露，他的军事著作中所阐述的观点，其实在2500年前的《孙子兵法》中就可以找到。他也确实对孙子及其著作深感兴趣，不仅为《孙子兵法》英译本作序，还在自己的得意之作《战略论》前面大段引述孙子的格言。

一战结束不久，哈特即发表文章，呼吁对“从克劳塞维茨那里继承下来的、流行相当广泛的关于战争目的的观点”“加以重新审查”。正是在对西方近代军事理论的清算过程中，哈特发现了《孙子兵法》在战略思维、战略价值观上的重要启发意义，并由此提出了“间接路线战略”。

二战之后，特别是随着核武器的出现，西方开始对克劳塞维茨以来的军事理论进行审视。哈特确信：“在战争中发生无益的大规模屠杀的主要原因，是由于战争的指导者固执于错误的军事教条，即克劳塞维茨式的对拿破仑战争的解释。”于是，以《孙子兵法》为代表的中国兵学价值重新显现。

J.A.拉辛，苏联军事理论家、少将。他评价：军事科学的萌芽在远古时代即已产生，人们奉为泰斗的通常是希腊的军事理论家，但实际上排在最前面的应当是古代中国，中国古代军事理论家中最杰出的是孙子。

拉辛认为：孙子的哲学思想，达到了古代理论发展的极高水平。

如孙子率先提出了古希腊、古罗马军事理论家与哲学家从未研究过的许多理论问题；孙子的功绩在于企图证明战争不是各种偶然性的凑合，而是在其客观基础；孙子是提出战争计划问题的第一人。

拉辛评价说，孙子“在古代中国军事理论思想发展中所起的作用之大，相当于古代世界的亚里士多德在许多领域探索的知识”。

莫里斯·普雷斯泰，法国国防研究基金会研究部主任，将军，法国国防战略研究专家，也是孙子研究专家，出过不少这方面的专著。

他在法国女学者尼凯翻译出版最新版《孙子》所作的长篇后记中，首次提出孙子的战略思想和原则在当今具有世界意义。他评价：在25世纪以前，一个中国作家写了一部《孙子兵法》，最初由法国神父于17世纪传译到欧洲，这部著作直至今日被公认为战略经典。

普雷斯泰认为：过去，西方军事学家在解释战争的整个过程中，往往把使用暴力，通过军事力量的摧毁力看成是唯一的取胜之道，这些做法在当今世界无疑是一种冒险。中国的孙子早在2500年前就提出了“不战而屈人之兵”，这是孙子整个战争思想中的核心思想，在中国古今许多战争和战役中都能得到体现，毛泽东的战略思想就是孙子思想的最好体现。

普雷斯泰评价说：千百年来，西方军事学家们苦苦寻求，从直接使用暴力、军事威慑力，到重视战争谋略，利用各种资源，尽量减少对抗，不必发动战争，对战争尤其是现代战争有了新的理解。孙子不仅传授兵法，还解读战争艺术，西方许多国家都在应用，因为孙子思想比西方战争理论更切合当今世界的实际。

冷战以后，西方世界对东方兵学的认识逐步改变，对孙子的战略思想研究越来越重视，正在重新审视孙子，重新认识孙子价值。通过对东西方兵学思想的比较分析，认为孙子的思想更适合当今世界。这是普雷斯泰所得出的结论。

↗　理查德·迪肯(Richard Deacon),英国著名谍报史作家,曾出版《英国谍报史》,还撰写过俄国、以色列等谍报机构的历史。他的书具有史料精密、文笔生动的特色,吸引了不少读者。《日谍秘史》一书记述了日本谍报机构的创立、发展及其在日本400多年历史的重大事件中所起的作用,介绍的是太平洋战争时期日本谍报活动的内幕,披露了许多前所未闻的事实细节。

↗　他在《日谍秘史》中评价:"孙子的著作《兵法》揭示了许多谍报活动的原理。令人惊讶的是:就是在技术进步的今天,这些原理仍然不失其应用价值。"

·美洲·

↗　美国学者表示:《孙子兵法》在美国受欢迎,因为这是一部对高层决策者培养战略博弈思维的高水平指导著作,无论是军方高层还是企业高管,都能从这部近似哲学的高深著作中汲取营养。

↗　理查德·尼克松(Richard Milhous Nixon),美国前总统。他是一位极具战略眼光的政治家,从不讳言他从孙子的教诲中得到启示。他的著作《1999:不战而胜》,出自《孙子兵法》的最高境界:"不战而屈人之兵。"

↗　尼克松在《真正的战争》一书中,引用孙子观点,终于找到了越战失败的深层原因:"北越的军事战略源于孙武的军事思想,北越领导人胡志明和武元甲汲取了孙武思想中的精华,在对法战争中首次应用,后来在对美国的战争中同样应用了孙武的军事思想。"

↗　他直接应用《孙子兵法》的思想,批判美国越战盲目追求武力效应,而没有认真对待越南的特殊历史、地理和心理因素。

↗　尼克松认为:2500多年前中国战略家孙子说"夫兵久而国利者,

未之有也”,“故兵贵胜,不贵久”,美国在越南战争中胜利无望正是应验了孙子的话。

亨利·基辛格(Henry Alfred Kissinger),美国前国务卿。他在论述中国人的实力政策与《孙子兵法》时说:“中国人是实力政策的出色实践者,其战略思想与西方流行的战略与外交政策截然不同。在陷于冲突中时,中国绝少会孤注一掷,而依靠多年形成的战略思想更符合他们的风格。西方传统推崇决战决胜,强调英雄壮举,而中国的理念强调巧用计谋及迂回策略,耐心累积相对优势。”

《论中国》是基辛格唯一的一部中国问题专著。基辛格是过去40多年中出访中国50余次的资深外交家,有着“最了解中国的美国人”之称。他对《孙子兵法》研究很深,孙子的经典语录信手拈来,孙子的精髓领悟得也很透彻。他从孙子思想中探寻中国人的战略思维模式,独树一帜。

在基辛格看来,古代的中国高深莫测,中国独具一格的军事理论也与西方截然不同。基辛格阐述说:“它产生于中国的春秋战乱时期,当时诸侯混战,百姓涂炭。面对残酷的战争(同样为了赢得战争),中国的思想家提出了一种战略思想,强调取胜以攻心为上,避免直接交战。代表这一传统的最著名人物是孙武,《孙子兵法》一书的作者。该书问世已2000余年,然而这部含有对战略、外交和战争深刻认识的兵法在今天依然是一部军事思想经典。20世纪中国解放战争时期,毛泽东出神入化地运用了《孙子兵法》的法则。越南战争时期,胡志明和武元甲先后对法国及美国应用了孙子的迂回和心理战原理。”

基辛格称赞说:“即使在今天,《孙子兵法》一书读起来依然没有丝毫过时感,令人颇感孙子思想之深邃。孙子为此跻身世界最杰出的战略思想家行列。甚至可以说:美国在亚洲的几场战争中受挫,一个重要原因就是违背了孙子的规诫。《孙子兵法》论述的不是如何征服领土,而是如何在心理上压倒敌人。越南就是采取这战术与美国人打仗的。”

↗ 通过对中西方战略思维的审视,基辛格认为孙子与西方战略学家的根本区别在于:孙子强调心理和政治因素,而不是只谈军事;西方战略家思考如何在关键点上集结优势兵力,而孙子研究如何在政治和心理上取得优势地位,从而确保胜利;西方战略家通过打胜仗检验自己的理论,孙子则通过不战而胜检验自己的理论。

↗ 约翰·柯林斯(John Collins),美国国会研究防务问题的高级专家,美国国防大学战略研究所所长,美国著名战略理论家,著有《大战略》一书。

↗ 《大战略》一书全名为《大战略:原则与实践》,是美国1973年出版的一部比较系统地论述美国战略问题的著作。他在《大战略》一书中评价说:“孙子是古代第一个形成战略思想的伟大人物。他写成了最早的名著《兵法》。孙子十三篇可与历代名著,包括2200年后克劳塞维茨的著作媲美。今天,没有一个人对战略的相互关系、应考虑的问题和所受的限制比他有更深刻的认识。他的大部分观点在我们的当前环境中仍然具有和当时同样重大的意义。”

↗ 柯林斯在其《大战略》一书中,用《孙子兵法》的观点从另外角度分析美国越战失败的教训:“孙子说:‘上兵伐谋。’在越南战争的情况下,‘谋’即指大战略。美国忽视了孙子的这一英明忠告,愚蠢地投入了战斗。”

↗ 约瑟夫·奈(Joseph S. Nye),哈佛大学教授,美国著名国际政治学者、哈佛大学肯尼迪学院教授,曾出任卡特政府助理国务卿、克林顿政府国家情报委员会主席和助理国防部长。他最早明确提出并阐述了“软实力”(Soft Power)概念,这随即成为冷战后使用频率极高的一个专有名词。

↗ 2005年,约瑟夫·奈曾在《华尔街日报》撰文描述中国软实力的崛起。约瑟夫·奈指出：一个国家的综合国力既包括由经济、科技、军事实力等表现出来的“硬实力”，也包括以文化和意识形态吸引力体现出来的“软实力”。一个国家的崛起，从根本上说，在于它的综合国力的全面提升。

↗ 约瑟夫·奈认为软实力和孙子有密切关联。2008年，他在新书《领导的实力》中把软实力与《孙子兵法》画了一条连接线，他引用了孙子的话，讲述“战争就是政治的失败”。

↗ 阿拉斯泰尔·约翰斯顿(Alastair Iain Johnston)，中文名字为江忆恩，加拿大人，美国哈佛大学政府系教授。他对《孙子兵法》等中国典籍很有研究，是谙熟中国传统文化的世界知名学者，成为中国战略文化研究的西方领军学者，被誉为“当今美国新生代中最出色的中国问题专家”。

↗ 约翰斯顿在《中国传统战略文化与大战略》一书中评价：西方人一直有个印象，中国传统，重视战略防御，崇尚有限战争。有意思的是，他将西方现实政治学中的一个拉丁文名词“Parabellum（要和平就得准备战争）”译成中国成语“居安思危，有备无患”，并将这些汉字作为该书封皮的衬底，颇具有中西合璧的意味。

↗ 1995年，约翰斯顿任哈佛大学助理教授时完成了对中国战略文化问题的研究，其博士论文《中国传统战略文化与大战略》由普林斯顿大学出版。这本书出版后反响很大，被认为是近来研究中国文化难得的一流之作。该书以《武经七书》为楔子，选择了包括《孙子兵法》在内的《武经七书》进行论述分析，因为这些经书糅合了儒家、法家、道家和兵家的治国之道，可谓是中国古代哲学思想的正统。

理查德·尼克松《1999：不战而胜》

亨利·基辛格《论中国》

2

传播与输出

导读

↘ 一本中国古代兵书从故纸堆里神奇地活起来，走进地球村，走向新时代，在全世界范围内受到了超乎想象的热捧。时至今日，《孙子兵法》已被翻译成50多个语种，传播到160多个国家和地区。

↘ 从中国的春秋战国时代到现代，从丘牛大车时代到高科技、信息化的原子时代、电子时代，《孙子兵法》成书2500多年，虽然被历史的车轮碾了又碾，历经冷落、沉寂和休眠期，却一次又一次被激活刷新，始终保持鲜活的生命力和强大的激活力。

↘ 《孙子兵法》跨越时空，渗透古今，不仅成为华夏文明的璀璨瑰宝，而且成为影响世界的经典杰作。

↘ 据不完全统计，目前全球出版《孙子兵法》的语言文字有：

↘ 亚洲有中文、日文、韩文、越南文、泰文、马来西亚文、印尼文、缅甸文、蒙古文、阿拉伯文、希伯来文、波斯文、僧伽罗文、泰米尔文、印地文、马拉地文、孟加拉文等。

↘ 欧洲有英文、法文、俄文、德文、西班牙文、葡萄牙文、意大利文、土耳其文、捷克文、斯洛伐克文、匈牙利文、荷兰文、希腊文、芬兰文、瑞典文、丹麦文、挪威文、罗马尼亚文、保加利亚文、波兰文、立陶宛文、斯洛文尼亚文、克罗地亚文、塞尔维亚文、爱沙尼亚文、亚美尼亚文、阿塞拜疆文、乌克兰文、拉丁文、加泰罗尼亚文、巴斯克文等。

↘ 非洲有斯瓦希里文。

↘ 作为世界上最古老的兵书《孙子兵法》，语言文本翻译出版从大语种开始，如法文、俄文、英文和西班牙文，在西方传播流传了 200 多年。在整个 20 世纪下半叶，《孙子兵法》的西方文本以美国的英译本为主。

↘ 冷战以后，特别是中华人民共和国成立和中国改革开放以来，《孙子兵法》小语种翻译出版如雨后春笋一般冒出来，共增加了 40 多个语种，使《孙子兵法》达到 50 多个语种版本，在全世界范围内受到了广泛的重视和大力推崇。

↘ 小语种《孙子兵法》与大语种相比，虽不及大语种在世界上应用面很广用者甚众，却分布面大，辐射面广，具有大语种没有的文化特征和独特的地域及民族的影响力。

↘ 这批数量可观的小语种《孙子兵法》，大都是 20 世纪 70 年代初银雀山汉墓竹简兵书出土后翻译出版的，从而纠正了许多谬误。

↘ 与早期翻译出版的大语种明显不同的是，小语种《孙子兵法》与时俱进，赋予了新的时代内涵。小语种《孙子兵法》在封面设计和插图上风格各异，在版本编辑上也独具特色。如果说大语种《孙子兵法》好比是参天大树、枝繁叶茂，让孙子思想千年不衰、万古长青的话，那么，小语种《孙子兵法》就好比是百花园里的奇花异草、争奇斗艳，让孙子思想在全世界花开满园、姹紫嫣红。

↘ 《孙子兵法》版本也标新立异，从古代的竹简到当前的不同种类、各种形式、内容和特征的图书，使得这部中国古老的兵书焕发出勃勃生机，在全世界出版物中一枝独秀、独领风骚。

↘ 在西方人眼里，中国兵马俑就代表孙子的形象。在封面设计上，欧美翻译出版的《孙子兵法》各种版本封面和内页插图上，常常见到中国兵马俑的图案。此外，还有兵家人物版、兵器图案版等，形象地展示了博大精深的中国兵家文化。

↘ 为纪念香港回归而发行的竹简《孙子兵法》已成为珍贵的收藏品，世界第一套《孙子兵法》纯金纯银纪念币、全文个性化《孙子兵法》金银邮币典藏册、香港版金箔书写的《孙子兵法》，都成为香港的热门收藏品。

↘ 进入21世纪，插图版和图解《孙子兵法》成为世界出版界传播兵学文化的一道流行色彩。在开本上，《孙子兵法》袖珍本、口袋书，在世界各国大行其道。

↘ 中国是《孙子兵法》发源地，翻译出版不容置疑领先全球。自1953年至2017年，中国大陆共出版相关《孙子兵法》2367部（种），向全世界输出汉英、汉德、汉法、汉西、汉日、汉韩、汉阿、汉马、汉印、汉老、汉缅对照版以及数量可观的外文版本。

↘ 在世界多极化、经济全球化深入发展的今天，中国古代兵家智慧在2500年后仍在全世界不同民族、不同肤色的国家发出耀眼的光芒；在世界文明的风景线上，面对原子时代、电子时代、和平共赢时代，“牛车”时代的孙子思想正在折射出全新的光辉。

↘ 作者走遍世界五大洲欣喜地发现，小语种《孙子兵法》翻译出版不仅一枝独秀，而且遍地开花，成为世界兵学园里的奇葩。

↘ 1949年中华人民共和国刚成立，在欧洲诞生了第一个小语种版本——捷克文《孙子兵法》。如今，这个文本几乎绝版，在世界上已很难找到，弥足珍贵。此后，《孙子兵法》小语种翻译出版如雨后春笋一般冒出来。

↘ 1952年，泰国出版《诗歌兵法与中国兵法》一书，书中的中国兵法即是《孙子兵法》。1963年，有了匈牙利文版本。1965年，有了缅甸文版本。1973年，希伯来文版本在以色列诞生。接着，芬兰文、罗马尼亚文、意大利文、荷兰文、马来西亚文、希腊文、土耳其文、波兰文、瑞典文、阿拉伯文、僧伽罗文、斯洛文尼亚文、蒙古文、立陶宛文、挪威文、波斯文等版本相继问世。至中国改革开放以后，全世界的小语种版本超过了40种，占了全球语种九成之多。

↘ 小语种《孙子兵法》在封面设计和插图上风格各异。在西方人眼里，中国兵马俑就代表孙武的形象，欧美翻译出版的《孙子兵法》各种版本封面上常常见到中国兵马俑的图案。有一本葡萄牙文《孙子兵法》，封面上是一组浅色兵马俑群像，当中有一个深色的兵马俑，身穿盔甲，双眼紧闭，跷着两个大拇指，喻示孙武的伟大和《孙子兵法》的神奇。

孙子在西方被尊称为将军。在欧洲国家,《孙子兵法》小语种封面将军形象居多。最新德文版《孙子兵法》的封面上,孙子身穿红色战袍,脚蹬黄色皮靴,骑着白马,戴着黑色帽子,坐着黑色马鞍,手拿黑色马鞭,马脖子上挂着红缨,遥视前方,脸藏神机。在南美洲巴西出版的葡萄牙文版的《孙子兵法》封面,绘有头戴盔甲的中国古代将军威武形象。黎巴嫩出版的中东第一部阿拉伯文《孙子兵法》,封面用了明代孙子像。

早期的大语种《孙子兵法》不够准确完善,存在谬误。而小语种《孙子兵法》大都是20世纪70年代初银雀山汉墓竹简兵书出土后翻译出版的。世界各国以出土竹简为翻译本的主要底本,使这部中国兵书翻译水准更高、更为准确、更符合原意。瑞典文《孙子兵法》翻译出自精通英文、瑞典文、中文、马来西亚文和熟悉闽南语、粤语的黄基明之手。伊朗学者胡塞尼为翻译首部波斯文《孙子兵法》,搜集了6个中文版本、8个英文版本、1个德文版本和1个法文版本,以及阿拉伯文版本等多种语言的《孙子兵法》作为参考。蒙古文《孙子兵法》译者其米德策耶为了理解原文,查阅了大量的资料,研究了5年,翻译了2年,此版本成为当今蒙古国畅销书之一,被蒙古国图书馆、国防大学收藏,作为蒙古人文大学的必读作品。

小语种《孙子兵法》与早期翻译出版的大语种明显不同的是与时俱进,赋予了新的时代内涵,传播理念突显孙子的战争艺术、哲学思想、智慧谋略及如何在新时代相关领域活学活用。塞尔维亚文《孙子兵法》,译者在序言中对被西方誉为战争的艺术的《孙子兵法》做了论述和评价:“在2000多年前一位神秘的中国战争哲学家编写而成。这部书也许仍是世界上最有声望和最有影响力的战略书,现代政治家和高管们像自古以来的军事领导者那样在亚洲热切研究。”斯洛文尼亚文《孙子兵法》序言称："这是中国古代一部博大精深的经典著作，它向我们展示了一系列的洞见和战略思想，为世界的战略和军事文献的发展作出了贡献，并再次影响着人类活动的各个领域。在中国变得日益重要的时代，我们必须审视并承认，塑造中国这个超级大国国家形象的战略智慧将影响和改变世界。"波兰文《孙子兵法》原始标题为：完美的战争艺术。该译本在序言中写道："很难想象这些至今仍在成功应用的准则和方法，来源于一个遥远的时代，一个与我们西方完全不同的文明之中。"意大利文《孙子兵法》在介绍中写道："公元前300多年创作的中国兵法，集孙子前的兵法智慧之大成，这部东方军事哲学书影响了许多世纪，现在这部书居然被全世界都应用在管理上。"该版本还介绍说："孙子不仅教怎么在战场上取得胜利，而且教其他领域和日常生活中最经典的谋略——不战而胜。《孙子兵法》是一部很有思想哲理的书，孙子的智慧对人类有很多的启迪。再版此书，是为了让意大利人了解中国孙子的智慧，更好地学习应用。"

↘ 1949年在欧洲诞生的首个捷克文《孙子兵法》序言指出："《孙子兵法》是世界上最古老的一部战术著作。我深知早在公元前中国文化已是非同寻常的成熟了。这个时期的中国文化像一朵绚丽的奇葩，盛开在欧亚大陆的另一端，可与古希腊文明相媲美。中古时期的中国文化将永远是一个珍贵的源泉，供人类社会不断地汲取，产生新的活力。"

↘ 1976年，罗马尼亚文《孙子兵法》出版，该版本的前言高度称赞其不仅是中国古代军事思想的顶峰，而且是有史以来世界军事文献的最佳之作，已被证明为永恒的格言，至今仍神力犹存，并使我们沉思。从此之后，《孙子兵法》进入了罗马尼亚的军事科学领域，成了军事高等学院、布加勒斯特军事科学院必修课程。

↘ 1986年出版的马来西亚文版本对《孙子兵法》作了很高的评价：

它是中国文化宝库中的经典名著，也是价值很高的军事哲学著作，从古到今，一向受到国内外的推崇、传播和应用。同时指出：这部译著对推动马来西亚孙子研究和传播具有重要意义。

↘ 1997 年再版的匈牙利文《孙子兵法》译本序言评价：《孙子兵法》是一本极有研究价值的书籍，也是人类历史上最有价值的精神遗产之一，适合每一位领袖阅读。

↘ 阿拉伯语是世界上使用人数众多的小语种之一。1998 年出版的第一部阿拉伯文《孙子兵法》，黎巴嫩维多利·胡里准将为该书撰写序言，称《孙子》一书的理念在后代战略家中产生深远影响，能够改变战败拿破仑一世滑铁卢战役的结果。

↘ 2005 年，蒙古国和平友好组织联合会主席查希勒冈在主持蒙古文译文版《孙子兵法》发行仪式致辞中说："《孙子兵法》是中华民族瑰丽的文化珍宝，这朵奇葩现在盛开在蒙古国土地上，相信将对蒙古国人民了解中国历史和文化起到积极作用。"

↘ 2007 年再版的缅甸文《孙子兵法》，由缅甸著名研究孙子战略思想的学者南达登山作序。出版后，赠送给缅甸国民大会 1500 本，每位议员人手一册，引起缅甸许多高层官员的关注，缅甸联邦文化部部长钦昂敏少将称《孙子兵法》在缅甸影响深远。

↘ 2008 年再版的希伯来文《孙子兵法》，译者汉娜·金戈德评价说："《孙子兵法》是研究战争艺术的集大成制作，虽然成书时间距今 2500 年，但其中的内容可适用任何时期、国家和情况。"

↘ 随着《孙子兵法》不断被翻译、传播到世界各地，历久弥新，极大地提升了以《孙子兵法》为代表的中国兵书在全世界的地位和影响，在 21 世纪的今天已经成为世界各国人民共同的精神财富。如 1986 年出版的荷兰文《孙子兵法》，印数为 7000 册。在荷兰这样一个只有 1000 多万人口的小国，7000 册荷兰文版《孙子兵法》竟在不到三个月的时间内售罄一空。再如，在仅有 200 多万人口的小国斯洛文尼亚，翻译出版的斯洛文尼亚文《孙子兵法》就有五六个版本。

↘ 真可谓：满园春色关不住，一部兵书出墙来。

版本一枝独秀

↘ 在韩国、英国、俄罗斯、意大利、西班牙、葡萄牙、土耳其、瑞典、挪威、波兰和塞尔维亚,《孙子兵法》封面和插图都用中国兵马俑作为孙子的形象。在美国、加拿大、巴西、阿根廷和智利,《孙子兵法》封面和插图也都有兵马俑图案。

↘ 许多英文、法文、西班牙文、日文、韩文、越南文等《孙子兵法》版本封面选用了明代孙子画像。

↘ 孙子画像出自明万历年间《三才图会》刻本,为现存有关孙武容貌的最早记载。画像中的孙武相貌堂堂,凤眼蚕眉,目光睿智,额宽腮阔,高挽发髻,头扎纶巾,丰腴的面颊略带微笑,给人以亲切、平和之感。现珍藏在中国国家图书馆。

↘ 春秋时期,孙武晋见吴王阖闾呈兵书十三篇,受到重用,吴王拜孙武为将军。孙武率兵三万,五战五捷,打败二十万楚国大军,创造出历史上以少胜多的光辉战例。孙武西破强楚,北威齐晋,南服越人,显名诸侯。吴国最终成为春秋五霸之一。战国时期的军事家尉缭子评价:"有提三万之众,而天下莫当者谁?曰武子也。"

↘ 《孙子兵法》是冷兵器时代的巅峰之作。而古代的冷兵器种类繁多,远远不止人们通常说的"十八般兵器"。在孙子所处及《孙子兵法》成书的春秋时期,战争在很长一段时间之内都是社会的常态。

↘ 国外学者把“以戈止武”或“止戈为武”诠释为孙武的“武”，不用武力而能化干戈为玉帛，代表了孙武和他的《孙子兵法》的最高境界。

↘ 在世界各国翻译的《孙子兵法》各种版本中，冷兵器成为封面及插图的重要选择，再现了春秋时期金戈铁马的恢宏场面。出名的冷兵器有干将莫邪雌雄双剑、越王勾践剑、鱼肠剑等。

↘ 墨西哥版《孙子兵法》，封面和插图有中国古代将士骑着战马、手持弓箭长矛盾牌的群马图，有自己创作的儒家与兵家融为一体的孙子形象，还有孙子盔甲闪烁金星、宝剑发出金光的图像，寓意《孙子兵法》光耀全球。

↘ 2005 年出版的彩色插图版捷克文《孙子兵法》，彩色封面和封底上，绘着中国古代马车和士兵，举着旌旗，舞着战刀，击鼓鸣锣，再现了中国春秋战国时代的战争画卷。书的正文后面插了 22 页彩图，描绘了《孙子兵法》的背景地和相关场景，有吴国的阖闾大城、吴王剑、将军勇士、骑兵弓箭、排兵布阵、地势火攻，画面充满中国传统文化色彩。

↘ 2012 年，法国汉学家让·勒维创意编辑的彩色插图版《孙子兵法》，封面以孙子为吴王训练宫女为题材，进行了再创作，令人耳目一新。全书 223 页，插图 210 幅，图文并茂，形象直观，是法国出版过的孙子兵书书籍中最为特别的一本，一经出版就吸引了法国读者的眼球，称赞此书设计精美、别出心裁、形象生动、通俗易懂，不失为一本了解中国古代文化的经典图书。

↘ 该书的插图极具特色，有以孙子、毛泽东为代表的中国著名兵家人物，有《孙子兵法》的竹简、《孙子十家注》等历代中国兵书，有中国古今著名战例、中国兵家故事、中国兵马俑，还有反映中国兵家文化的书法、绘画、连环画。尤其是跨页的图片，浓彩重墨地绘制了中国古代的城墙、旌旗、战马、刀剑，把读者带进了气势恢宏的中国古战场，形象地揭示了《孙子兵法》的谋略和智慧。像法国这样的彩色插图版《孙子兵法》,在欧洲国家书店屡见不鲜。

↘　牛津出版社 1971 年发行了《孙子兵法》袖珍本,很受读者喜爱。

↘　在德国法兰克福、慕尼黑等书店,最抢手的德文版《孙子兵法》大都印成口袋书,价格都在 7 欧元左右,最便宜的 5 欧元。书店工作人员说,因价格便宜,便于携带,又非常实用,常年销售火爆。

↘　在意大利罗马火车站书店里,《孙子兵法》版本很多,有精装本、简装本、插图本、袖珍本。

↘　葡萄牙版《孙子兵法》有多个版本,开本有大的,也有供读者携带的口袋书。

↘　瑞士苏黎世大学著名汉学家、孙子研究学者胜雅律说:"瑞士人喜爱瑞士军刀,也喜爱《孙子兵法》。'瑞士军刀'这个名称已成为多用途'袋装'刀具的代名词了,有点像我出版的口袋书《孙子兵法》,非常实用。"

输出最受欢迎

↘ 中国文化“走出去”,最能代表中国智慧、战略思维、和平理念的孙子文化是最能为全世界接受;中华文化“走出去”,作为文化基质的《孙子兵法》在全世界传播最广也最受欢迎。

↘ 中华人民共和国成立后,特别是中国改革开放以来,《孙子兵法》源源不断地向海外输出,越来越受到全球政治家、军事家、思想家和企业家的重视,已融入了现代军事学、管理学、经济学、社会学、情报学、行为学之中。

↘ 《大中华文库》的中外对照《孙子兵法》(多语种),包括汉英对照版、汉德对照版、汉法对照版、汉西对照版、汉日对照版、汉韩对照版、汉阿对照版、汉马对照版、汉印对照版、汉老对照版、汉缅对照版等版本,作为中华经典文化,向世界各国不断输出。

↘ 中国外文出版社及各省市出版社,也向世界各国翻译出版了一大批《孙子兵法》译本。

↘ 《书评:孙子兵法》为“中华传统文化精粹”丛书之一,这套丛书最初由中国对外翻译出版公司于20世纪八九十年代同香港商务印书馆合作陆续推出,丛书的编者和译者都是在各自领域作出贡献的学者、教授,使得该套丛书在读者中获得了很好的口碑。

↘ 自中国国家领导人赠送美国前总统布什丝绸版《孙子兵法》后,

中英文对照丝绸版《孙子兵法》走红西方。这是中国外文局编撰的丝绸精装版，其中中文版用155000条紫罗兰绢丝把文字绣在丝绸上，英文版则把文字印在了丝绸上。

↘ 中国国家主席习近平提出共建"一带一路"，丝绸版《孙子兵法》在世界各国尤其是海上丝绸之路沿线国家更加热门，成为中国兵家文化和丝绸文化的卓越代表。

↘ 中国输出海外翻译的《孙子兵法》，在亚马逊网全球书店中国历史分类中评价数量最多、最高，销量持续排名第一。海外学者评价：孔子学院遍布全球成为中国文化"走出去"的成功案例；而《孙子兵法》走向世界已有千年，翻译出版和传播应用地域涵盖世界各大洲，在全球应用之广、涉及领域之多、实用价值之高、成果之大，是无与伦比的，全世界几乎每天都在应用它。可以说，孙子文化誉满全球，是中华文化走出去最早也是最成功的案例之一。

↘ 欧洲学者认为：孙子是超越中华文化圈对世界产生巨大影响的少数中国伟人之一，《孙子兵法》在世界范围产生了广泛而深刻的影响，是举世公认的。在许多西方人对东方文化还够不了解、不够理解甚至误解，大多数东西方文化交融还面临困难的大背景下，孙子思想却得到东西方共同的高度推崇，证明了孙子思想具有无与伦比的普世价值。

↘ 葡萄牙孔子学院葡方院长评价：在世界上影响最大、最受崇拜的中国优秀文化代表人物莫过于两人，一个是孔子，一个是孙子。孔子学院以传播中华文化而誉满全球，《孙子兵法》以智慧应用而扬名海外。芬兰版《孙子》译者马迪·诺约宁认为，《孙子兵法》与世界很多地方都建立了孔子学院一样，是中国文化走向世界的"杰出品牌"，不仅被全世界所认可，而且被全世界所应用。

↘ 美国对《孙子兵法》有浓厚兴趣的其中一个重要原因在于文化

层面，美国需要了解中国和中国文化。对此，美国文化界人士乐此不疲。美国人类学家鲁思·本尼迪克特受美国政府委托进行了包括《孙子兵法》在内的一项专门研究。美国美华艺术学会会长林中明也指出，《孙子兵法》的影响力如今笼罩全球，世界的走向是加强学习孙子思想。

↘ 《纽约时报》刊文指出，"中国正在用汉语文化来创建一个更加温暖和更加积极的中国形象"，"2000多年前冷兵器时代的孙子，竟成了西方制定核时代战略、战术的精神支柱，这是孙武万万没有想到的"。

↘ 蒙古中国友好协会秘书长、汉学家其米德策耶诠释说，"汉学"一词，原本指海外学者对有关中国的各种学问的研究。从这个意义上讲，海外的《孙子兵法》研究本来就是汉学研究的一个组成部分，不仅有力地促进了汉学研究的发展和普及，扩大了汉学研究的影响，而且必然与汉学研究的其他领域互相借鉴、互相促进。海外《孙子兵法》研究是汉学研究的一个组成部分，不仅有力地促进了汉学研究的普及和发展，而且对汉学研究和传播产生重大影响。

↘ 埃及学者比喻说：金字塔是古埃及文明的象征，也是古埃及人智慧的结晶，是埃及人民的骄傲；而《孙子兵法》是中华文明乃至世界文明中的璀璨瑰宝，是中国人民的骄傲。《孙子兵法》是世界兵书的"金字塔"，难以超越。在墨西哥城国家人类学博物馆人类学专家眼中，《孙子兵法》是全人类的宝贵财富。非洲学者称：《孙子兵法》是一部充满着智慧结晶的书，而智慧不分国界、不分种族、不分肤色、不分语言。

↘ 海外华侨华人感叹：2500年前的孙武为中国人，也为全世界留下了伟大的智慧财富，《孙子兵法》是中国的，也是世界的。在放眼环球的泱泱文化大潮时，更应该挺直起大国文化自信的脊梁。

↘ 作为全球有重大影响力的中华文化品牌，孙子的许多思想至今依然闪烁着真理的光辉，对中国乃至世界产生广泛而深远的影响。《孙子兵法》的输出，对于中国文化走向世界，共同构筑人类命运共同体，具有重要的时代意义。

日文

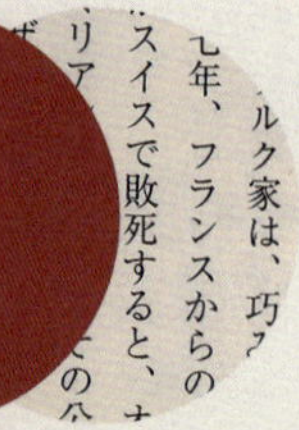

《图解孙子兵法入门》 是本信义　中经出版社　2006 年 9 月

一般来说，《孙子兵法》最早由遣唐使吉备真备从中国带回日本。

《孙子兵法》传入日本后，开始靠汉文本传抄传读。早期的日本文人大多能阅读汉籍，所以他们研读的是汉文兵书，并且直接大量抄录和翻印中国兵书，日本主要的汉籍目录上几乎都著录有翻刻的《孙子兵法》。直到1660年才出现日译的《孙子兵法》。

日文

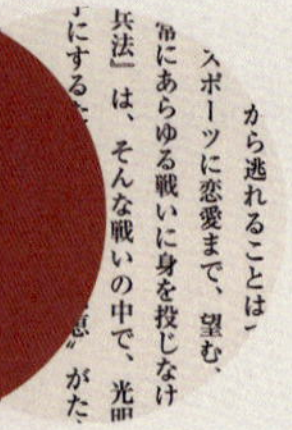

《孙子兵法概略与图解》 知识发现探索队 East press 股份有限公司 2011 年 1 月

The Art of War
from the outline and
the illustration
500
Chariot
イースト・プレス

法文

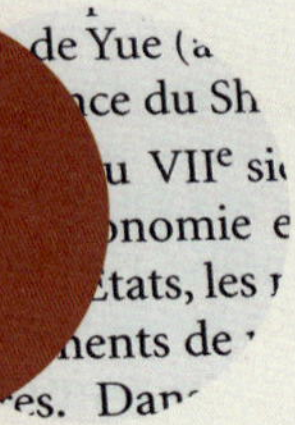

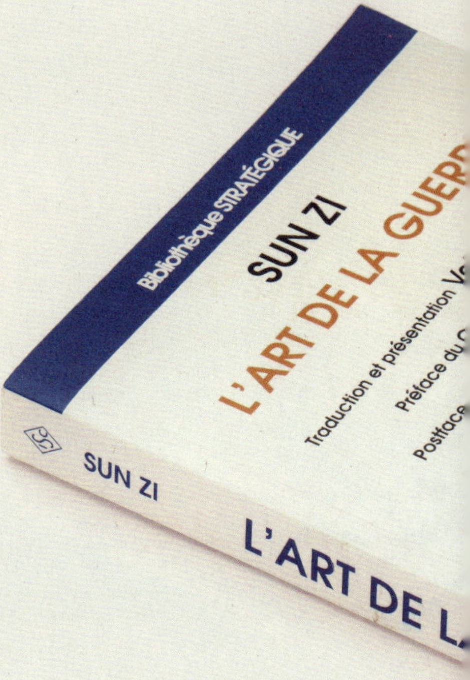

《孙子兵法》 瓦莱丽·妮凯 译 经济学与比较战略研究所 2012 年

1772年，法国传教士阿米欧通过满文、汉文相对照，翻译成法文，这是东方兵家文化首次在语言体系上转换。从此，《孙子兵法》走上了西行之路，引发了西方学术界对中国古代兵学长久不衰的特别关注。

俄文

《孙子兵法》 米哈伊洛夫·米哈伊尔·米哈伊洛维奇 译　星光出版社　2012 年

有学者认为：孙子的学说或经过丝绸之路和波斯传至东罗马帝国，通过拜占庭传至俄国。另根据格里菲斯的说法，孙子的思想是通过蒙古人传至俄国的。1772 年，俄国首次俄译蒙古文《孙子兵法》，译者阿列克谢·列昂季耶夫。

德文

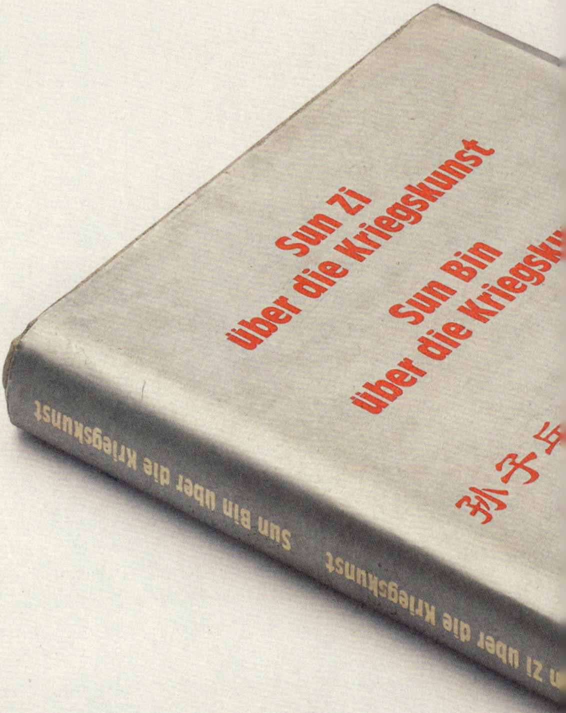

《孙子兵法 孙膑兵法》 钟英杰 译 人民出版社 1994 年

1772年俄译《孙子兵法》首次出版后，引起欧洲国家的关注。1778年，德国的魏玛出版了德文版《孙子兵法》。1910年，柏林出版了《兵法——中国古典军事家论文集》。民主德国后来还根据俄译本转译成德文，并作为东德军事院校的教学材料。此后，德国的翻译出版频繁，不断掀起高潮。

阿拉伯文

《孙子兵法》 萨米尔·哈迪姆 译 德阿尔雷哈尼出版社 1998 年

中东地区先后翻译出版过两部阿拉伯文本《孙子兵法》,第一部 1998 年在黎巴嫩达尔·日艾哈尼出版社出版,由黎巴嫩萨米尔·哈迪姆准将翻译,准将参谋郭洪祥编辑,该文本是从法语翻译而来的,黎巴嫩维多利·胡里准将为该书撰写序言;第二部 2005 年在埃及首都开罗发行,是直接从汉语翻译而来的。

阿拉伯文

《孙子兵法》 希夏姆·马里基 译　中国文史出版社　2000 年

المجلد الأول

西班牙文

《孙子兵法》 阿尔伯塔·加尔瓦尼 译 托塔出版社 2001 年

第三个进入西方的《孙子兵法》语言文本是西班牙文,1903 年问世,由罗佩兹·格瑞克·伯里格罗翻译,马德里维多利亚·苏亚雷斯(Victoriano Su á rez)出版社出版。直到 1974 年,由巴塞罗那字谜出版社(ANAGRAMA)和马德里基础出版社(FUNDAMENTOS)发行了两个《孙子兵法》西班牙文译。此后,西班牙文再版不断,从 20 世纪的 49 部增加现今的 170 多部,递增速度惊人,并扩展到阿根廷、秘鲁、哥伦比亚等南美西班牙语国家。

西班牙文

《孙子兵法》 拉伦诺·拉米雷斯·倍雷因 译 图书世界出版社 2006 年

孫子兵法
Edición, traducción y notas de
Laureano Ramírez Bellerín
Versión restaurada a partir del

西班牙文

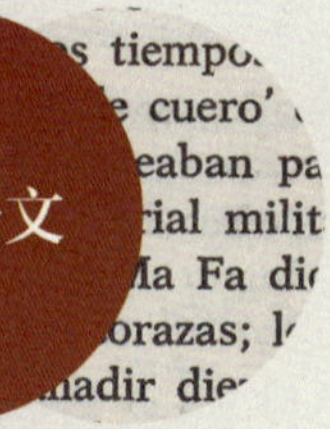

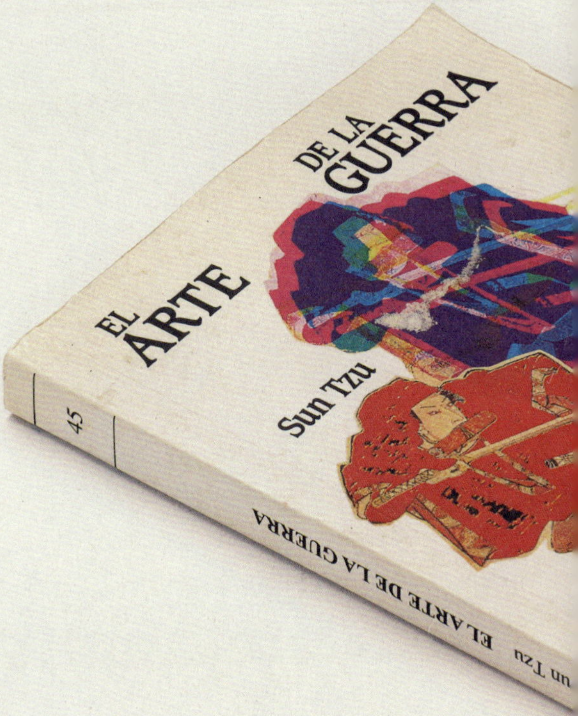

《孙子兵法》 费尔南多·蒙特斯 译 基础出版社 2008 年

fundamentos
14ª edición

西班牙文

《孙子兵法》 路易斯·多明戈斯·洛亚 译　整合出版社　2008 年

Mestas
EDICIÓN ÍNTEGRA

西班牙文

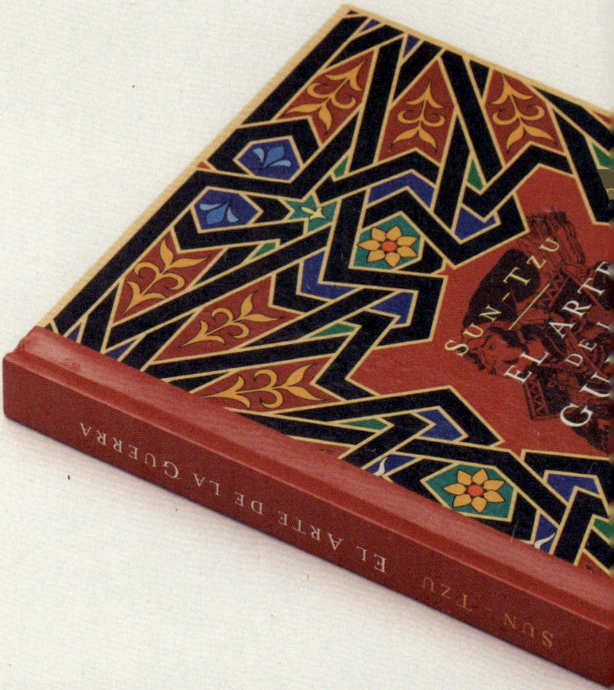

《孙子兵法》 何塞·曼努埃尔·坡马雷斯 译 方尖碑出版社 2009 年

EDICIONES OBELISCO

西班牙文

《孙子兵法》 编辑部 译　埃达夫出版社　2012 年

estudio
y notas del
Grupo Denma
edaf
El arte de la guerra

西班牙文

《孙子兵法》 编辑部 译　史上最小图书出版社　2009 年

Sun Tzu
El Arte de la Guerra

西班牙文

《孙子兵法》 本杰明·比根 译 冥王星出版社 2010 年

Plutón
Ediciones

西班牙文

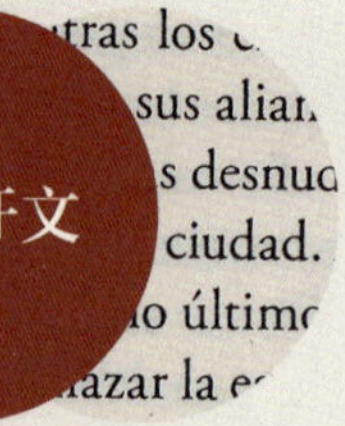

《孙子兵法》 编辑部 译 阅读出版社 2011 年

西班牙文

《孙子兵法》 希尔维亚·苏珊娜·乐仁德古依 译　石像出版社　2011 年

Gárgola
colección
Modelo para Armar
39

西班牙文

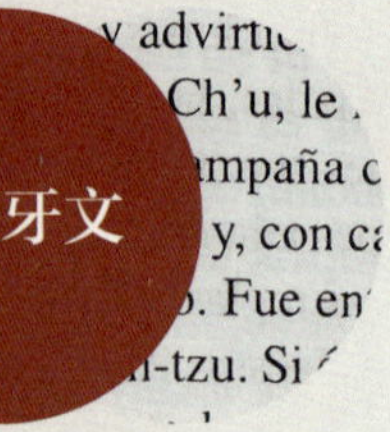

《孙子兵法》 罗伯托·库托 译　朗塞乐出版社　2012 年

"Si no puedes ser fuerte,
y sin embargo no puedes ser débil,
eso resultará en tu derrota."
longseller
39

西班牙文

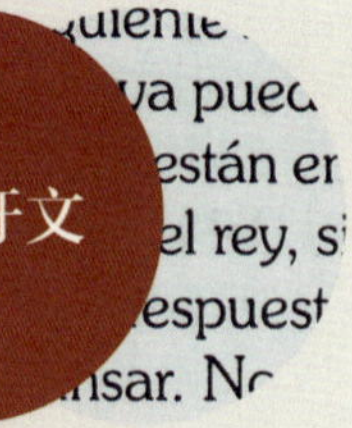

《孙子兵法》 克里斯蒂娜·埃斯拉 译 仙女座出版社 2012 年

Sun Tzu
arte de la guerra
del contexto e introducción a la obra: Sergio Gaut vel Hartman
Traducción y notas: Cristina Esler
Andrómeda
A

西班牙文

《孙子兵法》 阿克塞·德·鲁兹 译　天狼星出版社　2013 年

SUN TZU
HOJAS DE LUZ
El Arte de

西班牙文

《孙子兵法》 海梅·巴拉雷·帕拉 译　泛美出版社　2014 年

Traducido por
Jaime Barrera Parra
a partir de la traducción del
chino al inglés de
Samuel B. Griffith
Incluye introducción,
notas y apéndices
PANAMERICANA
EDITORIAL
EL
PANAMERICANA
EDITORIAL

英文

《孙子兵法 孙膑兵法》 林戊荪 译　人民出版社　1995 年

在西方世界中，英美开启了《孙子兵法》百年翻译出版历程，所翻译出版和再版的英译本数量最多，影响最大。1905 年，《孙子兵法》英译本首次在日本东京出版，由英国皇家骑兵团上尉 E.F. 卡尔斯罗普翻译。该英译本依据的是日文版《孙子兵法》。这第一个英译本，尽管尚不完整，但使《孙子兵法》得以在英语国家广为传播。随之，在欧美掀起了一股又一股经久不衰、居高不退的“孙子热”，影响了整个世界。

英文

《孙子兵法　孙膑兵法》 林戊荪 译　外文出版社　2003 年 10 月

of War
FOREIGN LANGUAGES PRESS

英文

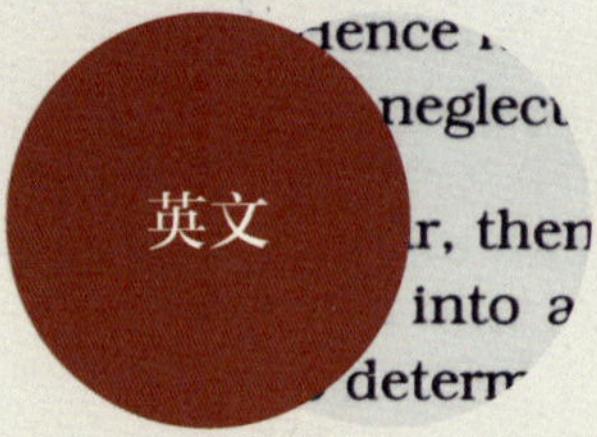

《孙子兵法》 贾尔斯 译　和平图书出版社　2009 年

SUN TZU

英文

or that
ld be rea
d World
e. "Mast
pare the
again. D

《孙子兵法》 约翰·闵福德 译 企鹅集团 2009 年

PENGUIN CLASSICS
SUN-TZU
The Art of War
PENGUIN CLASSICS

英文

《孙子兵法》 乔纳森·克莱门特斯 译　康斯特堡出版社　2012 年

SUN TZU
nathan Clements
CONSTABLE

英文

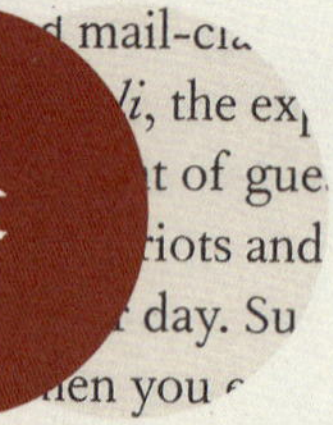

《孙子兵法》 贾尔斯 译 坎特伯雷出版社 2014 年

SUN TZU

汉英对照

《孙子兵法》 潘家玢，刘瑞祥 译　军事科学出版社　1993 年 5 月

中国外文出版社、外语教学与研究出版社、军事科学出版社、中国对外翻译出版有限公司等出版单位，向世界各国翻译出版了一批汉英对照《孙子兵法》译本。

《孙子兵法》 袁士槟 译 外语教学与研究出版社 1997 年 12 月

孙子 著
外语教学与研究出版社
FOREIGN LANGUAGE TEACHING AND RESEARCH PRESS

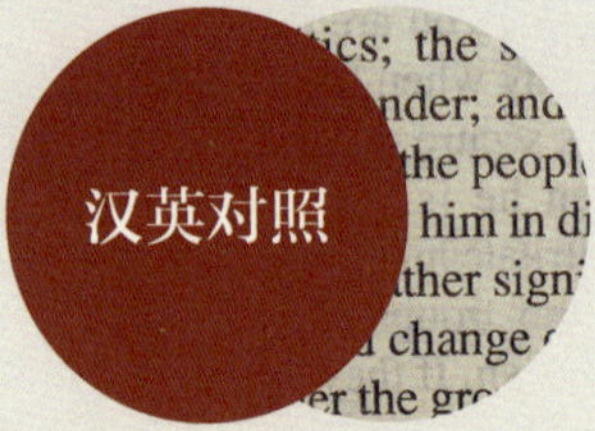

《孙子兵法》 袁士槟 译　外语教学与研究出版社　1997 年 12 月

外语教学与研究出版社

汉英对照

《孙子兵法》 罗志野 译 中国对外翻译出版公司 2007 年 11 月

Luo Zhiye
中国出版集团
中国对外翻译出版公司

越南文

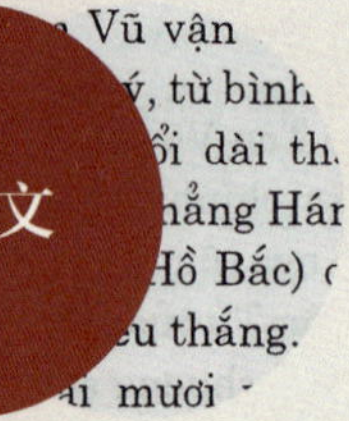

《孙子兵法》 阮惠谷，阮国泰 译　社会劳动出版社　2008 年

《孙子兵法》传入越南的具体时间尚未得到准确考证，通常的说法是在日本、朝鲜之后，位居第三。《孙子兵法》很早就传入越南，这与越南在很长时期里都使用汉字有关。陈国峻著《兵书要略》，在越南兵学术史上占有重要地位。越南最早的译本《孙子用兵法》，1945 年 2 月翻译出版，由前越南劳动党主席胡志明翻译。书名为意译，是越南最早的《孙子兵法》译本，现藏越南革命博物馆，《胡志明全集》第三卷收录了该版本。全文不含标点符号约 15 万字，分为译序、正文和注解说明三部分，在越南影响广泛。1961 年越南刊行的施达志《孙子》译本，多次被再版。

越南文

《孙子兵法与 36 计》 裴越北 译 时间出版社 2011 年

BINH PHÁP
&
36 KẾ
Nhà xuất bản thời đại
NXB
THỜI ĐẠI

捷克文

《孙子兵法》 雅罗斯拉夫·普鲁塞克，鲁道夫·贝克，弗朗蒂塞克·伏尔博卡 译　我们的军队出版社　2005 年

1949年，捷克文《孙子兵法》由捷克斯洛伐克雅罗斯拉夫·普鲁塞克、鲁道夫·贝克、弗朗蒂塞克·伏尔博卡三人合译，是根据英文和汉文《孙子兵法》对照翻译而成，由我们的军队出版社出版。此译本早就告罄，几乎绝版，在世界上已很难找到，非常珍贵。

泰文

《孙子兵法》 苏帕密维拉苏 译　第一步出版社　2013 年

东南亚国家中，泰国可能是较早也是较多翻译《孙子兵法》的国家之一。1952 年，泰国首次出版了《诗歌兵法与中国兵法》一书，书中的中国兵法即是《孙子兵法》。此书译者是泰国著名学者、翻译家沙天·唯拉昆。从第一个译本问世后，泰国《孙子兵法》译本没有间断过。1977 年天猜·严瓦拉梅翻译出版泰文版《孙子兵法》。如今泰国《孙子兵法》版本达 60 种，成为泰国最受欢迎的中国典籍之一。

匈牙利文

《孙子兵法》 卡特·埃斯特 译　贡格尔出版社　2012 年

匈牙利文《孙子兵法》最早在1963年出版。1997年出版的译本由托卡·吉泽尔特翻译，匈牙利特雷贝斯卡亚多出版社出版。匈牙利还出版了著名汉学家杜克义翻译的《孙子兵法》全书。

缅甸文

《孙子兵法》 刘汉忠 译　泉水出版社　2006 年

1965 年，钦温貌翻译了首部缅甸文《孙子兵法》，这是从英文版翻译成缅甸文的，由缅甸《党林》杂志出版社出版。

2007 年，翻译出版了第二部缅甸文版《孙子兵法》，译者刘汉忠，缅甸名字叫山莱，是一位华裔。该版本由缅甸研究孙子战略思想的著名学者南达登山作序。

希伯来文

《孙子兵法》 汉娜·金戈德 译 星座出版社 2008 年

1973年，希伯来文《孙子兵法》在以色列问世。2008年出版的希伯来文《孙子兵法》，译者是汉娜·金戈德，从英文译本翻译，以色列第二大城市特拉维夫最新消息和哈马德图书出版社出版。

芬兰文

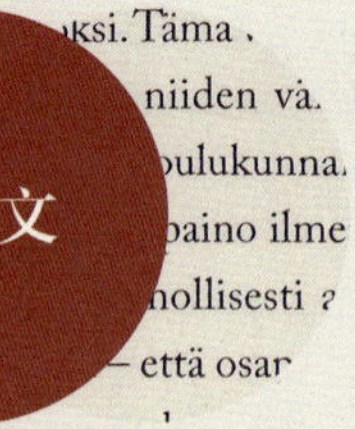

《孙子兵法》 马迪·诺约宁 译 赫尔辛基出版社 2005 年

1985年，芬兰一位记者曾翻译出版芬兰文《孙子兵法》，是从英文版转译的。1985年，马迪·诺约宁翻译出版芬兰文《孙子兵法》，该文本重点参考了宋代的《十一家注孙子》等重要传本，从中文直接翻译成芬兰文。2007年，马迪又出版了研究以孙子为代表的中国战略思想的《诡道》一书。2012年，海基·科克莱伊宁又翻译出版芬兰文《孙子兵法》。

芬兰文

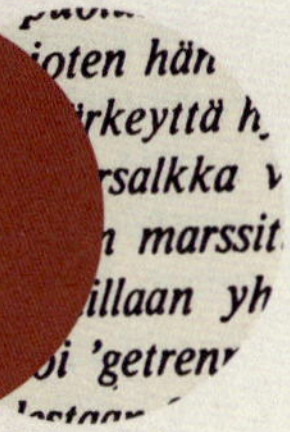

《孙子兵法》 海基·科克莱伊宁 译　萨诺玛出版社　2012 年

SODANKÄYNNIN
TAITO
TIETOSANOMA
TIETOSANOMA

罗马尼亚文

《孙子兵法》 拉卢卡·帕夫 译 安特出版社

1976年，罗马尼亚军事出版社出版了《孙子兵法》罗马尼亚文译本，由菲莉契亚·安蒂普、康斯坦丁·安蒂普翻译，康斯坦丁·安蒂普编辑并写序。

他在序言中写道："《孙子兵法》系古代世界军事思想最佳名著之一，它使我们更好地认识当时的世界史实。同时，该书以其带有原则性和具有普遍意义的、已证明为永恒的格言，至今仍神力犹存，并使我们沉思。"

意大利文

r a conh
inimigo t
s divers
números
poucos.

《孙子兵法》 莫妮卡·罗西 译 奥斯卡蒙达多利出版社 2003 年

意大利文《孙子兵法》，1980 年翻译出版，并多次再版。该版本在介绍中写道：“公元前 300 多年创作的中国兵法，集孙子前的兵法智慧之大成，这部东方军事哲学书影响了许多世纪……对人类有很多的启迪。”

荷兰文

《孙子兵法》 珍妮·格劳鲍夫 译 常青出版社 2008 年

1986年，荷兰文《孙子兵法》由荷兰科学出版社首次出版，它是荷兰中学的一位英语教员史密特从美国雅门·柯弗尔的英译本转译的，印数为7000册。在荷兰这样一个只有一千多万人口的小国，7000册《孙子兵法》竟在不到三个月的时间内售罄。

希腊文

《孙子兵法》 埃莱尼·甘加西欧 译 帕帕索蒂里乌出版社 2013 年

希腊文《孙子兵法》,1991 年翻译出版。2013 年出版的译本更为准确,是从牛津大学 1963 年出版的美国准将塞缪尔·B. 格里菲斯的经典版本翻译而来,译者海伦·加恩卡齐乌。

印尼文

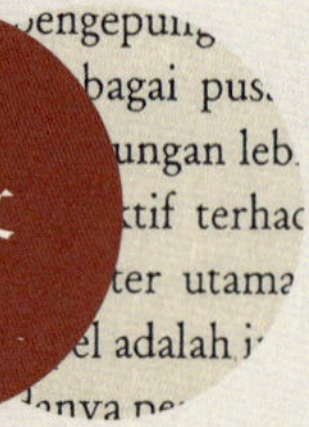

《孙子兵法》 阿尔文·沙普特拉 译　幸运出版社　2002 年

印尼文《孙子兵法》多次翻译出版。1992 年，首部印尼文《孙子兵法》翻译出版；2002 年印尼文《孙子兵法》由幸运出版社（LucKy Publishers）出版社出版，由阿尔文·沙普泰拉（Arvin Saputra）博士从安乐哲的英文译本翻成印尼文；2017 年出版的是中文与印尼文对照版《孙子兵法》。

波兰文

《孙子兵法》 罗伯特·斯蒂勒 译　关于学习出版社　2004 年

波兰文《孙子兵法》于 1996 年出版。2004 年出版的译本，译者达里乌斯·巴卡拉兹，编辑拉斐尔·阿卡契克，由波兰双螺旋出版社出版，2011 年由该出版社再版，原始标题：完美的战争艺术。

土耳其文

《孙子兵法》 希伯尔·厄兹布顿,泽依奈普 译 钥匙出版社 1992 年

1992 年翻译出版的土耳其文版《孙子兵法》，封面别出心裁以中国兵马俑代替孙子形象。这部中国兵书是两位土耳其翻译家从英文版转译的，一位是希伯尔·厄兹布顿，另一位是泽依奈普，由伊斯坦布尔阿那赫塔尔（钥匙）出版社出版。2013 年，土耳其汉学家吉来副教授与另一位土耳其汉学家合作，将中文版的《孙子兵法》译成土耳其文，一经出版便反响巨大，很快便成为畅销书之一。目前，该译本已经累计印刷了 6 次，销售量达到 4 万册。

瑞典文

《孙子兵法》 本特·彼得森,欧·基·本,亨里·克弗里曼 译　桑特罗斯出版社　2010 年

瑞典文《孙子兵法》1997年由东方研究协会出版，由斯德哥尔摩大学汉学研究院罗敦教授作序，1999年和2012年分别由斯德哥尔摩国防学校、瑞典桑特罗斯出版社再版。

译者：欧·基·本，中文名黄基明，博士，瑞典籍，新加坡国立大学东南亚研究所高级研究员。

瑞典文

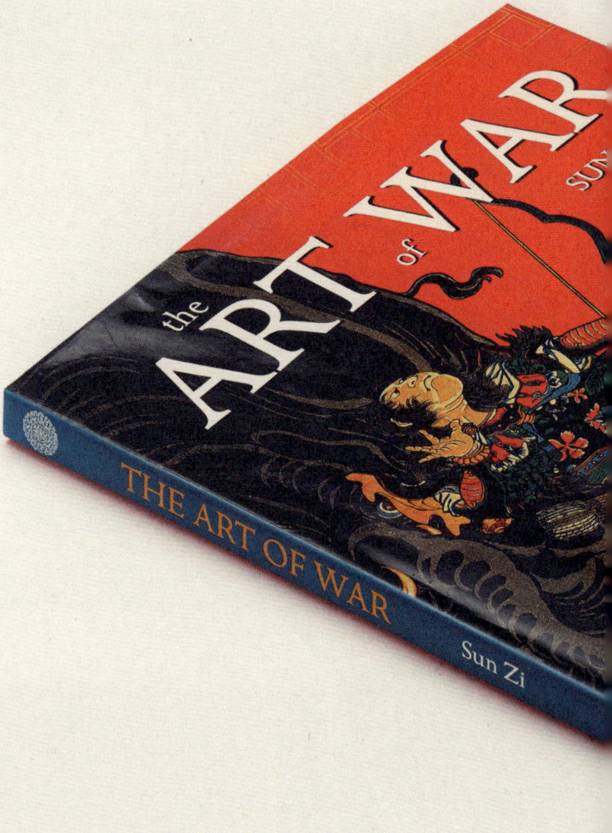

《孙子兵法》 克雷斯·戈然 译 阿克特鲁斯出版社 2010 年

DEN KLASSISKA
SKRIFTEN OM
KRIGSKONST

僧伽罗文

《孙子兵法》 郝唯民 译　普罗帕出版社　2003 年

2003年，首部僧伽罗文《孙子兵法》出版，译者是斯里兰卡龙华书院华人学者郝唯民博士与斯里兰卡普罗帕出版社社长、职业作家塞纳拉特那·维罗辛诃，由斯里兰卡普罗帕出版社出版。该版本除《孙子兵法》十三篇原文外，附有司马迁《史记》里记载有关孙子的史料及译者的前言。

斯洛文尼亚文

《孙子兵法》 伊莲娜·杜切 译　青年图书出版社　2015 年

斯洛文尼亚文《孙子兵法》，2004 年翻译出版。这个只有 200 多万人口的中欧小国，至今已翻译出版了 6 个版本。

蒙古文

《孙子兵法》 蒙热勒·其米德策耶 译 阿德蒙出版社 2009 年

2005年6月14日，蒙古国首次正式发行蒙文版《孙子兵法》，译者是蒙古中国友好协会秘书长其米德策耶。此译本由乌兰巴托阿德蒙公司出版，书中除蒙文翻译《孙子兵法》十三篇外，另有三篇评述《孙子》的文章，插图极具“马背民族”特色，彰显了蒙古骑兵战法。

立陶宛文

《孙子兵法》 莉娜·鲁基斯 译 苹果出版社 2006 年

立陶宛文《孙子兵法》于2006年出版。2012年又由立陶宛培养文化出版社出版，译者卡洛·梅纳斯。

全书包含了序言和中国历代王朝的时间表以及《孙子兵法》十三个篇章。在每个章节的结尾，都有著名的美国学者拉尔夫·D.索耶所写的批注。

挪威文

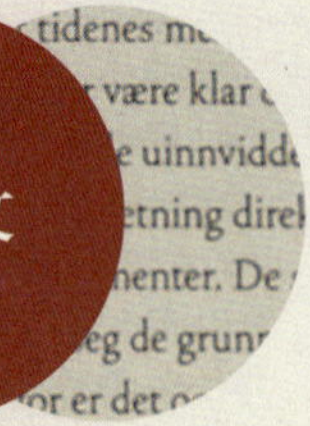

《孙子兵法》 博伊·克里斯汀·萨特伦 译 赫格纳媒体出版社 2005 年

挪威文《孙子兵法》翻译者博伊·克里斯汀·萨特伦(Boel Kristin Steveren),他在行政和管理部门工作,出版过关于管理方面的书,发表过有关经济政策、金融、证券交易等的论文。出版社是赫格纳媒体,出版时间是2008年,为第二版。

该译本由序言、简介和《孙子兵法》十三篇构成,译本的名字被翻译成“战争的艺术和领导的艺术”。前言是原版译者加里·加格里亚蒂所写。

挪威文

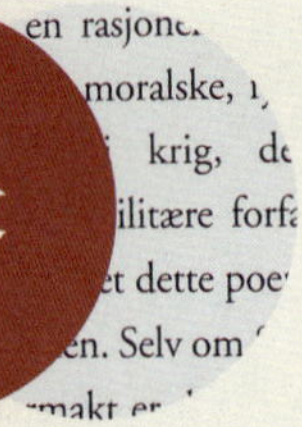

《孙子兵法》 索尔·达格·哈尔弗森 译 卡佩伦达姆出版社 2009 年

GENS
NST
RERT PRAKTUTGAVE

波斯文

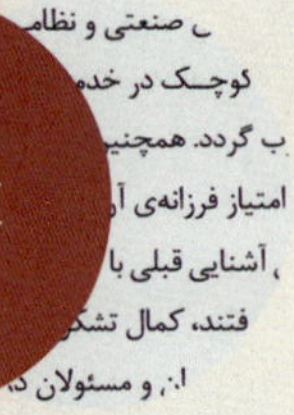

《孙子兵法》 赛义德·贾瓦德·胡塞尼 译 健康出版社 2007 年

2008 年 8 月，首部波斯文《孙子兵法》在伊朗首都德黑兰面世。该文本由伊朗黑拉尔（Helal）出版社出版，译者是伊朗学者 Hosseini，中文名字叫胡塞尼。该译本出版后受到伊斯兰国家的欢迎，初版 5000 册很快销售一空，修订版业已上市。

葡萄牙文

《孙子兵法》 米格尔·贡德 译 贝特朗出版社 2009 年

葡萄牙学者翻译《孙子》由来已久，最早将中国兵法介绍给葡萄牙的是该国传教士徐日升，他是中葡文化交流的先驱，在中葡文化交流史上具有不可替代的地位。2009 年出版的葡萄牙版《孙子兵法》，译者是米格尔 · 贡德；2011 年出版的葡萄牙版《孙子兵法》，译者是里奥尼尔 · 吉勒斯。他们都是葡萄牙人。据了解，葡萄牙版《孙子兵法》已再版多次。

葡萄牙文

《孙子兵法》 玛努埃尔·罗巴洛,米格尔·梅塔 译 萨利博出版社 2009 年

孫子兵法
EDIÇÕES SÍLABO
Introdução e Notas
LIONEL GILES

保加利亚文

《孙子兵法》 赫利斯托·谢姆托夫 译　法玛出版社　2010 年

保加利亚文《孙子兵法》2010 年由法玛出版社出版，译者赫利斯托·谢姆托夫，选用了 2002 年迪欧登经典(Deodan Classics)出版社出版的莱昂内尔·贾尔斯(Lionel Giles)翻译的版本，是从英语转译的。该文本目录把《孙子兵法》十三篇的每个篇章标题作了简单明了的修改。

塞尔维亚文

《孙子兵法》 托马斯·克利里 译　伊普巴布恩出版社　2014 年

塞尔维亚文《孙子兵法》根据托马斯·克莱瑞英译本转译，译者为戈然·博伊(Goran Boji),安娜·贝利(Ana Beli),出版者为贝尔格伊普巴布恩出版社(Babun),出版时间为 2014 年。译者在序言中对被西方誉为战争的艺术的《孙子兵法》做了论述和评价。

乌克兰文

《孙子兵法》 列斯尼亚克 译 斯塔伊夫出版社 2015 年 8 月

2015年8月，乌克兰文《孙子兵法》在战火中诞生，译者是乌克兰商人列斯尼亚克。首版乌克兰文的《孙子兵法》面市后几乎立即销售一空。翻译者称，《孙子兵法》对乌克兰非常重要，不单是因为要处理目前状况，而且在一般层面而言，还可以帮助理解世界战略性布局，此外《孙子兵法》还可以帮助理解中国人的思维方式。

爱沙尼亚文

《孙子兵法 孙膑兵法》 马尔特·拉内梅茨 译　国防联合教育部　2001 年

位于波罗的海东岸的爱沙尼亚，原先流行英文版《孙子兵法》。2001年，首部爱沙尼亚文《孙子兵法》在首都塔林出版发行，译者马尔特·拉内梅茨，他在古老和著名的爱沙尼亚塔尔图大学任东方语言文学系教授，他翻译的也是世界上古老和著名的中国兵书。这所大学曾与战争结下不解之缘，因1710年大北方战争被关闭，又因1802年波罗的骑士团重新开放。因此，这个译本在序言中重点介绍孙武其人其事以及这部“天下第一兵书”诞生在春秋战国时期的战争背景，突出《孙子兵法》是不朽的“战争艺术”，并作为其在西方的代名词。

丹麦文

《孙子兵法》 埃里克·克鲁斯·索伦森 译　司芬克斯出版社　2012 年

丹麦文《孙子兵法》曾翻译出版过 3 个版本，都不够准确。左图所示版本除了参考 1910 年大英博物馆莱昂内尔·贾尔斯的英译本，还参考了 1963 年美国准将塞缪尔·B. 格里菲斯的英译本，详细说明《孙子兵法》诞生的历史背景和创作理念，凸显了孙子“道的”精髓，彰显了不战、慎战的主流思想。

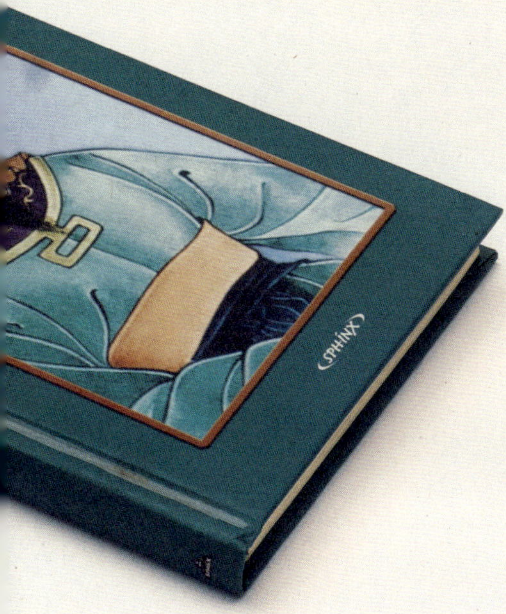

克罗地亚文

《孙子兵法》 米娜·促布拉尼奇 译 马赛克出版社 2007 年

巴尔干半岛西北部的克罗地亚，一直流行俄文版和英文版《孙子兵法》。1982 年，首部克罗地亚文《孙子兵法》翻译出版，当地人纷纷抢购。2007 年，又一部克罗地亚文《孙子兵法》在首都萨格勒布出版发行，译者米娜·促布拉尼奇。译者结合与塞尔维亚长达数个世纪纠葛的克罗地亚国情，强调孙子在《九地篇》中说的“夫吴人与越人相恶也，当其同舟而济”。

韩文

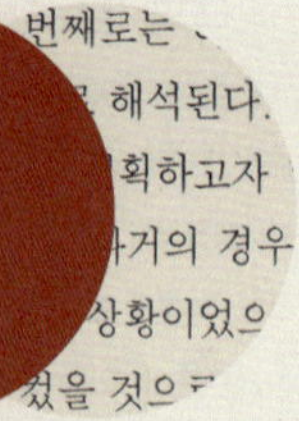

《孙子兵法》 朴昌寿 译 印画出版社 2003 年 3 月

韩国是出版《孙子兵法》最多的国家之一，其销量长年累积已经创下韩国出版史的最高纪录。自 1953 年以来，韩国已陆续出版了 300 余种韩文版相关书籍，在韩国大受欢迎，畅销不衰。可以说，《孙子兵法》在韩国不仅是畅销书，而是长销书。孙子思想影响了一代又一代的韩国人，在当今激烈竞争的社会中，以大学生、青少年学生以及 30 至 50 岁年龄层就业者和女性为阅读目标的《孙子兵法》的相关书刊大量涌现。

马来西亚文

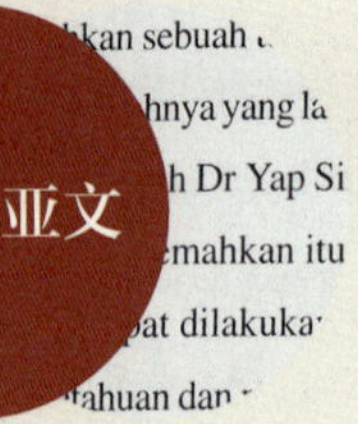

《孙子兵法》 法米·穆斯塔法,李子阳 译　圣经出版社　2020 年

马来西亚文《孙子兵法》的翻译出版主要以华人为主。首部译本 1986 年 12 月由马来西亚福建同乡会和雪兰莪分会文学出版基金会出版，译者叶新田。此书除了“出版者的话”外，还有乌斯曼·阿旺、唐恩德和译者三篇序言，称这部译著对推动马来西亚孙子研究和传播具有重要意义。20 年来，马来西亚作家邱庆河翻译和出版了 26 本《孙子兵法》，平均不到一年就出版一本，是目前世界上翻译《孙子兵法》数量及版本最多的华人。马来西亚孙子兵法学会创会会长吕罗拔也出版了十多部《孙子兵法》相关书籍。

3
再版与译者

导读

一个多世纪来,《孙子兵法》多种译本相继问世,再版成风,百年不衰。进入21世纪,全球再版又掀热潮。

据2002年美国《洛杉矶时报》报道:有2500年历史的中国《孙子兵法》在美国洛阳纸贵。牛津大学出版社美国发言人利奥波德女士说,该出版社已经重印25000册以应付市场需求,《孙子兵法》一向名列畅销书龙虎榜。

拥有极高收视率的英国电视连续剧因《孙子兵法》的一段台词,不仅无意中给《孙子兵法》做了一次免费广告,而且还给出版此书的牛津大学出版社带来意想不到的一笔生意,出版社立即加印25000册平装本《孙子兵法》投放市场,以满足广大英国读者的需求。牛津大学出版社在向西方读者介绍此书时宣称:《孙子兵法》是军事理论上的一把"瑞士军刀",足以应对任何局面。《孙子兵法》在该社出版的畅销书中排名第二。

《孙子兵法》再版不断,说明中国传统文化博大精深,其深邃的思想和哲理让每一个人获取启迪;更说明世界各国对孙子思想的普遍认同。

法国战略研究基金会亚洲部主任瓦莱丽·妮凯评价说,这部中国古代经典在法国深受欢迎,多次再版就是证明。

1772 年，法国神父约瑟夫·阿米欧的法文译本《中国军事艺术丛书》率先在欧洲出版，在此后的 200 多年间，该书和《孙子》十三篇译文先后多次再版重印，并转译成多国文字。同时，围绕该书还发表了一系列评论文章，形成西方早期的孙子文献。

阿米欧的《孙子》译本初版发行 150 年后，1922 年在巴黎发行了法国上校 E. 肖莱的新译本，书名为《中国古代的战争艺术，二千年前的古代战争学说》，该书参照的是 1772 年阿米欧的译本。

阿米欧译本的第三次新版由 L. 纳欣于 1948 年在巴黎刊行。纳欣在《战争的经典著述》丛书中收入了这本书，书名为《公元前第五至第三世纪孙子吴子和司马法》，把包括孙子在内的中国古代兵法经典比较完整地介绍给法国读者，并第一次提出孙子的兵家思想比其他兵家思想更重要。

1957 年由法国国防部出版了一部《孙子兵法》法文译本。1971 年在巴黎出版了由玛丽—克莱尔卜齐特、R. 卡塞莱、P. 马蒙、L. 泰纳塞柯和居纳安编辑的《孙子十三篇》一书。

1972 年由法国弗拉马里翁出版社在巴黎发行了于 1963 年在伦敦、牛津和纽约出版的《孙子兵法》法译本。原书出于美国塞缪尔·B. 格里菲斯准将之手，由法国弗朗西斯·王译，发行了两次新版。该法文译本由格里菲斯撰写序言与导论，英国著名孙子学者利德尔·哈特写了前言。

1988 年瓦莱丽·妮凯翻译《孙子兵法》最新法译本在巴黎出版，1990 年发行第二版。2012 年，妮凯又翻译出版最新版《孙子兵法》。同年法国汉学家让·勒维创意编辑的彩色插图版《孙子兵法》，由法国新世界出版社出版，从文学的角度诠释孙子文化。

德国《孙子兵法》翻译出版百年不断，再掀高潮。1910 年，《兵法——中国古典军事家论文集》在柏林出版。译者为布鲁诺·纳瓦拉。

1957年，在柏林出版了《孙子兵法》德译本，译者是伊娜·巴尔西洛维亚克，由当年德意志民主共和国国防部出版社出版。它是按照J.I.西多连柯的俄译本转译的，而此俄译本则是直接从中文翻译。该新版俄文译本的出版，扩大了《孙子兵法》在苏联及东欧各国的影响，民主德国把它作为东德军事院校的教学材料。接着，多种德译本相继问世。这部著作博大精深的思想和超越时空的哲理，因翻译而了解，因传播而推崇。

20世纪70年代后，《孙子兵法》在德国出版愈加频繁。1972年，《孙子》德译本在德国慕尼黑出版，书名为《孙子兵法十三篇》，编译者是H.D.贝克尔，撰写引言的是京特·马希克。1988年，《孙子兵法》德文译本由德国慕尼黑德勒默尔·克瑙尔出版社出版，译者不详，此译本根据1983年版詹姆斯·克拉维尔的英译本转译。

1988年以后，还出现过四种《孙子兵法》德译本，都是从美国英译本转译过来的：《孙子兵法》，译者于尔根·朗柯维斯基，由詹姆士·克拉维尔作序并发行；《胜利者的战略——孙子兵法新译本》，克纳尔袖珍本；《孙子：不战而胜，正确战略艺术》，由英格林德、菲舍尔和施雷勃意译，汤姆斯·克利兰编辑，1990年和1992年连续再版；1989年，在卡尔斯鲁厄出版了《孙子兵法》的德译本，译注者是克劳斯·莱布尼茨。

进入20世纪90年代，德文版《孙子兵法》翻译出版开始走上快车道，《孙子与商战》的书籍在德国多了起来，十年间出版了10多部，说明孙子的谋略与智慧对德国乃至欧洲有需求，如西门子出版的《管理者的孙子》，深受德国企业追捧。

2004年之后，《孙子》出版在德国再次掀起高潮。而最新也是最完善的德语版《孙子兵法》2009年出版，译者是科隆大学汉学家、翻译家吕福克，他是直接从中国的古典原文翻译的，受到德国读者的好评，已再版4次。

↖　1991年，汉斯·格拉夫·胡思于苏联解体前夕在慕尼黑出版的《德国这张王牌——莫斯科的新战略》一书，书中提出：孙子“不战而胜”是那些最伟大的战略思想家认为最理想的事，奉为座右铭。

↖　再版14次的西班牙版《孙子兵法》，序言评价《孙子》十三篇集战略思想之大成，不仅仅展现了完美的战争艺术，而且对现代军事和商业竞争具有现实的价值和现代意义。

↖　葡萄牙《孙子兵法》也成为畅销书，常销不断。2009年出版的葡萄牙版《孙子兵法》，译者是米格尔·贡德；2011年出版的葡萄牙版《孙子兵法》，译者是里奥尼尔·吉勒斯。他们都是葡萄牙人。据了解，葡萄牙版《孙子兵法》已再版多次。

↖　在一本葡萄牙文的孙子介绍中说：产生于公元前400年的《孙子兵法》，在军事上是一本很重要的军事著作，它不仅可以应用军事上，而且还是一本人生哲学书。25个世纪以来，在远东被广泛阅读和使用，从战国时代的军事家到现代的毛泽东，都应用过；在西方，不仅应用在战场，而且在企业运作上都有实效。孙子的谋略、主张很务实，应用智慧、知识，达到不用兵卒就能打胜仗。

↖　该书背面为《知己知彼，百战百胜》的提示：什么时候都不应该逞强去打仗；要知道自己的优劣在什么地方；怎样维持好将领与士兵的关系；自己要做好充分的战前准备。

↖　据葡萄牙米尼奥大学孔子学院院长孙琳介绍，其实，葡萄牙学者翻译《孙子》由来已久，最早将中国兵法介绍给葡萄牙的是该国传教士徐日升，他是中葡文化交流的先驱，在中葡文化交流史上具有不可替代的地位。十几年前，米尼奥大学在徐日升出生城市布拉加举行了纪念徐日升逝世300年系列活动，对他在传播包括《孙子兵法》在内的中华文化方面所作出的杰出贡献作了高度评价。

↖　据考证，徐日升1663年入耶稣会，清康熙十一年（1672）抵中国澳门,1673年由南怀仁推荐进京进入清朝皇宫。他多才多艺,为清廷治理历政、制造军械、捍卫中国主权出谋划策。

徐日升精通兵法,尤其是对孙子的“伐交”思想和尽量制止战争的和平理念理解很透彻。他出使俄国,成功参与中俄谈判,签订避免战争的和平条约;他还担任中方国际法顾问、中方翻译,坚持平等互利、正义的战争观。康熙皇帝在徐日升去世时的悼词中评价他“渊通律历,制造咸宜”,还赞扬他秉使俄国时“扈从惟勤,任使尽职”。

据介绍,《孙子兵法》或经过丝绸之路和波斯传至东罗马帝国,早在拜占庭帝国时期就传入土耳其。拜占庭帝国皇帝圣君利奥六世在位时,曾编辑了《战争艺术总论》一书,书中介绍的诡计诈术与孙子学说十分接近。

2008年翻译的土耳其文《孙子兵法》已再版第5次。2013年,土耳其佳兹大学教授、80后汉学家吉来翻译的土耳其文《孙子兵法》,是首个从汉语直接翻译成土耳其语的译本。该译本一经出版,便反响巨大,很快便成为畅销书,印至第10版。

希腊文《孙子兵法》再版多次。2013年又出了新的版本,译者海伦·加恩卡齐乌,希腊首都雅典帕帕索蒂里乌出版社出版。该译本从牛津大学1963年出版的美国准将塞缪尔·B.格里菲斯的经典版本翻译而来,为新插图版本。

根据目前掌握的资料,在东南亚国家中泰国可能是较早也是较多翻译《孙子兵法》的国家之一。从第一个译本问世后,泰国《孙子兵法》译本发行没有间断过。

1952年,泰国首次出版了《诗歌兵法与中国兵法》一书,书中的中国兵法即是《孙子兵法》。此书译者是泰国著名学者、翻译家沙天·唯拉昆。这个译本开启了泰国翻译《孙子兵法》的先河,成为后来翻译泰文版《孙子兵法》的重要参考书。1965年,素威·瓦那哈泰汇编泰国和中国的军事著作，书名《泰中兵法》，其中收有《孙子兵法》。1977年天猜·严瓦拉梅翻译出版泰文版《孙子兵法》。

如今泰国《孙子兵法》版本达60种，成为泰国最受欢迎的中国典籍之一。

印尼文《孙子兵法》也多次再版新译。2002年翻译出版的印尼文《孙子兵法》幸运出版社（LucKy Publishers）出版社出版，由阿尔文·沙普泰拉（Arvin Saputra）博士从安乐哲的英文译本翻成印尼文。2017年出版的是中文与印尼文对照版《孙子兵法》。

各种语言版本的《孙子兵法》在全球的广泛流传，离不开世界各国一大批热衷于中国兵家文化的翻译群体。在当代，这个翻译群体中大部分为精通汉语的汉学家，他们之中有著名兵学家，如美国准将塞缪尔·B.格里菲斯、日本服部千春和守屋洋、瑞士胜雅律、法国瓦莱丽·妮凯等；有著名的哲学家，如美国安乐哲和托马斯·克莱瑞、韩国朴在熙等；有著名作家如美国詹姆斯·克拉维尔、马来西亚邱庆河等；有著名大学教授讲师如澳大利亚国立大学闵福德、德国科隆大学吕福克、新加坡国立大学黄昭虎、蒙古国立大学其米德策耶、埃及开罗大学希夏姆·马里基、斯里兰卡郝唯民等；还有著名企业家如美国加里·加格里亚蒂、泰国梅林基金会主席廖梅林等。

格里菲斯译本走红西方，被联合国教科文组织列入《中国代表作丛书》。加里·加格里亚蒂出版的《兵法：孙子之言》英译本，被确定为指导其他亚洲语言著作英译的范本，2003年获得“独立出版商多元文化非小说类图书奖”；服部千春被日本文化振兴会授予“国际学术荣誉奖”；其米德策耶荣获“中国大使奖”；土耳其吉来翻译的土耳其译本，获得了第十届“中华图书特殊贡献奖”。

这个翻译群体不仅获得诸多国际殊荣，而且涌现出一批世界和本国的畅销书。格里菲斯1963年英译本曾连续数月雄踞亚马逊排行榜第一名；克拉维尔 1981 年英译本被译成德文、西班牙文普及本，连续 10 次出版发行；守屋洋 1984 年出版的日文袖珍版到 2001 年已重印 32 次之多；托马斯 1988 年英译本已重印 16 版；安乐哲 1993 年英译本出版了几十万册；黄昭虎 2001 年出版的英译本成为当年新加坡十大最畅销之书；邱庆河 2018 年出版英译本列入马来西亚书店十大畅销书榜首。

令人可喜的是，在世界各国涌现出一批热衷《孙子兵法》的女性译者，她们的翻译较男性译者更为细腻，更懂得"以柔克刚"。如瓦莱丽·妮凯为法语读者提供了一个更严谨的《孙子兵法》法文读本。意大利女翻译家莫尼卡·罗西认为《孙子兵法》原来主要是为男人写的，因为女人在古代战争中没有地位。而现在不同了，《孙子兵法》可以给男人、女人、任何人读，只要为了立于不败，都可以读，都可以应用。莫尼卡·罗西翻译的意大利文《孙子兵法》已两次再版。

作者注意到，像这样热衷于翻译《孙子兵法》的女翻译家，绝不是凤毛麟角，世界不少国家的《孙子兵法》语言版本也都出于女性之手。如以色列希伯来文译者汉娜·金戈德、西班牙文新译本译者安娜·阿兰达、意大利文译者美林等。

·日文·

日本是《孙子兵法》传播最早、影响最大、应用最广的国家,《孙子兵法》在日本经历了奈良时代至室町时代的秘藏家传时期、江户时代的刊印注释时期和明治时代至今的融合拓展时期。这三个阶段各时期研究呈现不同特点,从而使日本成为传播和应用《孙子兵法》最为普及的国家。

日本著述出版也从未间断,是世界上出版和再版《孙子兵法》最早也是最多的国家,迄今已出版书籍达 200 多种,相关书籍 400 多种,参引论述书籍数不胜数,以其为教材的商业书更是数量惊人。

秘藏家传时期,《孙子兵法》作为禁秘书,只有皇室及公家等权贵能够看到,传播多以口授与手抄本为特征,至今仍有为数可观的兵书流行于日本,其中《孙子兵法》书就有 6 种版本。刊印注释时期,是日本刊印《孙子兵法》的鼎盛时期,刊印《孙子兵法》书籍达 140 余种。

公元 1660 年出现日译的《孙子兵法》、活字印刷《武经七书》,结束了手抄汉籍兵书的历史,见于著录的就有 156 种。明治时代,出版了一批与战争和战例相关的《孙子兵法》书籍。

二战以后的 60 余年间,日本《孙子兵法》研究应用达到登峰造极的地步,出版《孙子兵法》书籍 150 余种。其中,以军人的身份来诠解孙子思想的论著有:海军中将佐藤铁太郎著有《意译孙子》,他还为教授天皇而作有《孙子御进讲录》;陆军中将落合丰三郎的《孙子例解》;陆军少将大场弥平的《孙子兵法》;等等。这些注释本,大多用近代的战争原理和军事实践、哲学思想和政治外交来解释《孙子兵法》,内容丰富新颖,并给孙子以极高的评价。

到了 20 世纪 60 年代,随着日本经济的发展,日本兵法研究应用从军事转向商战，更多地用它指导商业活动，应用于企业的《孙子兵法》书籍开世界先河。如大桥武夫的《用兵法经营》等，在企业管理应用成效显著。日本兵法经营学派林立，研究组织众多，成一代风气，世界500强企业无一不研读《孙子兵法》。

银雀山兵书竹简出土后，日本对《孙子兵法》注释出版高潮迭起。从1974年至1980年，日本连续出版了上田宽的《孙子义疏》、山井涌译的《孙子·吴子》等。

进入21世纪，日本《孙子兵法》出版一直趋于高位运行态势，共出版180多部。《孙子兵法》注释也有了新的发展，如藤塚邻与森西洲两人共著的《孙子兵法奥秘深探》。日本东北大学中国哲学研究所于1971年特编撰了《孙子索引》，这是中国古代兵书的第一部专书索引。

值得关注的是，日本一批中青年《孙子兵法》研究者开始崭露头角，《孙子兵法》书籍层出不穷，再版不断。

日本现当代研究《孙子兵法》的代表人物守屋洋，著有《孙子兵法》《中国武将的智略》《全译武经七书》《一本书看懂孙子兵法》《跟孙子学习12章》《诸葛孔明的兵法》等兵学著作。其《孙子兵法》著作，注释简洁晓畅，多直面现实，出版后均获得很大成功。1984年出版之《孙子兵法》袖珍版到2001年已重印32次之多，成为日本的畅销书。

守屋淳自2001年至2017年先后出版《最高的战略教科书：孙子兵法》《最强的孙子——“作战”的真髓》《日本人看中国孙子兵法：与“胜”同样重要的是“不败”》《善于躲避的孙子》等13部与《孙子兵法》相关的著作。

2013年至2014年间，日本著名竹简研究专家汤浅邦弘组织编译出版了孙子丛书系列，共14本。

福田晃市十年间先后推出7部《孙子兵法》著作。如《跟中国的兵法学习业务框架》《跟着孙子兵法学习能获得他人肯定的工作术》等。

日本学者称：在世界文化交流史上，对他国的兵法著作有如此长时间的研究热情，投入如此巨大的精力，这也是绝无仅有的现象。

福田晃市 《孙子兵法的商业用途》

长尾刚 《世界最易读懂的〈孙子兵法〉》

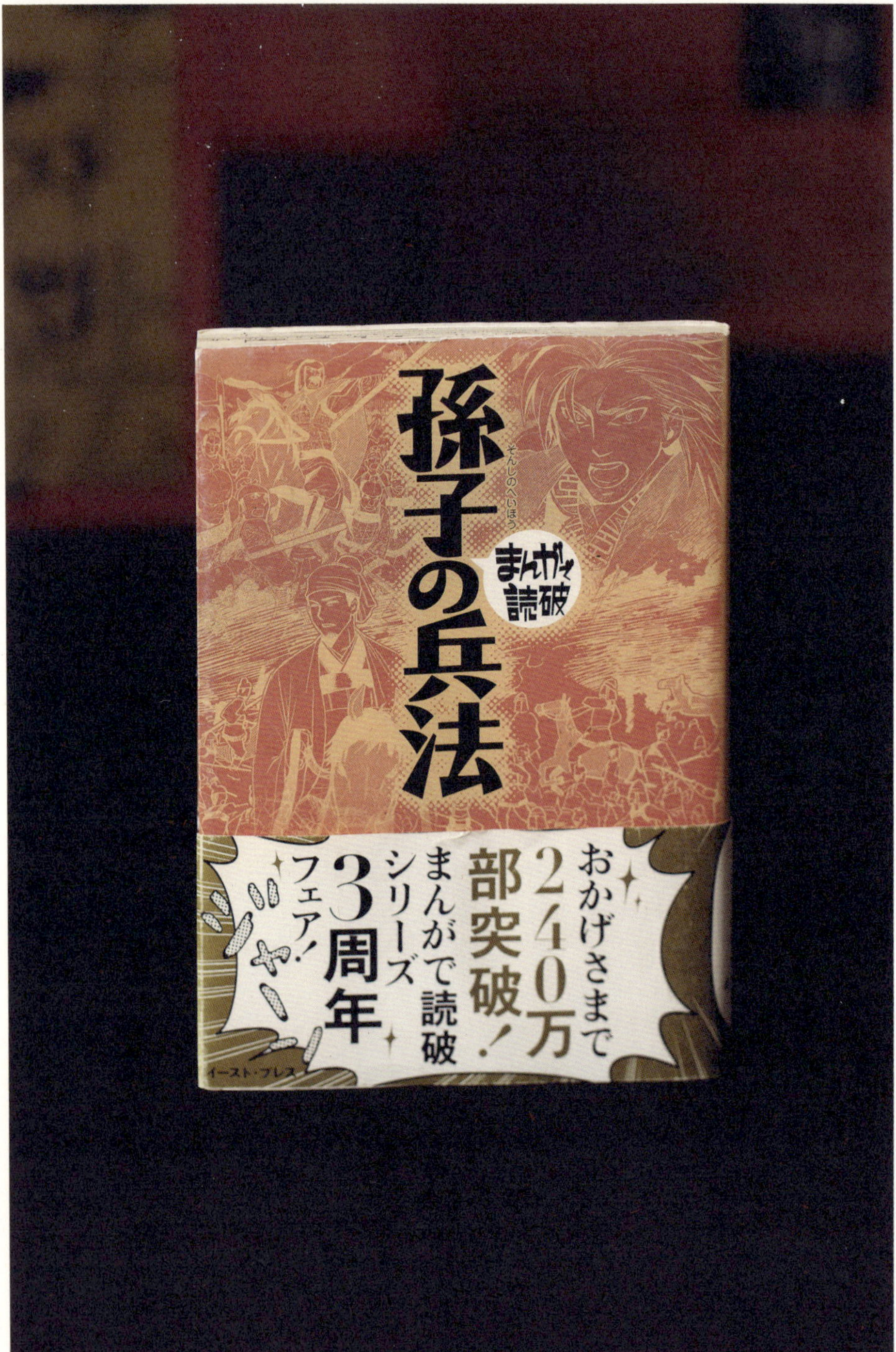
孫子の兵法
そんしのへいほう
まんがで読破
おかげさまで
240万
部突破！
まんがで読破
シリーズ
3周年
フェア！
イースト・プレス

小野正芳 译 《孙子兵法》

知的生きかた文庫
孫子の兵法がわかる本
守屋洋
“生きる知恵”の
最高のバイブル
三笠書房
の兵法がわかる本
「人生戦略の書」
をどう読むか!

守屋洋 译 《孙子兵法》

·韩文·

韩国是热衷于出版、普及和研究《孙子兵法》的国家之一。自1953年以来,已陆续出版了300余种韩文版相关书籍。

《孙子兵法》及相关普及通俗读物,在韩国出版界已被认为是人气持续高涨的热门书籍。在过去数十年间,韩国市面上这类出版物供不应求,再版不断,使中国这本古老的充满哲学思想的兵书在韩国民众中得以广泛普及。

在当今激烈竞争的社会中,以大学生、青少年学生以及30至50岁年龄层就业者和女性为目标的应用《孙子兵法》的相关书刊大量涌现。难懂的中国古文转换为通俗易懂各种韩文版,使韩国民众容易阅读和理解,携带式袖珍本《孙子兵法》也在市面上流行。

韩国出版界出版《孙子兵法》原文解释的书籍有所减少,与之相比,更偏重应用方面的《孙子兵法》的书籍,出版数量大幅度递增,更适合韩国民众的需求。虽然《孙子兵法》是关于战争和军事学的指导典籍,但在韩国民众眼里,则是可以活学活用的智慧之书。从哲学与处世、经营与管理,到体育与竞争、文化与娱乐,都能从中受到启迪。

进入21世纪后,在韩国《孙子兵法》的相关书籍每年都有新作问世,先后出版《孙子兵法》200余部,其中翻译中、英、日文版30多部,出版数量占韩文版全部图书半数以上。

目前,韩国《孙子兵法》的相关书籍在不断地增加,种类大致可分为军事、人文、经营、社会、生活、体育等诸多方面。

在人文方面:1997年出版《孙子兵法与思想研究》;2005年出版《一本书讲透孙子兵法》,该书被用作大学在校生或大学新生的推荐图书;2007年出版《超越时代的最高用兵术——孙子兵法》;2009年出版《孙子兵法素质讲义》。

在经营方面：1998年出版的《郑周永的成功孙子兵法》，讲述韩国现代企业创始人的成功战略；2008年出版《商务孙子兵法》，作为一本商务战略手册，将孙子的战略思想移植到商务之中；2008年出版的《孙子兵法经营学》，讲述营业、协商、会议、接待、上司、部下、同事跳槽、创业中的兵法谋略；2011年出版的《浦项钢铁部门领导痴迷孙子兵法》，讲述孙子智慧与韩国代表性企业的成功案例；2011年出版的《孙子兵法：话说战争与经营》，讲述战场与商场的关系，寻找战场与商场间的解决之道，被广泛用作企业经营的参考书、职业者的处世书。

在社会生活方面：2010年出版的《聪明领导的孙子兵法》，面向正在求职的青年人、行将隐退的中年人提出如何用孙子哲学战胜危机；2011年出版的《不惑之年读孙子兵法——我的人生转换点》，以孙子思想为其充电，正确认识自己，正确认识社会。

《孙子兵法》版本从韩文版到中文原版，从普及读物到大型丛书，题材广泛，贴近生活，形式新颖，版式多样，深受韩国读者欢迎。《孙子兵法》改编的漫画书老年人买得最多，因为在韩国漫画不只是给孩子看的，也是给老年人看的，韩国老年人特别喜欢看漫画。

《孙子兵法》在韩国不是畅销书，而是长销书，常年都有人购买，其销量长年累积已经创下韩国出版史的最高纪录。

韩国学者认为：《孙子兵法》在韩国民众中广泛普及和传播，并融入韩国的社会文化生活中，说明《孙子兵法》不仅跨越了国界，而且超越了时空，2500年后依然闪耀着智慧的光芒；也说明中国传统文化博大精深，其深邃的思想和哲理能够让韩国人获取启迪；更说明中华文化在同为汉文化圈的韩国交流融合所产生的无穷魅力。

金永镇 译 《孙子兵法》

金永镇 译 《孙子兵法》

·俄文·

继1772年《孙子兵法》的首次俄译后，1860年《孙子兵法》俄文本正式出版，除了三部直接从中文原文译为俄译本外，俄文译本翻译持续不断。

1889年，在俄国发行了《亚洲地理地貌及统计资料汇编》一书的第39版，书中载有俄军总参谋部。普佳塔上校的一篇文章，题为《中国古代统帅论战争艺术》，文中对《孙子兵法》进行了详细介绍，对《孙子·吴子》《司马法》中的重要问题进行了讨论。

1943年，正值第二次世界大战期间，苏联元帅伏罗希洛夫根据高等军事学院学术史教研室建议，以莱昂纳尔·贾尔斯1910年的英译本为蓝本而转译的《孙子兵法》俄译本问世，该译本被列为苏联军事学术史教学与研究的重要内容。

1957年，苏联国防部军事出版社出版了《论资产阶级军事科学》一书，1961年经修改后再版，书中保留了对《孙子兵法》的评价。作者认为：在古代中国军事理论得到了特别高度的发展，孙子总结了当时中国奴隶主所进行的战争的丰富的实践，奠定了古代中国军事科学的基础。

从20世纪70年代到21世纪，《孙子兵法》俄文版新译本不断问世，现已超过60部。白俄罗斯、阿塞拜疆、格鲁吉亚、亚美尼亚的俄文版《孙子兵法》版本众多，递增幅度居高不下。

托马斯·克莱瑞 译 《孙子兵法》

·英文·

↖ 在西方世界中，英美所出版和再版的英译本影响最大，近百年来共有 33 种《孙子兵法》英译本问世。

↖ 在第二次世界大战期间，英国有两种《孙子兵法》的英译本问世，分别由马切尔·科克斯和萨德勒教授所译。

↖ 1992 年，伦敦弗兰克卡斯集团公司出版了《战争大师：孙子，克劳塞维茨和若米尼》，书中将孙子与克劳塞维茨和若米尼的军事思想进行比较研究，对孙子的战略思想给予高度评价。

↖ 在美国，《孙子兵法》译本受到了广泛的欢迎，其中要数格里菲斯的英译本影响最大，拉尔夫· D. 索耶所译《武经七书》最全面。

↖ 在整个 20 世纪下半叶，《孙子兵法》的英文文本以美国的英译本为主，仅美国翻译的已不下十多个版本，这在中国名著中是绝无仅有的。

↖ 美国是最早再版英译本《孙子兵法》的国家。1949 年，美国宾夕法尼亚州军事出版公司再版贾尔斯译本，请著名军人学者托马斯 · 菲利普斯为之作序。

↖ 詹姆斯 · 克拉维尔于 1981 年编辑的《孙子兵法》新译本，被译成德文、西班牙文普及本，连续十次出版发行。

↖ 1988 年，美国纽约双日出版社出版了 R.L. 翁所译《战略艺术：孙子兵法新译》。

↖ 1993 年有三部重要译本问世：除了第一部由埃姆斯翻译的以银雀山竹简为底本的新译本外；另一部是美国西部视点出版公司出版的拉尔夫 · D. 索耶所译的《武经七书》，其中包含了他的《孙子兵法》的英译文；还有一部是美国西部视点出版公司出版的《孙子兵法》单行本。

↖ 1994 年美国出了两部《孙子兵法》：一部为拉尔夫· D. 索耶从《武经七书》析出重编的《孙子兵法》单行本；另一部由布莱恩·博儒翻译、中国台湾蔡志忠著《孙子兵法：兵学的先知》，纽约锚图出版。

↖ 1995 年美国又出了两部《孙子兵法》，分别是美国 TBooks 出版公司出版的布鲁斯 · F. 韦伯斯特译《孙子兵法再译本》，美国西部视点出版社出版的拉尔夫· D. 索耶译《孙膑兵法》。

↖ 1996 年，拉尔夫· D. 索耶又与梅·津·李索耶合作编译了《战士必读的军事篇言：选自中国军事指挥和战略经典——根据中国古代的武经七书和孙膑兵法编译》，由波士顿香巴拉出版社出版。

↖ 从 1996 年以后，美国的《孙子兵法》英译本出版逐年增加，每年以两位数字递增。其中有的是美国雅门 · 柯弗尔译本等多种译本，有的是英译文本的再版重印，但更多的是阐述《孙子兵法》与社会生活相结合的应用类新著。

↖ 从 20 世纪 80 年代末起，西方世界对中国文化日益关注，《孙子兵法》的精辟哲理与基本原则被西方各国广泛应用，在短短 20 年间就出现 21 种英译本。进入新世纪，美国的《孙子兵法》的翻译又掀起热潮。仅在 2003 年，就出版了 19 种《孙子兵法》相关图书。

约翰·闵福德 译 《孙子兵法》

莱昂内尔·贾尔斯 译 《孙子兵法》

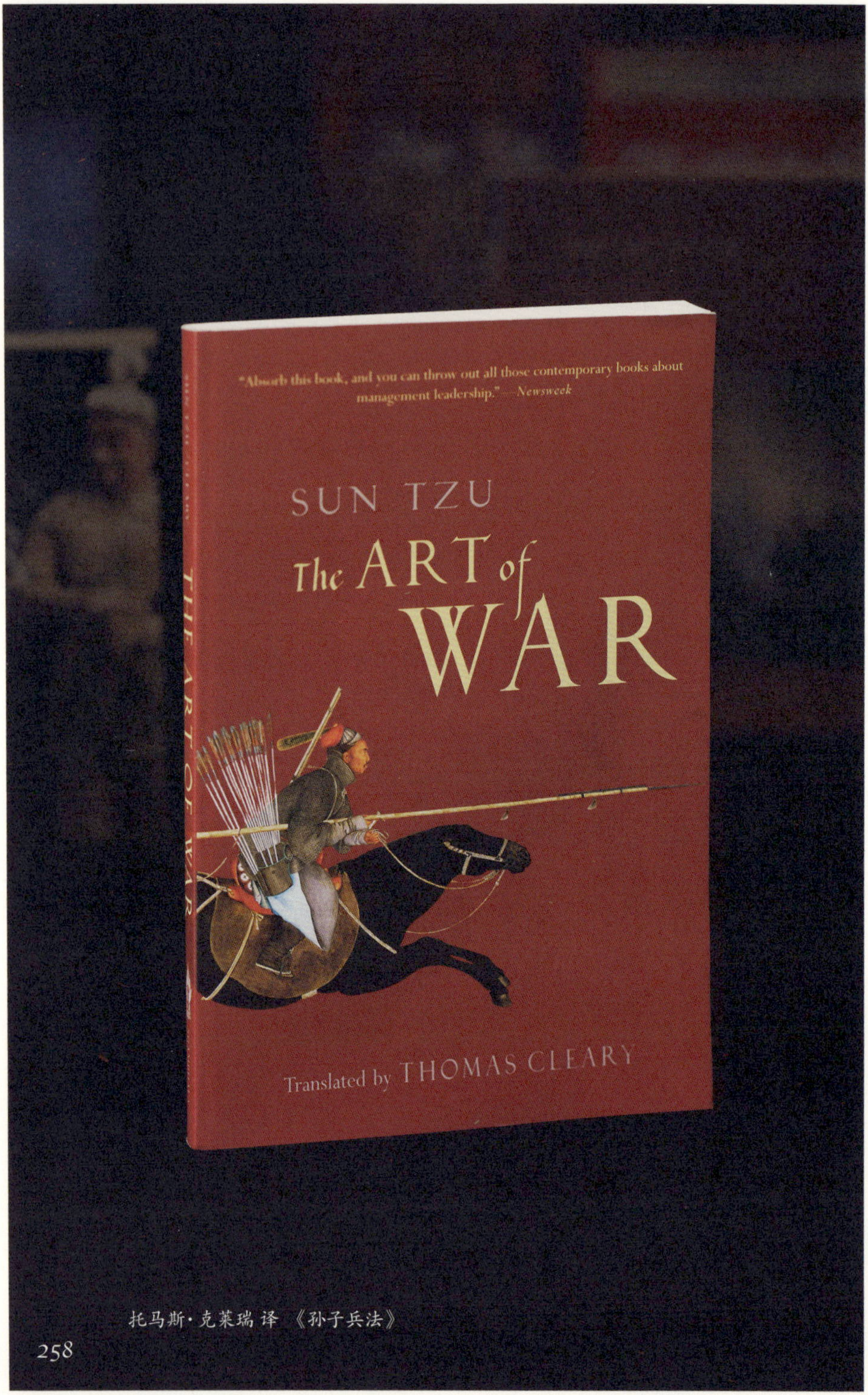

托马斯·克莱瑞 译 《孙子兵法》

托马斯·克莱瑞 译 《孙子兵法》

闵福德 译 《孙子兵法》

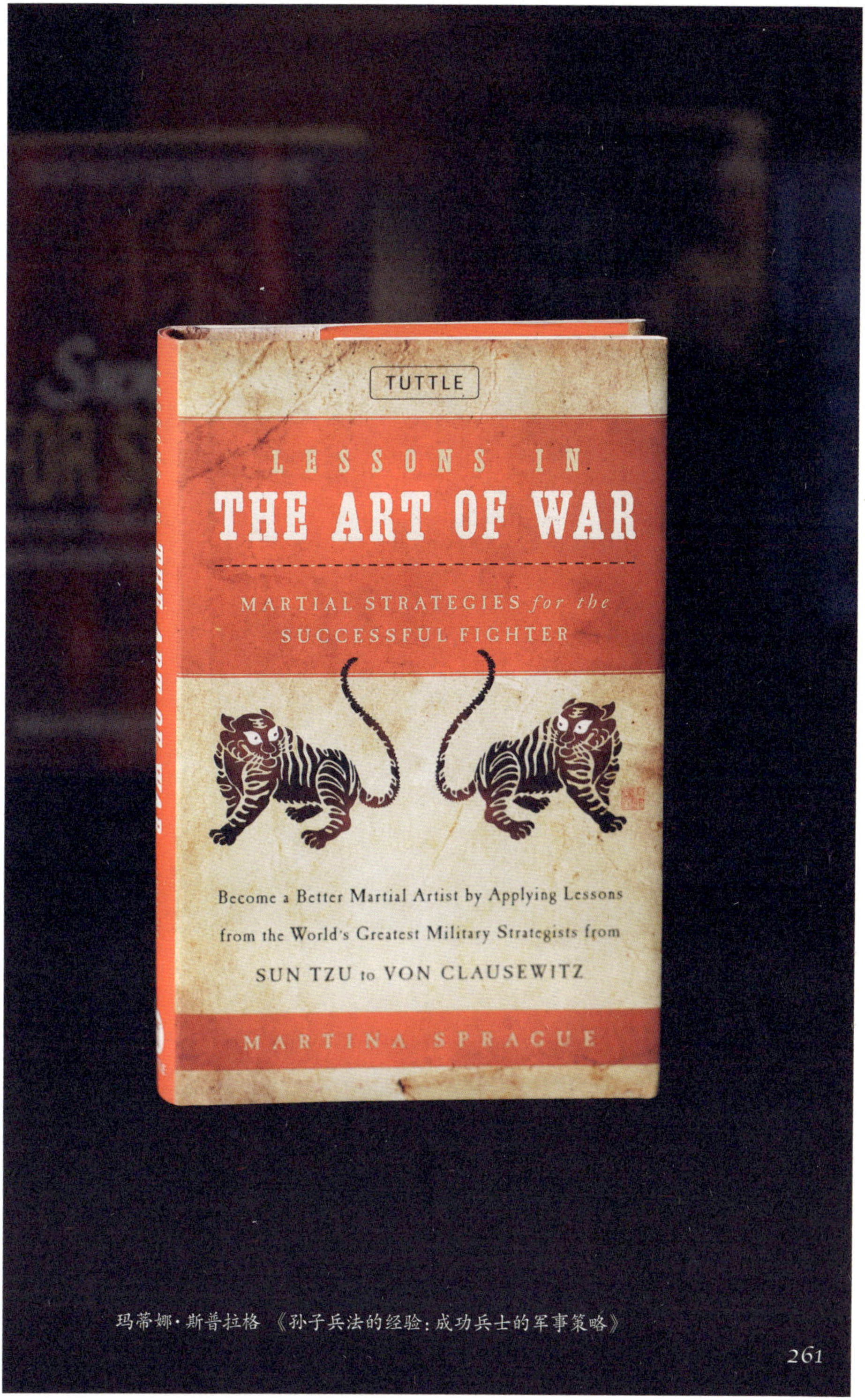

玛蒂娜·斯普拉格 《孙子兵法的经验：成功兵士的军事策略》

杰拉德·迈克尔森,史蒂文·迈克尔森 《孙子兵法与成功学》

维克多·H.梅尔 译 《孙子兵法》

哈默·史密斯 译 《孙子兵法》

鲍伯·卡罗瑟斯 译 《孙子兵法》

加里·加格里亚蒂 译 《孙子兵法 商君书》

莱昂内尔·贾尔斯 译 《孙子兵法》

THE DEFINITIVE TRANSLATION OF THE LINYI TEXT
"May be the greatest book on war ever written. . . . Time-tested poetry for the strategic mind." —Fortune
THE ART OF WAR
SUN-TZU
TRANSLATED, EDITED, AND WITH COMMENTARY BY
J. H. HUANG
HARPERPERENNIAL MODERNCLASSICS

黄昭虎 译 《孙子兵法》

尼古拉·马基雅维利 译 《孙子兵法》

·西班牙文·

↖ 西班牙文《孙子兵法》再版不断，从 20 世纪的 49 部增加现今的 170 多部，递增速度惊人。

↖ 其中最为经典的一本到 2008 年再版已是第 14 版，译者费尔南多·费尔南多斯，该版在序言里介绍了世界各国专家学者对这本中国古代经典的赞誉，介绍了孙子的生平及成书背景，还介绍了中国其他兵法大家和著名的战役和战例。序言特别提到梁启超对《孙子兵法》的高度评价。

↖ 费尔南多还在他序言中高度评价毛泽东兵法。他在翻译孙子的兵书前，系统研究毛泽东兵法，阅读了《论持久战》等一系列的军事著作，还读了斯诺的《红星照耀中国》一书，从而得出结论：毛泽东是孙子最佳实践者。而在孙子思想的实践和应用上，毛泽东有自己独特的创造，并达到“出神入化”的地步。

↖ 另一本西班牙文《孙子兵法》序言说：关于孙子生平，在司马迁的《史记》里就有介绍，大约生活在公元前 500 年。这本书里面没有提到骑兵，因为公元前 320 年才有骑兵，由此推算，《孙子兵法》是在此之前写的。书中常提到箭和弩的运用，根据其军事推测，的确在公元前 300 至前 400 年写的。根据文风的流畅度来看，的确出于一个人之笔，这是无可置疑的。

↖ 西班牙还流行杰克·罗森、马里奥·米利亚雷斯·E、豪尔赫·A. 梅斯塔斯翻译的西班牙文《孙子兵法》。

↖ 西班牙版《孙子兵法》的翻译十分严谨。译者对东西方兵家文化进行比较，参考了各种版本，有英国皇家骑兵团上尉 E.F. 卡尔斯罗普的《兵书：远东兵学经典》，有伦敦大英博物馆东方藏书手稿部助理部长莱昂纳尔·贾尔斯的《孙子兵法——世界最古老的军事著作》，有美国将军塞缪尔·B. 格里菲斯的《孙子——战争艺术》英译本，还参阅了毛泽东的系列军事著作，使西班牙版《孙子兵法》更加准确、权威。

2019 年 12 月 18 日，西班牙文《孙子兵法》新译本发布会在马德里孔子学院举办。该书对《孙子兵法》进行了具体的研究与阐释，包括它产生的历史背景及实际应用。

会上，作者丹尼尔·图拔乌（Daniel Tubau）通过《孙子兵法》一书对孙子进行了剖析，挖掘了他的人格。译者安娜·阿兰达介绍了翻译过程，分享了对纵横捭阖进行巧妙诠释的技巧。

丹尼尔·图拔乌、安娜·阿兰达与马德里孔子学院外方院长孙歌迪围绕书中内容展开了对话。与会嘉宾针对战略应用进行了探讨，并就西方对中国文化、孙子的“道”作为哲学概念的固有看法进行了讨论。

丹尼尔·图拔乌表示：作为被翻译次数最多的中文图书之一，《孙子兵法》在欧美有一定的影响力，是军政商三界研读的经典著作。希望通过此书，介绍《孙子兵法》及其在日常生活中的应用。

SUN-TZU
y Jack Lawson
11ª Edición
EL ARTE DE LA GUERRA
para ejecutivos y directivos
EDICIONES OBELISCO

杰克·罗森 译 《孙子兵法》

马里奥·米利亚雷斯·E 译 《孙子兵法》

托马斯·克莱瑞 译 《孙子兵法》

托马斯·兰布罗 译 《孙子兵法》

陶汉章　贝蒂·特拉贝尔 译 《孙子兵法：东方智慧带你解决日常生活难题》

何塞·路易斯·特鲁巴·劳拉 译 《孙子兵法》

杨震 译 《孙子兵法》

弗郎西斯·德阿密奥特·德埃斯特维·塞拉 译 《孙子兵法》

·意大利文·

意大利新译《孙子兵法》译本有多种，如：1988 年亚历山大大罗·科乃里根据英国人贾尔斯 1910 年译本转译；奥斯卡·瓦拉翻译的版本；皮埃尔·法亚尔翻译的《孙子兵法的艺术诱惑》；还有一本由意大利鲍尔盖斯出版社出版。

2017 年 5 月 19 日，意大利罗马大学孔子学院和曼德拉图书馆联合举办的《孙子兵法》译作推荐会在曼德拉图书馆举行。译著作者、罗马孔子学院教师美琳和现场 50 余名观众共同交流了该书的阅读、学习心得，罗马孔子学院外方执行院长保罗、罗马大学东方学系教授艾丽出席推介会。

美琳表示：《孙子兵法》在意大利一直很受欢迎，近年来也有很多翻译版本。但是，她的最新译本是意大利第一本由女性翻译者直接从汉语原文翻译的作品，在忠实于原文基础上，希望为读者提供更多的阅读和思考的角度。

现场，美琳和罗马孔子学院公派教师刘庆辉采用中意双语朗读了该书中的部分内容，赢得了现场观众的赞叹。一位正在罗马孔子学院学习汉语的学员江路琨说，这是他第一次参加这样的新书介绍会，他对中意双语的朗诵感到很震撼。一方面他惊异于汉语的铿锵韵律，另一方面通过翻译者的介绍，他对《孙子兵法》也更加感兴趣。

皮埃尔·法亚尔 《孙子兵法与诱惑的艺术》

·斯洛文尼亚文·

中欧小国斯洛文尼亚，虽然人口只有200多万，但翻译出版的《孙子兵法》不仅在小国中当属凤毛麟角，而且不亚于人口众多的国家，目前已有6个该国语言版本，《孙子兵法》系列就有三种译本。其中一本《隐藏的龙》，全书共分“著名战略家和军事领袖的伟大演讲”“军事指标书”“三种战略之书”“六种战略之书”“驱动士兵筹码（秘诀）”五部分，向读者展示了一系列中国古代的洞见和战略思想。译者试图从中国古代战略与统治艺术宝库中挑选出一些教义，提供给斯洛文尼亚读者。译者认为，《孙子兵法》为世界的战略和军事文献做出了贡献，对于士兵和军官有意义，对政治家、体育运动员、企业家和其他许多人也很有意义。在世界上越来越重要的时刻，斯洛文尼亚将从中国战略智慧的审视和认识中受益——一种不是通过军事力量而是通过产品、贸易和经济力量的战略来征服对手的战略是必要的。在中国日益重要的时代，我们必须审视和认识几千年来塑造中国人博大精深的战略智慧，它们影响着人类活动的各个领域，甚至将影响和改变整个世界。

彼得·阿马列蒂 译 《孙子兵法》

艾琳·杜斯 译 《孙子兵法》

↖ 新译和再版的丹麦文《孙子兵法》。

↖ 再版的瑞典文《孙子兵法》。

↖ 再版的葡萄牙文《孙子兵法》。

↖ 再版的越南文《孙子兵法》。

埃里克·克鲁斯·索伦森 译 《孙子兵法》(丹麦文)

亨里克·弗里曼 译 《孙子兵法》(瑞典文)

新世纪出版社 译 《孙子兵法》(葡萄牙文)

安德里亚·德西尔瓦·布埃诺 译 《孙子兵法》(葡萄牙文)

恩里克·阿玛特雷戈·蒙泰罗 译 《孙子兵法》(葡萄牙文)

阮客莹 译 《孙子兵法》(越南文)

TÔN VŨ
Tuyệt tác Binh thư hàng đầu Thế giới
dưới cách nhìn hiện đại
孙子兵法
Binh Pháp
Tôn Tử
Một tác phẩm
Kinh điển về mưu
lược
gây ảnh hưởng trên
toàn Thế giới
NHÀ XUẤT BẢN HÀ NỘI

阮固 译 《孙子兵法》(越南文)

翻译群体

– 服部千春 –

闭门谢客我一人，净面剃眉居深山，读破汗青研兵法，惟有阿弥为同伴。

在距离日本东京40公里的八王子市的一栋公寓里，作者见到了当代日本著名的孙子研究专家服部千春。

作为孙子的超级“粉丝”，服部千春的家里随处可见与孙子有关的书籍和物件，墙上挂有他亲手绘制的孙子像、《孙子兵法》挂历、孙子“静以幽，正以治”的书法，书架上放着他撰写的《孙子兵法新注》《孙子兵法新校》等，办公桌上摆满了孙子学术研究的手稿和资料。

服部千春生于昭和十三年（1938），日本东京都人，毕业于日本大学中国文学科，文学和哲学双博士。他悉心研究中国兵书半个多世纪，出版过多部有影响的专著，日本前首相中曾根康弘多次向其请教《孙子兵法》。

3岁时，服部千春被送到伯父家，其伯父对中国文化有着很深的造诣，使他很早就有机会接触中国古典名著；6岁时，在伯父的指导下学习中国古代兵书《六韬》；12岁时，他立志研究中国古代兵法；考入日本大学文理学部中国文学科后，苦心学习中国文化，开始研读《孙子兵法》。他的大学毕业论文为《孙子十三篇之考察》。

为了专心致志研究《孙子兵法》，服部千春曾进入神奈川县的安利寺，闭门谢客，勤学苦读，并剃眉明志。他在诗中描述这一段生活："闭门谢客我一人，净面剃眉居深山，读破汗青研兵法，惟有阿弥为同伴。"

1974年中日邦交正常化不久，服部千春写出《新编〈孙子兵法〉十三篇》。其实，早在1972年服部千春就产生了这样的念头，并想以此举纪念中日邦交正常化。恰巧在这一年，山东银雀山发掘出了世界上最古老的《孙子兵法》竹简。他用了整整2年的时间研究这份竹简，以丰富自己的《新编〈孙子兵法〉十三篇》。

1974年6月20日，他拜访中国驻日大使馆，郑重要求将《新编〈孙子兵法〉十三篇》全五卷呈献给毛泽东主席，作为中日邦交正常化两周年的纪念。这部著作作为中日文化交流的历史见证，被珍藏在北京故宫博物院。

1982年8月，正值中日邦交正常化10周年，服部千春首次来华，征求中国学者对他的《新编〈孙子兵法〉十三篇》的意见。

1985年3月，服部千春率"新编孙子十三篇·中国古典日中共同研究访中团"来华，参加"第一届孙子兵法日中共同研究会"，审议《新编〈孙子兵法〉十三篇》。中国方面对这次会议极为重视，郭化若将军出席会议，中国军科院的许多著名兵学专家参与讨论，对其专著予以高度评价。

1987年3月，服部千春在广泛征求中国专家学者意见基础上，将精心修改的《新编〈孙子兵法〉十三篇》更名为《孙子兵法校解》，由中国军事科学出版社出版，郭化若将军亲自题写了书名，此书为首部外国学者在华出版《孙子兵法》专著。此书获中国第二届"全国图书金钥匙奖"、书籍出版质量一等奖。

1988年，中国军事科学院出版服部千春校订、李铎书写的《孙子兵法新校字帖》。服部千春还出版过日文插图版《孙子兵法素读本》。

1996年，服部千春以研究《孙子兵法》的成果，获得南开大学文学博士学位。翌年其博士论文《孙子兵法新校》由中国白山出版社出版。

2002年,为纪念中日邦交正常化30周年,服部千春又在日本出版了日语版的《孙子圣典》。他说:"这是我45年研究成果的结晶,也是我作为一位忠实门徒献给兵圣孙子的最好礼物。"

当问及为何对《孙子兵法》如此热衷,当作一辈子的事业,服部千春回答说,千百年来,日本对《孙子兵法》最为推崇,兴起了研读中国兵书之风,《孙子兵法》中的很多名言都成了日本人的口头禅,就连小孩都知道"知己知彼,百战不殆"。

服部千春告诉作者,《孙子兵法》何时走向世界,学术界尚未定论。许多研究都认为以日本最早,朝鲜次之。据中日两国史籍记载,中国汉字于西晋时期即已传入日本,最晚公元6世纪初叶,《孙子兵法》可能已传入日本。中日两国一衣带水,在历史上文化交流频繁,而日本奈良时代多次派遣学生到中国学习,无疑为《孙子兵法》的东传搭建了便捷的桥梁。

他还回答说,令许多日本人倾倒的《孙子兵法》,其具有普遍意义的思索在现代生活中是必不可少的,它不是单纯的技术论,而是教给我们要重视人类社会的基础。《孙子兵法》哲学对日本人的人生观产生影响,使之在不断全球化的21世纪社会中生存下去。时至今日,《孙子兵法》仍存留在日本人的头脑中,并成为全体国民的基本思想。正如日本《读卖新闻》撰文指出的:"《孙子兵法》自奈良时代传到日本以来,给日本历史、日本人的精神方面以较大的影响。"

而最让服部千春崇敬的是孙子"不战而胜"的最高境界,也是《孙子兵法》的核心思想。2500多年来,《孙子兵法》被世界各国广为推崇的原因在于其超越了时代和地域的差异,道出了具有普遍意义的战争与和平哲学。《孙子兵法》的哲学之所以能保持不灭的价值,在于其超越了时代和地域的差异,写出了吸引人们的带有普遍意义的思考。

2003年底,服部千春在日本成立了孙子兵法国际研究中心,并出任法人代表及理事长。该中心由日本内阁府认证,其宗旨是"在全世界正确传播孙子的哲学与思想,致力于世

访日文《孙子兵法》译著者服部千春

界和平”。

服部千春认为：孙子热爱和平、崇尚道义、提倡“不战而胜”，与苏格拉底、释迦牟尼、孔子、耶稣四大圣人相比毫不逊色，应被认定为世界五大圣人之一，于是他在国内外开展群众签名活动，希望早日促成此事。

作为日本亚洲和平委员会会长，服部千春长期致力于世界和平事业，积极在世界各地讲授《孙子兵法》，弘扬孙子“不战而胜”思想。一次在缅甸访问期间，正值该国内战，服部千春向缅甸总统赠送了《孙子兵法》，提出要“和为贵”，得到高度认同。

服部千春积极投身中日友好事业，经常到中国讲学交流。为增进对《孙子兵法》的了解，他曾前往孙子故里山东惠民，多次参加《孙子兵法》国际研讨会，还在苏州“孙武苑”内镌刻“《孙子兵法》十三篇日文碑”，在《孙子兵法》诞生地穹窿山种植了“中日友好樱花林”。

服部千春一生致力于传播和弘扬《孙子兵法》，致力于世界和平的行为得到国际学术界的认可。1990年10月，中国南开大学聘他为客座研究员；1992年日本文化振兴会授予他“国际学术荣誉奖”；1993年日本世界和平文化财团授予他“世界和平十字勋章”；他还被授予联合国和平奖、英国剑桥大学“世界哲人奖”。

－安乐哲－

孙子不是古董，《孙子兵法》具有现代意义和现代价值。

作者去夏威夷时，有位美国教授开着自己的宝马车来接我。我对他说他的车很好，他说，这是他翻译两部中国兵书的稿费买的车；我说他很了不起，他说这车并不算什么，他家里的房子也是两部兵书翻译的稿酬买的。

他就是著名的《孙子兵法》《孙膑兵法》译者安乐哲教授，他的两个翻译本成为畅销书，正是靠这两本兵书买了车子和房子。这足以看出《孙子兵法》在世界上有多受欢迎，同时也说明了这本代表中国古代军事哲学的最高著作凝结了太多智慧的结晶。

安乐哲曾任夏威夷大学哲学系教授、国际《东西方哲学》杂志主编、英文《中国书评》杂志主编，现受聘为北京大学人文讲席教授。

2008 年 5 月 2 日，习近平总书记在北京大学考察时亲切地问安乐哲来自哪所大学、来中国多长时间、是否适应这里的生活，并希望他更多地向国外介绍中国优秀传统文化。

作为美籍汉学大师，安乐哲曾长期担任夏威夷大学中国研究中心主任，醉心中国文化、潜心中国哲学，他是西方《孙子兵法》哲学思想的主要“推手”，在当代西方汉学界和哲学界，安乐哲是最响亮的名字之一。

作者在安乐哲的办公室看到，除了门窗，三面墙上都摆满了书架。书架上放的大多与哲学有关的书籍，中国传统文化书籍占了部分位置，有的是他翻译出版的。安乐哲告诉作者，他在中国台湾进修过汉语，在读研究生时开始研究《孙子兵法》，这对他研究中国哲学大有裨益。

安乐哲说，中国哲学要求一种终身的学习和修为，学习的过程也是受教化的过程。他对中国哲学独特的理解和翻译方法改变了一代西方人对中国哲学的看法，使中国经典的深刻含义越来越为西方人所理解。他为推动中西文化交流，尤其是中西哲学思想的对话作出了卓越的贡献。

数十年来，安乐哲致力于中西比较哲学研究。在他的新作《自我的圆成：中西互镜下的古典儒学与道家》一书的序言中写道：在哲学方面，“中国正在走来”。就如同正在逐步扩大的经济政治影响力，中国哲学也正在逐渐地走向世界，逐渐为更多人所推崇。

1993年，安乐哲翻译了《孙子兵法》，他的英译本依据银雀山汉墓出土《孙子兵法》竹简本底本。出版了几十万册，在美国深受欢迎。1996年，他翻译了《孙膑兵法》，之后又出版了《孙膑兵法概论》。

“与西方哲学区别，中国宇宙论是活的，孙子思想也是活的。知彼知己，知不是单行的，而是双向的。”安乐哲表示，他没有纯粹把世界第一兵书《孙子兵法》作为军事理论，而是作为经典哲学加以推崇。《孙子兵法》所揭示的哲学思想是丰富而深刻的，具有很强的实践性，对世界的哲学、文化产生了厚重而深远的影响。

安乐哲认为：《孙子兵法》是哲学的智慧，虽然美国的大学将其作为必修课，但许多美国人还没真正懂得孙子的思维方法，是全面性、系统性的思维方法。他常常对他的学生讲，《孙子兵法》与《道德经》一样，是中国人哲学的智慧。西方人了解的中国并不是真正的中国，而孙子使西方人开始了解中国和中国人的智慧。所以，在西方买《孙子兵法》要到哲学柜台。

安乐哲在与作者访谈时出语惊人：聪明的美国人都喜欢中国的《孙子兵法》；而愚蠢的美国人都不读《孙子兵法》，不懂《孙子兵法》。

安乐哲说，美国是一个很奇怪的国家，一半人很聪明，一半人很愚蠢；一半人很开放，一半人很保守。在比较聪明的美国人中，大都对《孙子兵法》很熟悉，而另一半人则离孙子很远。其中，包括美国总统，有喜欢的，也有不喜欢的，但喜欢的多，说明美国总统聪明的多。

小布什不太聪明，比不上老布什聪明，老布什在担任美国驻华联络处主任时，首选的中国文化读物是《孙子兵法》。安乐哲调侃说，虽然中国国家领导人送了他一本《孙子兵法》，但小布什不读，导致他在阿富汗战争上很失策。美国《奥兰多前哨报》发表题为"现在读孙子已经太晚了"一文，文章开宗明义："如果布什总统能抽空读一读《孙子兵法》，那么美伊自2003年以来的军人与平民伤亡，本来是可以避免的。"

"裴多菲不仅是德国的，也是世界的，《孙子兵法》也一样，属于全世界。"安乐哲认为：现在世界复杂多变，美国人更需要孙子哲学思想。不仅是美国政府，还有美国社会、美国民众都需要，因为它实用，对美国有用。

安乐哲说，孙子不是古董，《孙子兵法》具有现代意义和现代价值。现在世界有许多困境，按照我们固定的思维没有办法改变。世界上所有事情都要按游戏规则办，而游戏规则分为有限游戏和无限游戏。这个世界变得越来越复杂，不是简单的谁赢谁输，要解决困境，就要回到无限游戏上来。有些事中国没办法解决，美国也没办法解决，要合作起来解决，用孙子的"合和"思想来解决。

中国虽与美国和而不同，但中国的传统思想与美国传统思想却有许多共鸣的地方。安乐哲举例说，如美国的杜威思想与中国的儒家学说很相似。杜威是美国著名哲学家、教育家，实用主义哲学的创始人之一。他把杜威思想介绍给中国，把中国儒家学说和孙子兵家思想介绍给美国。

在谈到世界上发行量最大的《圣

访美国夏威夷大学哲学系教授安乐哲

经》时，安乐哲称，世界各国尤其是美国，从总统到平民都在研究中国的《孙子》，这恐怕只有《圣经》才能比肩；而全世界各个领域都在应用《孙子兵法》，这恐怕连《圣经》都无法比拟。因此，西方人把《孙子兵法》视为《兵经》。

安乐哲诠释，《圣经》是西方人的理想的人生意义指导，教导人如何生活，重在理念，它让西方人信了几千年，而且看来能够一直信仰下去，而且在此基础上产生了西方的科学和文明；《孙子兵法》来自中国，教导人如何取胜，重在谋略，它让东方人信了几千年，被中国人反复利用，结果中国几千年不败，后来又被全世界广泛应用，让西方人也奉若神明。

西方偏向理想和浪漫，东方更加注重现实。其实东西方文化应该相互学习和融合，《圣经》与《兵经》各有千秋，西方的理念与东方的谋略可交汇融通。安乐哲比较说，《圣经》是上帝写的，而《孙子兵法》是最有智慧的中国军师写的；《圣经》是形而上学的，而《孙子兵法》是传统哲学的精髓；《圣经》是死的，而《孙子兵法》是活的；上帝的思想不能更改，而孙子思想可以再创造。《孙子兵法》不仅是军事战略，更是博大精深的思维方式和哲学，已经成为当今重组世界文化的极其重要的资源。

在谈及孙中山与夏威夷的关联时，安乐哲对作者说，夏威夷把东西方的文化交织在一起，把南北半球的文明联结在一起，所以被人们称为世界十字路口的文化。夏威夷占三分之一人口中有着华人的血统，因此也传承了诸多中华文化元素。而孙中山本名孙文，与其祖先兵圣孙武，文武之道，一张一弛，很有意思。

作为孙武的后裔的孙中山，曾多次研读《孙子兵法》。孙中山的许多思想从酝酿到成熟都来自深厚的中华文化，是中国人吸取民族文化的思想精髓。同时，也体现了中国传统文化与西方文化的和谐交融。孙中山以夏威夷为革命基地，先后到过檀香山 6 次，在这里擎起了反清革命旗帜，创建了第一个革命组织，他的很多革命思想正是在这里形成的。

“可以说，孙中山最早有组织的救国救民革命活动是始于檀香山，孙中山提出‘驱逐鞑虏，恢复中华’口号的所在地也是檀香山，檀香山成为辛亥革命的发源地之一。他领导辛亥革命推翻清廷，吸取了中国兵家文化的精华，并在革命实践中成功应用了《孙子兵法》。”安乐哲肯定地说。

《圣经》是全世界发行量最大的书籍，而在全世界发行量和影响力大的书籍中，只有《孙子兵法》能与它媲美。

作者在瑞士古城纳沙泰尔见到了身高1.9米的胜雅律，他的德文名字叫哈罗·冯·森热尔(Harro von Senger)，1944年出生在瑞士威勒采尔的一个书香之家。而他是法学与哲学的双博士，瑞士比较法研究所的中国法专家，德国弗莱堡大学汉学终身教授，曾任德国弗莱堡大学四个哲学院的联合院长及哲学院东方学研究所所长。

胜雅律与中国文化很有“缘分”：1964年开始在瑞士苏黎世大学学习汉语，1969年获得法学博士，1971年至1973年在中国台北学习，1973年至1975年在菲律宾东方大学学习，1975年至1977年在北京大学学习，1981年获得德国弗莱堡大学哲学博士学位。在瑞士学习时，一位澳门的中国学生成了他的汉语老师，并送了他一个中文名字“胜雅律”，他很喜欢，因为这个中文名字与他的德文名字是谐音，意思是好胜儒雅懂法律。

胜雅律是欧洲知名的汉学家、精通东西文化精粹的战略理论家，被誉为“著名谋略学家”“智者”“西方智谋学领军人物”。世界上第一部由西方人撰写的有关谋略的博士论文，是一位到德国佛赖堡大学来学习的美国人在他的指导之下完成的。

胜雅律拿出他翻译的《孙子兵法》口袋书诙谐地说，他的这本口袋书就像“瑞士军刀”，深受包括瑞士在内的世界各国读者欢迎。

“您把《孙子兵法》当作‘瑞士军刀’，这个比喻很形象，”作者饶有兴趣地接过话题。

瑞士人喜爱“瑞士军刀”，也喜爱《孙子兵法》。胜雅律说，“瑞士军刀”这个名称今天已成为多用途“袋装”刀具的代名词了，确实有点像他翻译的口袋书。

胜雅律介绍说，瑞士军刀享誉全球，在讲英语的国家广受青睐。而《孙子兵法》也享誉全球，不仅在讲英语的国家，而且在世界上50多个国家有数十种语言文字的译本。他翻译的《孙子兵法》口袋书，在全世界流行，就是在于《孙子兵法》非常实用。如果说“瑞士军刀”是万能工具箱的话，那么，《孙子兵法》就是“万能工具书”。

胜雅律评价说，《孙子兵法》之所以享誉全球，因其现代意义和实用价值越来越显现。不仅在军事领域，而且在商业等各个领域，全世界都在应用。近几年，他应邀到德国、英国、瑞士、中国大陆和中国台湾地区讲《孙子兵法》及其谋略智慧，目前正在出版《智谋与管理》一书，给企业家提供最需要、最实用的“瑞士军刀”。

2006年，胜雅律根据《孙子兵法》撰写的德文版《智谋》，被翻译成中、英、法、意等13种语言文字，再版了17次，全世界发行了50万册以上，在西方引起轰动，成为西方脍炙人口的畅销书，并成为西方许多政治家、企业家的必读之物。曾有8位外国总统或总理热烈称赞并题词，德国前总理科尔特别写信给胜雅律，对此书加以推荐，盛赞此书是一本有助于西方人了解古今中国的应时之作。

《智谋》将西方文献中的战略智谋的单个例子，融入中国完整的多层次的战略智谋文化体系之中，借助于中国优于西方的完整的多层次的战略智谋文化体系，建立起西方人对战略智谋的完整理解，并了解东方战略家的战略智谋思维特点。推陈出新，这正是胜雅律的特别之处。

此书不仅使读者加深了对古今中国的了解,更重要的是那些在胜雅律笔下得到生动解释的计谋,显示了人类普遍的行为方式,它将教会读者深入地观察与他或亲或疏的人们的行动。西方政治家和企业家对他的书当然趋之若鹜。

胜雅律对《孙子兵法》等中国谋略典籍有精深研究,对中国的智谋进行了哲学的、社会学的,以及军事学上的探讨。他对《孙子兵法》不是从西方"战略"或者"大战略"的意思上加以理解和翻译,而是从中国的"谋略"加以理解和翻译的。

他认为:谋略是一种博大的文化和艺术,是一种非常神秘的智谋。不容置疑,中国的"谋略"不能等同而是高于西方的"战略"。在中国的传统军事思维中,使用"战略"或"大战略"是不适合表达极度"长时段"的预测视野的行为,因而胜雅律建议不用这类西方术语来说明《孙子兵法》中所提倡的计划的艺术,而应当使用中文词语"谋略"。

"谋略"高于"战略"。以军事为例,谋略学高于战略学、战役学和战术学。胜雅律诠释说,"谋略"位于战略之上。中文的"高于"和"上"可以译成拉丁文的"supra",拉丁文的"supra"的意思是"über, darüber, oberhalb",因为"谋略"超越西方计划时空范围,同时也超越单独的"正"和单独的"奇",因此把"谋略"翻译成"supraplanning"("超越计划")。

胜雅律称,西方没有谋略学,智谋和计谋在西方是一种禁区,而《孙子兵法》扩大了他对世界认识的一种新视角。中国的谋略比西方的战略学眼光要更长远,所站的出发点要更高。不谋万世者,不足谋一时;不谋全局者,不足谋一域。中国人讲究谋略,看待问题和设计规划具有长远的战略眼光。

说到谋略意识的最高层次,胜雅律认为只有在中国才有。最具体的就是中国的《三国演义》,他认为中国人的谋略意识已经不单单是使用,而是有着系统的研究分类和总结,从而形成一套内涵丰富的理论,而《孙子兵法》是最经典的。"中国人的思维特点就是富于谋略意识,我们欧洲人只能叹为观止。”胜雅律感叹道。

胜雅律话锋一转说，《智谋》之所以风靡世界，是受孙子智谋的影响，《孙子兵法》是人类历史上最经典、最高超的智谋之书。《智谋》的“矿源”在中国，中国人开辟的智谋学兵法，是一个既深邃又广袤的天地。在这个天地里，充满着“知识可乐”。“我这个西方人虽然只是品尝了其中的点滴，但深感其回味无穷。”

胜雅律透露说，他最近又有一本研究中国人智慧的新书《谋略》问世，之所以取此书名，一个主要原因是他认为中国人善于进行长远规划，这一点西方人有所不及。

在谈到西方的《圣经》和《战争论》时，胜雅律认为：《圣经》是全世界发行量最大的书籍，而在全世界发行量和影响力大的书籍中，只有《孙子兵法》能与它媲美。《孙子兵法》是谋略学的《圣经》，超越了战略，超越了计划，超越了西方人的思维。如今，孙子在全球受宠，西方人更喜欢《孙子兵法》，与《战争论》比较，孙子更受西方人的欢迎。《孙子兵法》的魅力，实际上反映了中国谋略与智慧的魅力。

胜雅律举例说，“不战而屈人之兵”是《孙子兵法》的一大精髓，远远超越任何西方战争术语所能涉及的范围。《孙子兵法》的这个最高境界是东西方认可度最高的。

他研究发现，在中文原文“不战而屈人之兵，善之善者也”中，能够清楚地看到，《孙子兵法》中用的是“人”而不是“敌”这个字。其实，在《孙子兵法》中，“敌”字使用得相当多，而为什么“敌”字没有出现在这句话呢？对于有着西方“战略”或“大战略”视野的西方人来说，这个问题不足挂齿。对他们来说，很明显，这里的“人”就是“敌”的意思。

胜雅律说，据他所知，尽管这里写作“人”而非“敌”，但他所看到的一切古老的文言文的注解、白话文翻译，以及看到的一切西方翻译，都在这里把“人”字翻译成“敌人”。

其实，“人”和“敌人”是有区别的，孙子用“人”而不用“敌人”是应该是有讲究的。胜雅律诠释：孙子不是着眼于“敌”，而是强调“人”。一个高明的战略家，不能把所有对手都视为敌人，“不战而屈人之兵”才能达到战争艺术的巅峰。

在“不战而屈人之兵，善之善者也”这个句子中，屈的对象不一定是一个迫在眉睫的敌军。这句话也涉及重要时刻的朋友或盟军。然而，要知道在不久的将来，这个盟军也可能成为一个敌人，有可能将来会构成威胁。但在没有构成威胁前，他还不是敌人，也适用“不战而屈人之兵”。否则，等构成威胁就为时已晚也。

根据这个解释，胜雅律对这个简单的“人”字的理解与以往的理解都不同，他因此把这个句子翻译如下：不用武力手段而使他人的军队屈服，才算得上高明中的高明，他在翻译德文版《孙子兵法》中表述的似乎更清楚一点。

在胜雅律看来，这个翻译，不是着眼于“敌”，而是强调“人”，这样，与过去西方的翻译相比，这个句子就获得了新的以及更长时段的维度。西方过去的翻译无一例外，他们受制于相对短视的西方“战略”，甚至为“大战略”所主导，而原来的中文句子的含义远不止于这个意思。一个人一旦被西方术语所禁锢，就会成为西方思维模式的奴隶，结果就是对“人”这个字及其深远的意义视而不见。

用兵的上策是挫败敌人的谋略，不战而使敌人屈服，不用作战手段而使敌人屈从我的意志。胜雅律认为：最好是不用武力，不经交战而使敌人屈服，才算是上等的用兵境界，不战而征服敌人的军队才真正卓越。一个高明的战略家，不在于赢得每一场战争，也不能把所有对手都视为敌人，“不战而屈人之兵”才能达到战争艺术的巅峰。

谈到孙子的奇正思想，胜雅律赞不绝口，“《孙子兵法》的全球价值在于可以用孙子奇正的眼光来观察西方的一些现象”。中国2500年前的《孙子兵法》是让他最为好奇的一本著作，而《孙子兵法》的奇正术是他最为叫绝的谋略艺术。

胜雅律说，有人类，就有计谋。按照中国人的理解，计谋属于“奇”的范畴，“奇”和“正”是《孙子兵法》中用的术语。胜雅律是瑞士苏黎世大学的法学博士，同时也拥有瑞士苏黎世州的律师资格，他认为法律是

"正"的代表性学问之一。但是，就连法律有时也不能不依靠"奇"的方法达到目的，至少从他作为法律人士的角度来看，孙子的奇正术是不可缺少的。

什么是孙子"谋略"的特点呢？据胜雅律的理解，孙子的"谋略"有两个主要特点：从纵的方面看，"谋略"的时空范围可能比西方的"战略"或者"大战略"长远得多；从横的方面看，"谋略"兼顾"正"，像法律、博弈论、数学模式等，乃常规的、遵循通用规则解决问题；"奇"，像《三十六计》等非常规的，异常的、普通人意想不到的手段解决问题。

胜雅律坦言，西方战略家在思维体系上都片面地强调"正"，而忽略"奇"。中国则两面兼顾，如在中国出版的20部必读谋略经典里既有《孙子兵法》《三国演义》，也有《诗经》《论语》。《孙子兵法》将"正"和"奇"结合，使其成为谋略学的鼻祖。

孙子有言"凡战者，以正合，以奇胜"。"正"乃"守正"，而"奇"则"出奇"。胜雅律说，他崇拜孔子、老子和孙子等这些中国伟大的思想家，他们首先是"守正"。

毛泽东的《矛盾论》和《实践论》也很有意思，它们是毛泽东最杰出的哲学论著，也是"守正"的杰作。胜雅律说："因为这两篇著作把中国古代和西方现代的某些思想加以融合，而且融合得相当有技巧。我所欣赏的诸方面之一是：中国圣人的思想一般来说都脱离了宗教，不像西方那样受犹太教、基督教思想的束缚。这种勇气和独立性使我惊叹不已。"

胜雅律接着说，《孙子兵法》不光用于长期的战略上，还用于战术上。"奇"更偏于运用智慧和技巧的方法，是一种出奇制胜的、机智而令人意外的解决问题的方式。中国创造了一整套计名，毛泽东创造了一整套战略战术，比较全面地诠释了《孙子兵法》中所说的各种各类"奇"招，也用之以比较全面地洞察这个世界上种种"奇"的现象。

胜雅律认为：西方"正多奇少"。在西方，各种"正"的学问相当发达，但是西方没有一种比较精深的有关"奇"的学问。因此，他就对《孙子兵法》和《三十六计》特别感兴趣。东方哲学是认识世界的客观态度，而对于将与东方人做生意的西方企业家来说，这是必须了解和学习的内容。“知彼知己，百战不殆”是兵家常胜之道。

胜雅律提出：每个人都应该懂得“奇”的某些基本知识，而“奇学”的精髓之一，就是《孙子兵法》和其理论背景，即智谋学。至少为了防止“害人型”的计谋，学习计谋知识和智谋学应该是每一个人的必修课。

当谈及瑞士为何近 200 年来远离战争这个永恒的话题时，胜雅律回答说，这或许与瑞士琉森湖狮子纪念碑有关。去过琉森湖的人都知道，那里有一座小山崖上雕刻着悲壮的狮子纪念碑，这是卢塞恩的“城市徽章”，由丹麦雕刻家特尔巴尔森设计，被美国作家马克·吐温称为“世界上最哀伤，最感人的石雕”。

胜雅律讲述，这是为了纪念在 1792 年 8 月 10 日为保护法国国王路易十六世家族而全部牺牲的 786 名瑞士雇佣兵。他们的魂魄朝着家乡的方向，飞回美丽的阿尔卑斯山，飞到美丽的琉森湖。在湖边的山崖上，一头濒死的雄狮带着哀伤和痛苦，无力地匍匐在地，一支锐利的长箭深深地刺入背脊，边上还有一些折断的枪和带有瑞士十字的盾牌。

胜雅律介绍说，在瑞士这片和平的土地上曾经进行过无数次战争，在瑞士境内进行的最后一场战争是 1798 年拿破仑入侵瑞士，瑞士人打赢了少数战役，但输掉了整个战争，随后被法国统治了十几年。

瑞士真正不再有战争是在拿破仑兵败之后，瑞士人万分珍惜这来之不易的中立地位。从此，在一个战事纷纭的世界、穷兵黩武的欧洲，出现一个长久和平的瑞士，创造了和平奇迹。

瑞士百年无战事，充分体现了《孙子兵法》立于不败之地。胜雅律说，瑞士是立于不败之地的典型。取胜对瑞士并不重要，不败才是最重要的，不败就是胜。200 年来，瑞士避免介入战争，避免流血，没有把军队用于战争，只用于保卫国土。瑞士以其独特的军事中立地位曾确保国家免遭两次世界大战的劫难。而法国、德国、日本发动战争，最终都以失败

访德文《孙子兵法》译者胜雅律

而告终。

而瑞士已经和平繁荣了数百年，但它并不是通过寻求战争和扩张，而是通过创造一个强大的防御来实现和平和繁荣的。瑞士利用它所拥有的资源和独一无二的战略，在世界上找到了一个很好的自我防御与和平发展的位置。胜雅律说，这是符合孙子“不战而胜”思想的。

胜雅律表示：瑞士是全球最富裕、经济最发达和生活水准最高的国家之一，人均国民生产总值居世界前列，瑞士苏黎世和日内瓦分别被列为世界上生活品质最高城市的第一和第二名，这是远离战争、和平发展换来的。

－瓦莱丽·妮凯－

西方人破天荒第一次“发现”了古代中国震撼人心的兵法智慧，称之为“世界杰作”，引发了西方学术界对中国古代兵学长久不衰的特别关注，对东方兵家文化在西方的传播起了很大的作用。

在巴黎的法国战略研究基金会，作者慕名拜访了一位富有传奇色彩的法国女性战略学者，也是法国著名孙子研究学者，她曾经为法语读者提供了一个更严谨的《孙子兵法》法文读本。

她的名字叫瓦莱丽·妮凯，政治学博士，汉语硕士，法国战略研究基金会亚洲部主任，研究中国外交政策的专家，法国战略和军事研究专家，法国智库国际关系协会中国问题专家。兼任法国国防军事学院教授，讲授中国地缘政治课程，并从事包括《孙子兵法》在内的中国重要战略思想著作的翻译。

妮凯精通中文与日文，研究兴趣广泛，是法国著名的亚洲问题研究专家，包括亚洲的战略与军事问题、中国与日本战略思想分析、安全政策与宏观经济问题的相互影响、亚洲大国力量对比的演变、亚洲大国的防务理论与军事战略等。

1988 年，妮凯《孙子兵法》新译本在巴黎出版，1990 年发行第二版。此书将《十一家注孙子》直接用文言文翻译成法文，这在法国还是首部。

译文分为两部分，各成170余页的单行本。以前，法文版的《孙子兵法》均转译自英文，妮凯则填补了从中文原著翻译为法文的一个空白。

该法文版的“序”和“前言”占了全书较大的篇幅，其中颇多精辟独到之语。妮凯在“前言”中考证了孙子的生平，介绍孙子生活时代的中国社会，阐述了中国人对兵法的研究，以及《孙子兵法》在中国近代产生的作用。法国国防研究基金会研究部主任莫里斯·普雷斯泰将军为该书写了详尽的导言。

之后，妮凯又不断地修正补充。2012年，出版了最新版《孙子兵法》，由中国军事科学院战争理论与战略研究部研究员、博士生导师、中国孙子兵法研究会副秘书长刘庆撰写再版序言，法国国防研究基金会研究部主任莫里斯·普雷斯泰将军作了长篇后记。

她的最新版在法国各大书店热销，引起法国政界、军界、商界和民众的高度关注。

妮凯除了翻译出版《孙子兵法》，还应用孙子的战略思想，出版了《中国的战略思维》，叙述了中国兵家思想对当代战略的影响，被培养高级军事人才的法国战争学院列为教材。

谈起为何会与《孙子兵法》结缘，妮凯告诉作者，她是从喜欢中国的文言文、研究汉语开始，喜欢中国古代文化，再喜欢并研究孙子的。当时她的指导老师建议她研究中国明代课题，她没有兴趣，为逃避这个课题，主动要求翻译《孙子》，得到了指导老师的认可，从此一发而不可收。20多年来，她一直在进行孙子研究，从没有间断过，还研究中国战略思想、《孙子兵法》对当代战略的影响。

妮凯曾两次赴《孙子兵法》诞生地苏州穹窿山考察，感叹孙武隐居地的神奇，能够在此处写出了“兵书圣典”“世界古代第一兵书”；她连续参加中国八届孙子国际研讨会，并发表论文。她认为孙子国际研讨会展示了丰富的研究成果，充分说明近几千年来，在中国，人们对孙子战略思想越来越感兴趣。更好地了解孙子，就能更好地了解强大中国的战略思想。

妮凯还向作者介绍了《孙子兵法》在法国的翻译传播情况。法国很早便对中国兵法感兴趣。上溯到18世纪，曾在清朝宫廷居住过的传教士阿米欧神父便出版了第一部《孙子兵法》的法文译本。当时这本书叫作《中国古人的兵法》。这个译本在法国曾几次再版，后来又出现了贾尔斯和格里菲斯的英文版《孙子兵法》。“几年前，我想《孙子兵法》应该有一个比阿米欧更严谨的法译本，于是我重新进行了翻译，目的是给法语读者提供更完善的法文读本，也为法国从事中国当代战略思想研究的人提供一种新的思路。”

妮凯在与作者访谈时称，1782年，阿米欧对《孙子兵法》一书注释，作为《中国历史·科学·艺术·风俗习惯》一书的第七卷，由“北京教会”发行。从此，开启了《孙子兵法》在西方传播的历程。

妮凯评价说，阿米欧把第一本《孙子兵法》翻译本带到法国，并且多次再版，尽管不完善，但这个西方语言译本和后来出现的各种兵书译本在欧洲影响深远。西方人破天荒第一次“发现”了古代中国震撼人心的兵法智慧，称之为“世界杰作”，引发了西方学术界对中国古代兵学长久不衰的特别关注，对东方兵家文化在西方的传播起了很大的作用。这部中国古代经典在法国深受欢迎，多次再版就是证明。

“您对《孙子兵法》特别关注的是什么？”作者问道。

“伐交思想，”妮凯毫不犹豫地回答说，“孙子的这一思想对当代战略思维有很大的影响，对当今世界和平有着重要意义。孙子主张‘不战而胜’，尽量避免战争或把战争的灾难降到最低程度，这种思维十分符合今天的世界。”

作为法国战略和军事研究专家，妮凯撰有许多研究报告、专著和文章，主要涉及冷战结束以来亚洲的地区均势演变和战略问题、地区大国的防务政策以及扩散问题。其著作和论文包括《中国力量崛起》《和平还是冲突》《欧盟的中国政策》《防务理论与中国安全》《冷战结束与中华人民共和国外交政策》《中国的战略基础》《冷战结束后亚洲的战略形势》《欧盟与亚洲的战略伙伴关系》《多极世界的伐交思想》等。

访法文《孙子兵法》译者瓦莱丽·妮凯

妮凯说："孙子在'谋攻'篇中表达的'伐交'思想，实际上，孙子建立了一种取得战争胜利的次序：即伐谋→伐交→伐兵。首先是伐谋，其次是伐交，伐兵是下策。我注意到，几年前中国孙子研究学者发表了一篇题为'孙子的伐交思想与以和平方式解决国际争端'的文章，将'伐交'解释为'用外交取胜'。外交与取胜这两个词使人想到了孙子的另一思想——不战而胜。"

《孙子兵法》的成书年代是中国的春秋末期，七雄并立、互相争霸的时代逐步到来，春秋时期走向了战国时期。《孙子兵法》反映出春秋时期争霸战争的特点，提出"不争天下之交"。当代世界出现了多极化趋势，用今天中国专家的看法，这种新的国际秩序可被称为"新战国时期"。因此，孙子的伐交思想仍然适应。

妮凯认为：随着冷战的结束，世界从一个稳定的两极系统发展成为一个更动荡、更不稳定的系统，几个国家或几个国家集团试图避免出现一种单极称霸的局面。而两极系统的结束对某些国家来说，可能是对国际力量重新分配的机会。在这个"新战国时期"，人们用相比冷战时更灵活的方式使用新的联盟战略。人们开始重新寻找或获得更大的活动空间。这就是为什么孙子"伐交"思想提供了一种有趣的分析方法。

妮凯提出了这样的问题：多极化意味着什么，或者更确切地说，每个国家赋予多极化什么含义？多极化是一个趋势，即世界是由多种力量、多种社会制度、多种发展模式和多种价值观构成的，它承认了世界的多样性。各种力量之间的平衡与制约，避免了新的世界大战的爆发，促进了大国关系的缓和。为了对付共同的威胁——恐怖主义，大国之间开始尝试进行新的对话，并加强合作，从而使大国之间的联系加强，有利于维护世界的和平与稳定。

妮凯称，一些国家出于自身利益的需要，致力于建立一个多极的世界，并在稳定的国际系统中出现，这种系统应建立在共同的利益上。人们可以看到多极化成为现实，但不能肯定每一极下的所有国家都从中受益。对这个层次的国家而言，多极化可能导致新的脆弱性和不稳定性。为了多极化的运行，应该结合并尊重所有的国际准则。

妮凯指出：在世界多极化趋势下，人们使用孙子的“伐交”的原则也就更为实用。当代世界多极化有利于国际社会的各种力量加强协调，平等对话，共同维护世界的和平、稳定，有助于建立公正合理的国际政治经济新秩序。国家之间的争端和地区之内的冲突，只有通过对话谈判、平等协商，才能求得解决。

– 亚纳·古德尔克 –

与西方洋洋洒洒的《战争论》相比，《孙子兵法》只是一本小书，但它的价值却高于《战争论》，被列为世界第一兵书，其深邃的军事哲学，经典的谋略思想，至今智慧不灭，光芒永存。

作者在巴黎戴高乐中国图书馆见到了一位法国战争学院的研究生，名叫亚纳·古德尔克，少校军衔，在军队20多年，熟读兵书，精通兵法，是一个地地道道的"孙子迷"。

古德尔克出身于著名的圣西尔军校，并从同样享有盛名的法国战争学院毕业。出于对中国经典之作《孙子兵法》的兴趣，他致力于研究此书，并立志成为真正的专家。

他对《孙子》乐此不疲，与作者访谈数小时，纵论这本篇幅相对短小但毋庸置疑有着深刻内涵的中国兵书。聊起对孙子思想的阐释，他都可以滔滔不绝。总之，在法国研究这一举世公认为经典的中国战略思想的知名专家行列中，他已争得一席之地。

古德尔克说，他是一位名副其实的《孙子兵法》爱好者，对《孙子兵法》倾注热忱，他在20多年前刚到军队就开始学习孙子，并对这部来自中国2500多年前的兵书发生了浓厚的兴趣。他创建了专题博客，还活跃于法国社交网站，每日更新与《孙子兵法》相关的内容。

他在法国的数家刊物发表多篇文章，介绍孙子及中国兵法，引起法国读者的关注；他研究世界各国军校如何研读《孙子兵法》，并将孙子谋略应用于全球军事领域的课题。为此，他已到访了十多个国家，与世界各国军校数百名学生保持联系，互相探讨孙子战略思想。通过这方面的研究，努力探寻孙子在全世界军事院校的传播轨迹。

最近几年，他正在做“孙子在法国”的系统研究，这个研究课题在法国尚属首次，他认为这是一件非常有意义的事。

古德尔克告诉作者，法国战争学院是培养高级军事指挥员的军事院校，与美国军校一样，学院也把孙子战略思想作为一个重要的内容。他把“孙子在法国”，作为博士论文的题目。为了做好这个研究，他开始学习汉语，这样可以帮助他阅读《孙子兵法》的原文，更好地理解和掌握孙子的精髓。

他有一个心愿，就是要将这部兵书介绍给更多的法国人。于是，他在攻读博士学位阶段继续从事有关的研究工作，力求进一步加深对这本中国兵书的理解，并着手出版《孙子在法国》一书，以便向法国读者推介。

他花了两年多时间，搜集整理《孙子兵法》传入法国，并在法国传播和应用的资料，每天都要投入 3 至 4 个小时，而他却乐此不疲。

古德尔克说，早在 18 世纪，法国传教士神奇地将《孙子兵法》及中国的其他兵书，传入法国，使东方的兵学在西方产生了重大影响，这位法国神父功不可没。与西方洋洋洒洒的《战争论》相比，《孙子兵法》只是一本小书，但它的价值却高于《战争论》，被列为世界第一兵书，其深邃的军事哲学，经典的谋略思想，至今智慧不灭，光芒永存。

亚纳·古德尔克拿出一本英国学者撰写的《孙子的和平思想》一书对作者说，“二战”是历史上死伤人数最多的战争，不符合孙子的“上兵伐谋，其次伐交”的和平理念，特别是冷战时期，孙子的思想被越来越多的军事家所重视，要用孙子“不战而胜”的思想，不能再用毁灭性的战争手段。

访《孙子在法国》作者亚纳·古德尔克

古德尔克又拿出厚厚一本样书对作者说,《孙子在法国》目前已写的差不多了,再做些修改补充就可以出版。这本书系统介绍《孙子兵法》在法国的传播和应用,还介绍法国各个版本《孙子兵法》,具有史料性、系统性、实用性和可读性。

“这本书很有价值,不但是军事领域,各个领域都可以应用,我这本书不只是写给军人看的,主要是写给法国年轻人看的,还有学术界和商界人士看。《孙子兵法》不仅军方要学,企业更要学。”亚纳·古德尔克说。

临别时,亚纳·古德尔克自信地对作者说,他相信《孙子在法国》这本书会受到法国人的重视和喜欢,因为这本书展示了东方智慧与西方的融合,法国在传播和应用孙子战略走在欧洲的前面,法国在20世纪开始真正重视研究应用孙子思想,21世纪更加重视了,孙子思想对法国的经济发展和中西文化交融是相当有益的。

2012年底,法国纽维斯出版社推出亚纳·古德尔克的《孙子在法国》一书。该书224页,内容分为两大部分:第一部分题为“法国对孙子的接受”,详细记录了一名毕生与中国结缘的传教士于18世纪首次将《孙子兵法》译成法文的过程,同时讲述了法国当下从军方到商界乃至法国社会推崇《孙子兵法》的基本状况;第二部分题为“法译《孙子兵法》”,介绍了翻译《孙子》的相关情况。总之,古德尔克对《孙子》在法国传播的情况进行潜心研究,成果全部汇集于这部书作之中。

亚纳·古德尔克考证:阿米欧根据《武经七书》的满文抄本并对照汉文版本,收《六韬》《孙子兵法》等四种中国兵书于内,然后译成法文出版,作为《中国军事艺术》丛书中的第二部在巴黎出版,从而成为整个西方世界的第一部《孙子兵法》译本。

阿米欧在该书扉页上写道:“中国兵法——公元前中国将领们撰写的古代战争论文集。凡欲成为军官者,都必须接受以本书为主要内容的考试。”

亚纳·古德尔克说,自从阿米欧把《孙子兵法》传入法国后,引起了法国对东方兵法研究的极大兴趣,在此后200多年间《孙子兵法》书籍不断再版，影响了法国乃至西方的兵学界，俄、英、德、意等文种的《孙子兵法》译本相继在欧洲问世。

该书由法国前总理让-皮埃尔·拉法兰作序，在法国引起不小的轰动，将法国高潮频现的“孙子热”再次推向新的高潮。2013年2月13日，法国国防高级研究所将科学奖授予古德尔克；同年4月22日，古德尔克的新书作为“当月图书”被隆重推荐到法国国防部网站。

《孙子兵法》看上去是本古代兵书,细细品读,充满韵律,是一部含蓄隽永的哲理诗,也是一部世代相传的史诗。

作者在德国法兰克福、慕尼黑等各大城市书店看到,最抢手的《孙子兵法》只比口袋书略大一点,套红硬壳。

书店工作人员告诉作者,这是目前最新也是最准确的德语版《孙子兵法》,非常畅销。译者中文名字叫吕福克,是德国汉学学会主席,科隆大学汉学家、翻译家。

作者慕名来到德国科隆大学寻访吕福克,他是中文系讲师,刚退休,满头白发,精神矍铄。他准备搬迁的办公室里,堆满了汉语书和各种版本的《孙子兵法》。

吕福克长着地道的德国人脸,却是操着一口流利的汉语。吕福克是他的中文名字,英文名字叫福尔克尔·克洛普什(Volker Klopsch)。20世纪70年代他在北京学习汉语,是中德建交后第二批派往中国的留学生,在中国台湾教学6年,在德国科隆大学中文系当讲师22年,每年都要到中国进行文化交流。

在中国留学期间,吕福克就买了《孙子兵法》《孙膑兵法》。他家里收藏了德语版《孙子兵法》,竹简版《孙子兵法》,郭化若译注《孙子兵法》,以及美国哈佛大学教授翻译的《孙子兵法》。

他是最新德语版《孙子兵法》的译者,他的译本是目前最新也是最准确的德语版,保持了古典原文中"诗"的韵味,再版 4 次共发行 2 万多册,深受德国读者的好评。

吕福克汉语流畅、举止儒雅、谈吐风趣,与作者侃侃而谈。他介绍说,德语版《孙子兵法》都是从俄译本转译的,如 1910 年在柏林出版的由布鲁诺·纳瓦拉翻译的,后来由民主德国国防部出版社出版的,都是这一类,再后来是从英文版转译的。他研究发现,所有的德语版《孙子兵法》或多或少都有错误。而他 2009 年出版德语版《孙子兵法》,是直接从中国的古典原文翻译的,相对比较准确。

吕福克坦言:"过去德国研究中国古典哲学的很少,研读古典兵书的更少,德国人很固执,长期以来崇拜《战争论》,因为德国是克劳塞维茨的故乡,德国人读《战争论》的热情一直很高,对中国的《孙子兵法》并不重视。现在有很大的改变,对中国文化、中国的古代经典,对中国的兵家文化感兴趣的人越来越多,所以促成我的翻译,成为第一个直接从中国的古典原文翻译《孙子兵法》的德国人。"

另一个原因是,德国的出版商对《孙子兵法》的出版感兴趣,与吕福克相约翻译的是德国有名的出版社。因从中文古典直译难度很大,吕福克了解《孙子兵法》的内涵,熟悉春秋战国历史文化背景,精通中国古典文化,所以出版社主动找到吕福克,吕福克也有这个愿望,于是一拍即合。

吕福克说,翻译《孙子兵法》的难度还在于中文古籍版本太多,选什么版本很重要。他深知,自己翻译的书不是给汉学家看的,而是给德国读者看的,要容易读、读得懂,就需要吃透古典原文,在语言上尽可能用简单的大众语言。为此,除去准备阶段,他足足花了两年时间,参阅了大量的历史资料,仅古典原文中的一个"车"字,就花了许多时间推敲,做到精益求精。

为了让德国读者读懂《孙子兵法》,吕福克在他的最新德语版中介绍了司马迁在《史记》中记载的《孙子吴起列传》,太史公是为中国古代最伟大的军事家孙子立传的第一人,孙子的生平也是通过《史记》第一次被载入史册。同时介绍了《孙子兵法》成书的时代背景、作者以及《孙子》十三篇的作用和意义。

2009 年,法兰克福举办大型书展,吕福克就把新出版的德语版《孙子兵法》推出,结果好评如潮,“最新、最好、最准确、最完善”,读者把许多“最”都冠在他的头上。吕福克颇为得意地说:目前,这本书已再版 4 次。在德国一般发行 3000 册的书就算很不错了,而他的书发行 2 万多册,出版社非常满意。

吕福克的中国文学造诣很深,在科隆大学汉学系主要讲授翻译课程,主编《东亚文学》杂志,还在编撰一部大型工具书《中国文学大辞典》。他是第一个翻译德语版《唐诗三百首》德国翻译家,对中国的古诗词特别钟情,写过《西方人眼中的李白》,称李白为“属于全世界的诗人”。

吕福克赞美说,《孙子兵法》看上去是本古代兵书,细细品读,充满韵律,是一部含蓄隽永的哲理诗,也是一部世代相传的史诗。

“经我研读发现,《孙子》十三篇 6000 余字,像散文诗一般的语言,许多地方是押韵的。”吕福克评价说。《孙子兵法》的文句实为诗句,节奏感强,朗朗上口,用文学的语言描写兵法,实属罕见,是一部开散文之先河的中国兵法文学精品。

吕福克对作者提及,《孙子兵法》与其说是一部兵书,倒不如说是一部经典文学作品。在中国古代汉语课程里,有《虚实篇》,在有的初中课程中有《谋攻篇》,显然属于古代文学。事实上,世界各国的许多读者不仅把它当作兵书、哲学书,而且当作文学书读,其文学价值得到充分认可。

《孙子兵法》句法用词对后世文章章法的影响深远,古人赞美“不知谁相师法,然皆出《孙武子》十三篇中”。刘勰赞誉它“辞如珠玉”,宋代严羽《沧浪诗话》赞美“少陵诗法如孙武”。

吕福克认为:孙子汲取百家之长,使十三篇的造句技巧达到了无与伦比的程度,是《道德经》等古代优

访德文《孙子兵法》译者吕福克

秀散文的继承和发展。古人说“老子、孙子一字一理，如串八宝珠瑰，间错而不断”。

《孙子兵法》不仅在思想上而且在语言上，明显汲取了老子《道德经》的营养。吕福克认为，孙子不仅把老子的“道”引进兵家，还把老子不拘一格的道术思想性哲学诗引进十三篇，抑扬顿挫，富有韵味，好读好记，他在翻译时也充分注意到了这一点。

“除了文学，您对《孙子兵法》还有什么评价？”

“思想！”吕福克情不自禁地说，“中国古代思想家孙子的思想流传2500年仍然‘活着’，这不能不说是人类思想史上的一大奇迹。”

从德国火车站、飞机场到各个书店、大学图书馆，到处都能看到《孙子兵法》。从政治家、军事家到文学家、企业家，都越来越喜爱中国的孙子。吕福克评价说，孙子第一个提出战争后果的问题，这是对人类和平的巨大贡献。对于这个贡献，不仅是欧洲而且是全世界，认可度都非常高。

吕福克说，光看书名，孙子写的是兵法，而看十三篇内容，其实写的是和平。孙子提出“非危不战”，“主不可以怒而兴师，将不可以愠而致战”，“是故百战百胜，非善之善者也；不战而屈人之兵，善之善者也”。孙子强调不是非要打仗，要善用谋略减少流血，通过伐交和平共处，攻城是不得已而为之。要看到战争的后果，看到战争给国家和人民带来的灾难，尽可能避免战争，把战争的灾难降到最低程度。如果谁读懂了这一点，就真正理解了孙子的精髓。

吕福克认为：与德国的《战争论》相比，《孙子兵法》不只是兵书，更是哲学书、文学书。孙子思想饱含哲学思想，主要体现在两句至理名言：“知彼知己，百战不殆”，讲的是朴素的唯物论；“兵无常势，水无常形”，讲的是辩证法。在文学艺术方面，孙子十三篇在世界兵书中独领风骚，体现出不朽的文学价值，使其跨越时空，至今仍然“鲜活”。

《孙子兵法》比《三十六计》价值高出许多，两者不能同日而语。吕福克不认可欧洲有的学者把《三十六计》作为谋略和战略，他认为《孙子兵法》是大方略、大谋略、大智慧，而

《三十六计》是小计谋、小策略、小智慧，二者完全层次不同。把《三十六计》等同或替代甚至高于《孙子兵法》的观点，都是非常错误的。

吕福克表示：孙子在欧洲有相当数量的读者群，也有相当数量的应用者。孙子思想不仅对军事、商战，而且对现代社会有很大的影响，具有不可估量的现代意义。

－柯山－

《孙子兵法》已经不是简单意义上的战争著作，而成为政治、经济、外交各个领域领导者的必读书。

在位于德国莱茵河畔的美因茨大学翻译学院，作者见到了汉学家柯山博士。在德国，除了一位华人以《孙子兵法》论文获博士学位外，柯山是德国人中唯一以此获得博士学位的。

柯山的英文名字托马斯·肯帕（Thomas Kempa），在美因茨大学翻译学院任翻译。他曾经与作者是同行，从事过新媒体及移动电话新闻行业。他1990年至1998年在鲁尔大学学习汉学，获硕士学位；2003年至2005年被德意志学术交流中心派驻北京，从事教学和跨文化交流；2005年至2009年在埃尔朗根大学汉学系读博士学位，论文选题为《兵法与工商：超文化反响在用孙子兵法当倡议的中西企业管理读物》。

在这座德国著名的翻译王国里，设有法语、英语、西班牙语、葡萄牙语等欧洲各语种，以及汉语、日语等，而柯山则把目标锁定汉语，在汉语中锁定中国古代典籍，在中国古代典籍中又锁定了《孙子兵法》。

柯山告诉作者，他从2005年开始研读《孙子兵法》，读了便爱不释手，博士论文就选择了《孙子兵法》。

当时指导老师虽然感到很惊奇，但持肯定态度，对他的博士论文评价很高。

在写博士论文前，柯山对《孙子兵法》的翻译和在工商领域的应用作了很详尽的研究，到中国图书馆查阅目录，参考了400多本《孙子》书籍，写了3年多时间。他还专程到孙子出生地山东和《孙子兵法》诞生地苏州穹窿山考察。

柯山的博士论文共30多万字，分6个部分，以文化传播的视角，详尽介绍了《孙子兵法》的翻译出版的历史、现实意义和作用；介绍了作者、版本和注释以及兵学文化交流。他还探讨了为什么《孙子兵法》在世界上影响如此之大。西方人要正确理解东方兵学，要全面考量中国古代兵学的实践性，在中西方文化共融中接受《孙子兵法》的精髓。

柯山的博士论文重点解读了“工商孙子的起源”，以中国、日本和美国为范例，尤其是中国改革开放以来企业管理者的最新典范，阐述“工商孙子与文化转移”“工商孙子不同形式的发展”“工商孙子形式上的相似之处”，还阐述了德国对于工商孙子的翻译传播和应用，以及《孙子兵法》对全球的贡献。

2010年，柯山的博士论文《兵法与工商》，由德国诺莫思出版社出版，销售量很大，被德国的图书馆收藏。该出版社称《孙子兵法》为“商界中的战争艺术”，称《兵法与工商》一书“用以孙子兵法为核心的企业管理读物来阐释中西方跨文化交融”。

据柯山博士考证，最早的德语版《孙子兵法》于1778年在德国的魏玛出版；1910年，在柏林出版了《兵法——中国古典军事家论文集》；1957年在柏林又出版了《孙子兵法》德译本；20世纪70年代后，《孙子兵法》在德国出版频繁；1988年以后，还出现过4种《孙子兵法》德译本；1996年以来，《孙子与商战》之类的书籍在德国多了起来。2004年之后，《孙子兵法》翻译出版在德国再次掀起高潮。

在谈及《孙子兵法》的时代价值时，柯山评价说，孙子思想的普世价值越来越显现，被东西方普遍接受，认可度极高。《孙子兵法》的特殊贡

访德国《兵法与工商》作者柯山

献不是应用于战争而是应用于全球包括商战在内的各个领域。

柯山说,他还没有发现有哪一本书像《孙子兵法》那样受到全世界的追捧,并在全世界广泛应用。《孙子兵法》的应用已从军事领域扩展到企业管理、行政管理、商业竞争、人才开发、体育竞技、文化战略、金融股市,乃至情报反恐等诸多领域,这是绝无仅有的。在各个领域广泛的应用中,人们不仅在中国古人深邃的思想中获取启迪,同时又为中国传统兵学注入了新时代的活力。

柯山认为:与多如牛毛的其他经济管理书籍不同,《孙子兵法》具有不可替代的实践和应用意义,孙子的智慧不可复制。他以中国、日本和美国经济发展为范例,《孙子兵法》对日美企业的发展影响非常大,收益也非常大。从中还可以看到中国经济发展的智慧和成功,孙子的理念对中国的崛起很有帮助,对欧洲乃至全球的经济发展同样会有帮助。

柯山表示:《孙子兵法》已经不是简单意义上的战争著作,而成为政治、经济、外交各个领域领导者的必读书。孙子思想的世界性传播有着重大的现实意义。西方许多权威人士认为:孙子是超越中华文化圈对世界产生巨大影响的少数中国伟人之一,《孙子兵法》在世界范围产生了广泛而深刻的影响,是举世公认的。

曾任过中德文化交流的大使的柯山,热衷于中德跨文化交流。他说:西方人称孙子为“兵学鼻祖”“世界兵圣”,把《孙子兵法》视作“兵学圣典”“商业圣经”。《孙子兵法》不仅具有独特的商业价值,而且具有很高的文化价值和哲学价值。面对全球的冲突与和谐、战争与和平,很需要学习和应用孙子的思想,凡是有冲突的地方都要很好地应用《孙子兵法》。

– 马迪·诺约宁 –

尽管现代战争的形式发生了巨大变化，但《孙子兵法》蕴涵着丰富的战略管理思想，至今仍有实用价值，而且不仅限于军事领域，现代企业家进行经营管理也需要读《孙子兵法》。

“我从喜欢孙子开始喜欢中国文化，从而了解中国、认识中国、喜欢中国。”正在上海同济大学学术交流的芬兰文《孙子兵法》译者马迪·诺约宁，与作者见面时说。他的家族对中国的孙子及兵家人物很崇拜，家里收藏的《孙子兵法》版本和中国兵书数量可观，他从小就受孙子思想的熏陶。

马迪·诺约宁，1967年出生，芬兰拉普兰大学法学院教授。他13岁起就读《孙子兵法》英文版。为了能研读《孙子兵法》原文，他从1990年开始学习汉语，先后在中国广州的中山大学、芬兰的赫尔辛基大学和瑞典的斯德哥尔摩大学学习中文，并专程到上海复旦大学进行深造。

自从喜欢上《孙子兵法》后，马迪对中国历史文化尤其是传统兵家文化产生了浓厚的兴趣，开始系统研读《吴子兵法》《六韬》《司马法》《三略》《尉缭子》《李靖问对》等武经七书。他认为：这是中国古代兵书的璀璨瑰宝，也是包括北欧在内的世界人民共同的智慧财富。

马迪还花了大量时间系统阅读

《孙膑兵法》《曹操兵法》《诸葛亮兵法》《鬼谷子》《三十六计》等56种中国兵书，从而认识了中国传统兵家思想博大精深，中国人的智慧博大深邃。

马迪称，他是中国著名孙子学者李零的粉丝，经常读李零研讨孙子的书籍，从而萌发了翻译芬兰文版《孙子兵法》的念头。马迪有一个心愿：要让北欧人学习和应用孙子思想。他认为：尽管现代战争的形式发生了巨大变化，但《孙子兵法》蕴涵着丰富的战略管理思想，至今仍有实用价值，而且不仅限于军事领域，现代企业家进行经营管理也需要读《孙子兵法》。

2001年起，马迪着手翻译《孙子兵法》，他花了5年时间进行准备，到中国的书店、图书馆阅读了大量的与《孙子兵法》有关的资料，重点参考了宋代的《十一家注孙子》等重要传本，从中文直接翻译成芬兰文的这本《孙子兵法》于2005年在赫尔辛基出版发行。

在首发式上，马迪手捧芬兰文版《孙子兵法》百感交集。翻译世界第一兵书对他来说的确很难，遇到有些极难弄懂的古文需要查阅大量资料，从中寻找答案，还专门请教中国汉语老师。有时，就连中国人对《孙子兵法》中某段论述的注释也不尽相同，因此马迪不得不绞尽脑汁，反复推敲琢磨，找到准确的解释。有的句子甚至花了两三个月时间才翻译出来。芬兰文版《孙子兵法》面世，他感到无比欣慰。

马迪说，芬兰文版《孙子兵法》出版发行后，在芬兰卖得很火，芬兰的大公司、企业家、大学生都非常喜欢，出版社说它是最热销的书之一，多次再版，不少企业请他讲《孙子与企业战略》。

2007年，马迪又出版了以研究以孙子为代表的中国战略思想的《诡道》一书。

如今，马迪成了芬兰小有名气的中国问题专家，现任芬兰赫尔辛基商学院企业管理系研究员，主讲企业战略。2012年，他在进行“芬兰企业在中国的产品研制”项目的研究工作的同时在上海同济大学经济管理系进行跨文化交流。在完成《孙子兵法》

芬兰文《孙子兵法》译者马迪·诺约宁

翻译工作后，他计划再将中国古代8位著名军事家的论述编译成书在芬兰出版。

马迪表示：《孙子兵法》与世界很多地方都建立了孔子学院一样，是中国文化走向世界的“杰出品牌”，不仅被全世界所认可，而且被全世界所应用。《孙子兵法》对现代人特别有意义，不仅影响信息时代的世界军事和经济，而且影响现代社会的精神文化生活。孙子的哲学思想对所有的人都有启迪和帮助。

马迪介绍说：“芬兰的大公司老板对孙子都感兴趣，我认识的北欧商人，大部分读过《孙子兵法》，并应用到欧洲的商业竞争中，有的竟然还班门弄斧，应用到中国市场。”

担任芬兰诺基亚中国总裁的赵科林，曾用《孙子兵法》改变了诺基亚中国分公司，在华手机销售业务长达8年，一手奠定了诺基亚在中国的绝对霸主地位和中国区在诺基亚全球市场中的核心位置。他发现孙子在商场上的妙用，很多中国竞争对手的战略，都像《孙子兵法》中所讲，把古代战场上的兵法用在商业战场上，非常令人兴奋。

瑞典沃尔沃中国总裁吴渝章是一位应用《孙子兵法》非常成功的企业家。1997年他刚加盟沃尔沃时，该公司在中国年销售量只有27辆。经过5年奋战，他击败了主要竞争对手，将沃尔沃年销售量提高了30多倍，占据了中国大车市场的主要份额。他谙熟“知己知彼，百战不殆”，在管理上“主孰有道、将孰有道”，游刃有余地将孙子战略应用于沃尔沃卡车公司在中国市场的经营开拓中，从而传奇般改写沃尔沃卡车在华发展史。

马迪说，西方书店里教人成功的书籍多如牛毛，但没有一本比得上《孙子兵法》。孙子的深邃哲学智慧，对西方人有启迪作用，西方人需要东方智慧。原来西方人喜欢看《战争论》者居多，现在喜欢看《孙子兵法》的居高不下，销量远远超过克劳塞维茨，这就是明证。

中国传统文化有着别样的魅力，尤其是孙子的哲学吸引着西方读者。马迪认为：孙子思想与道家思想和《易经》有异曲同工之妙，要结合起来研读更显其中奥妙。

马迪还认为:《孙子兵法》与《战争与和平》这部世界文学史上不朽名著所表达的思想也是一致的。人类要和平,首先家庭要和谐。孙子“全、善”思想对人际关系及社会家庭也很有用,芬兰人很感兴趣。总之,《孙子兵法》是经典中的经典,无法复制。

– 朴在熙 –

韩国企业将《孙子兵法》带入商学院的课堂，韩国许多企业家把孙子提出的“智信仁勇严”五德当成自己的道德信条。

“韩国人把孙子当‘偶像’，听兵法讲座入迷；韩国企业家把《孙子兵法》当‘圣经’，越读越痴迷。”韩国民族文化内容研究院院长、知名孙子研究学者朴在熙博士在他的办公室里与作者访谈时，妙语连珠，三句话不离兵法。

朴在熙曾于中国社科院留学，懂汉语，精兵法。在他的办公室书柜里，有《老子的文化解读》《庄子今注今译》《老庄新论》《周易讲解》《毛泽东向孙子问路》等中国诸子百家和传统文化书籍。

他连续44次在韩国教育电视台开讲《孙子兵法》，出版过《孙子兵法与21世纪》《以孙子兵法取得突破》《经营战争时代——与孙子相会》等5部专著。

朴在熙开始是研究道家的，后来发现道家与兵家有密切关系，就转向研究《孙子兵法》。近年来，他出的《孙子兵法》书籍有企业经营方面的，也有适合大众阅读的。他告诉作者，今后打算再出版一本针对青少年的《孙子兵法》读本，并把孙子思想贯穿政治、文化、教育、社会、生活等各个领域，包罗万象，让韩国人更深刻地理解《孙子兵法》。

朴在熙认为：从现代意义上讲，《孙子兵法》更具战略性、实战性。韩国企业从20世纪50年代开始，从经营谋略上研究孙子；到了七八十年代从经营战略研究孙子；如今，韩国正掀起“孙子经营学”的热潮。

朴在熙在韩国有一大批《孙子兵法》的粉丝，他与众多企业结成“孙子联盟”。谈起兵法与商战朴在熙如数家珍：韩国最有名的方便面公司、做巧克力出名的好丽友公司的老板都研究《孙子兵法》，经常请他讲课；三星集团经济研究所每周请他讲一次课；韩国浦项制铁的战略大学聘请他担任客座教授，专讲《孙子兵法》。

韩国曾经创造了举世瞩目的“汉江奇迹”，很大程度上是由于遵循了孙子“是故胜兵先胜而后求战，败兵先战而后求胜”的商战智慧，区域经济发展韬略就是“胜于先胜”，朴在熙评价说。

20世纪70年代，时任韩国总统朴正熙下达命令，重印韩文版《孙子兵法》。韩国企业掀起学中国兵法的热潮，把市场竞争当作军事战争，以夺取市场份额的主导地位论英雄。

到了20世纪90年代，韩国大力实施经济战略。遵循《孙子·地形篇》“料敌制胜”的谋略，制定了“选择和集中”的原则，选择方向，集中兵力，同时振兴造船、电子、机械、钢铁、汽车、石化、原子能等技术集约型核心产业，催生了现代、三星、LG等一批国际品牌企业。

朴在熙认为：韩国从贫困的恶性循环中走出来，仅用了不到20年的时间，就一跃而成为新兴工业化国家。于是人们开始把韩国看作“第二个日本”，又把韩国、新加坡与中国香港、中国台湾等地区合称“亚洲四小龙”。这与韩国企业把《孙子兵法》成功应用于企业经营管理分不开的。

朴在熙介绍说，韩国企业将《孙子兵法》带入商学院的课堂，韩国许多企业家把孙子提出的“智信仁勇严”五德当成自己的道德信条。韩国企业领袖工作之认真，堪称世界第一，他们经常请大学教授授课，从早上7点就开始聚会、工作，这在欧洲人眼里是不可思议的。

说到浦项，朴在熙引为自豪：在韩国创造的“汉江奇迹”中，浦项制铁是应用《孙子兵法》获得巨大成功的典型案例。浦项制铁在世界排名靠前，在中国投资也很大，目前销售额70多亿韩币。会长郑俊阳对《孙子兵法》到了痴迷的程度，先后读了几十遍。他说：“浦项要发展，必读《孙子兵法》。”

在郑俊阳的号召下，浦项制铁所有中高层管理人员都在研究《孙子兵法》。2010年，浦项制铁的各部门部长们也都学起了《孙子兵法》，他们请朴在熙授课，听完课每个部长都要写心得体会，后来汇编了《部长们学孙子着迷了》一书。现在，《孙子兵法》已成为浦项制铁每个员工的必修课。

朴在熙说，1973年7月3日，韩国重化工业的象征、年产103万吨的浦项钢厂，经3年建设得以竣工。浦项制铁从高层管理者到每个员工都学《孙子兵法》。浦项英文POSCO的五个字母也充满兵法元素：以“S”为中心对称平衡，象征着内部、外部的协调，呈同心圆状的字母组合，体现了应对外部环境的变化，通过不断地革新持续发展。如今，该企业成为21世纪全球领先钢铁制造商。

进入21世纪，韩国企业在商业竞争中的“造势”方法多种多样。三星电子集团采取国际化与区域化的市场营销策略，他们将国际市场划分为北美、拉美、欧洲、亚洲4个市场区域，建立了一个由12个销售网络、44个分公司、11个海外分支机构和20多个开发研究中心组成的国际销售网络。这样，该集团就形成了强大的销售之“势”，有力地促进了商品的生产和销售。

韩国企业从孙子学来“变中求胜”，懂得在现代企业管理中，机遇与挑战同在，风险与利润并存，唯有因事、因地、因时而变，合于利而动，不合于利而止，管理才能成功，竞争才能取胜。这在管理学中被称为“管理权变学派”的思想，源于《孙子兵法》中“因变制变”的思想。

韩国企业家“胜算”“妙算”棋高一着，他们明白，经济周期是常态，低谷总会到来，必须未雨绸缪，提前做好结构调整，否则会受到致命打击。他们既坚强又充满灵活和弹性，又善

访韩文《孙子兵法》译著者朴在熙

于抓住时机发展自己的个性，既坚定不移地推行市场经济，又与时俱进地不断修正经济政策，捕捉市场机会。

在上一轮金融危机后，韩国在困境中“独辟蹊径”，大力实施文化战略，在电视剧《百万朵玫瑰》里，多次出现韩国服装、饮食和知名企业的“韩国元素”镜头，利用文化战略，打造民族品牌，再次取得了巨大的成功。在经历了金融危机的洗礼之后，韩国企业开始冷静审视自身存在的问题，与政府同舟共济，推进产业结构和企业结构的调整，声称要再次打造“汉江奇迹”。

谈到韩国企业为何对孙子这么重视，朴在熙表示：原来韩国人比较注重战斗，但往往只取得短期的效果，赢得了战斗，却输掉了战争。后来他们发现《孙子兵法》是讲战略的，就开始从孙子那里学到更大的战略思想，宁可输掉小的战斗，也要赢得大的战争，而且要“不战而胜”。这种理念被韩国的企业家所接受，从《孙子兵法》里开阔了眼界，建立可持续发展的战略，所以企业家们都对其感兴趣。

访谈结束时，朴在熙赠送给作者他著作的《孙子兵法与21世纪》一书。在签名时他看了看作者的名片中有个“胜”字，就写下了“全胜”两字，并解释说，孙子思想是全胜思想，是高层次的全胜哲学。

- 廖梅林 -

它是一部精警思想、经营战略、人才管理的专书，很有裨益。

在泰国芭堤雅的一座私人别墅里，时年88岁高龄的泰国梅林基金会主席廖梅林与作者促膝长谈。

“泰国华人华侨很喜爱《孙子兵法》，我为此学了60年，用了60年，它是一部精警思想、经营战略、人才管理的专书，很有裨益。”廖梅林谦和的脸上写满睿智。

廖梅林，1926年出生，广东潮州客家人，泰国著名文化侨领，泰国客属总会永远名誉理事长，泰国大浦会馆荣誉理事长，泰国梅林基金会主席。他以商带工，多元发展，目前在泰国和中国已拥有物业、地产、工厂，设立了基金会，建成一所现代化的亚洲商学院。

这位泰国著名学者、文化侨领对作者说，他从1952年就开始读《宋本十一家注孙子》，受《孙子兵法》十三篇的影响，他30多岁就写成《商场经纬》十二篇，由中国台湾商务印书馆董事长王云五作序。

1982年，廖梅林开始着手白话注解《孙吴兵法》，花了大量时间对泰文版《孙子兵法》进行校正，先后出版2个版本，6次重版，印数万计，全部免费赠阅，被泰国大学图书馆收藏。

之后，又出版《商场进取》，此书与《商场经纬》堪称姐妹篇，是廖先生40年商场驰骋的经验总结，具有商战实用价值，深受泰国华人华侨尤其是华商的欢迎。

廖梅林仅有初中学历，却能用白话把博大精深的典籍撰写得准确透彻，通俗易懂。这源自他对中华文化的热爱和孜孜不倦的研究。千古流传、灿若明星的中华文化让廖梅林取之不尽、用之不竭。

廖梅林向作者展示了三件宝贝：一件是他的《孙吴兵法注解》手稿；另一件是他40年的经商年鉴，字里行间充满了兵法与商战的谋略；还有一件是他40年前用过的老式打字机。廖梅林告诉作者，他19岁从广东梅州大埔移居泰国，先在华校执教3年，自修泰文，后到曼谷五金行当店员，早晚打字，还读古文、背诵"四书""五经"，自己规定，不达目标，不吃不睡，如今年过古稀还在学电脑上网。

在廖梅林的家庭藏书室，作者看到仅国学丛书精装本就有一千多册，还有中华国粹等书籍林林总总，摆满了一屋，地上则堆满了他撰写的准备赠送人的白话注解《孙吴兵法》。在他的书橱里，"文化侨领""爱护侨教"等铜牌、证书、奖章特别耀眼。

廖梅林自豪地对作者说："老祖宗留下的文化遗产非常宝贵，几十年来，我努力把中华国粹在海外大力弘扬，以现代汉语、英语、泰文编写出版了大量中国的经典著作，包括《论语精选》《老子今解》《孟子摘选》《大学纲领》《中庸摘选》《朱子摘选》《程子摘选》《中国儒家文化精华合订本》《孙子兵法》等，六次重版，印数万计，全部免费赠阅，被泰国大学图书馆收藏。"

时隔40余年，廖梅林所著充满孙子哲理的《商场经纬》十二篇在《泰国风》杂志做了连载：

立身第一。孙子主张"修道保法"，从而"胜于易胜"。廖梅林把立身作为开篇，他提出"为商之道，首重立身"。立身者，凡所举动，可作楷模，犹若形影，犹若雷声。不知开源者，不可以登高；不知节流者，不可以安久。得人者必昌，获智者必胜。

↖ 技术第二。孙子将技能分为“风、林、火、山”四系。廖梅林认为：大匠为艺，思巧技精，故能巧夺天工。商务之事，转接交替，川流繁复，故其技术，必快必精。为商技术，口笔算手，统须精炼，四者具备，乃为成才。能用人才，斯为大才，事业愈大，人才愈多。

↖ 经验第三。孙子说：“兵者，国之大事，死生之地，存亡之道，不可不察也。”在廖梅林看来，商场如战场，为商经验，乃成败之关键，不可不察也！顺时适事，避争就利，时适则进，时乖则守，货转如轮，财流若海。

↖ 建业第四。孙子注重“道天将地法”，廖梅林重视建业之三大要素：人才、资金、地理，三者全美，业必昌隆，全而未美，业可稳定，缺而未全，颠簸难稳。人才上乘，枝叶繁茂；资金绰余，稳者不羁；循环就利，适者生存。他提醒建业之初者必自问：立身正乎、技术练乎、经验得乎、人才聚乎，四者得矣，业乃可成。

↖ 经营第五。孙子倡导“稳胜思维”，廖梅林的经营之道是：顺境为要，最忌急躁；量资而为，颜以养信；购入必精，兑出必警；先求其稳，再求其定；既稳且定，乃可前进；待机而动，稳操胜券。

↖ 进守第六。孙子提出“攻守兼备”战略，廖梅林推崇“进守有道，攻防有序”。进者扩展，由少变多，由弱变强；守者顺变，以守为攻，等待机遇。进守有三忌：时局不定不可进，币值不稳不可进，环境不安不可进。不可进者，必先察利害，若害多利少，不若苦守。得之则进，不得则守。进守有据，正立不偏。择优而为，见机行事。

↖ 竞争第七。廖梅林把《孙子兵法》的谋略应用于商业竞争：冷战热战，短守长攻，参谋筹划，出奇制胜，非有谋划，安能稳进。避其锋锐，取其疏忽，催其重点，争其优势，销其锐气，易其比重。利之以时，争之于智，先为不可胜，以待人之可胜。

↖ 开扩第八。廖梅林的开扩篇充满了孙子的智慧：为商之为开扩也，可由一部而充十部，可由一地而扩十地。其始谋也，必先知己、明镜。知己者，知自己之资力、能力、冲力；明镜者，明该地、该货、该人。审我资力，亮观环境，多作假设，审而较之，步步

访泰文《孙子兵法》注释者廖梅林

为营，颠簸不乱。

人事第九。廖梅林把孙子的用人之道应用得炉火纯青：得其人，尽其才，致其用，此业务之所以兴也！用人之道，首须甘苦与共，工作等分，赏罚分明。职员有疾苦，即宜助之，其有隐衷，即令言之，反躬自省，扶正去邪，能如此者，必得其心。

养锐第十。养精蓄锐，乃兵家常胜之道，也为商家所用。廖梅林总结：夫为事业者，必三气并用，即和气、威气和锐气。养和气以行事，养威气以治事，养锐气以成事。锐气者快速精到，蓄势待发，摧枯拉朽，穿甲移山，静如山岳，动似万马，蓄于内心之浩气也！

处事第十一。《孙子兵法》讲究处事技巧，廖梅林对此也有独到见解：商场事务，繁复杂沓，当将各务，分纲另类，繁则简矣，多者少矣。事无巨细，当理出轻重缓急，千头万绪，必先镇定，切忌惶惑，定其神而发其智。

养生第十二。兵家与商家都须休养生息，韬光养晦，以利再战。廖梅林的养生之道：夫为商者，长远之奋斗也，聚精会神，故其养生，必有调节。

位于芭堤雅的三仙宫是廖梅林传播中华文化的杰作，除了有传播儒家学说的“孔子杏坛”“二十四孝图彩色壁雕”“中山园”外，还充满了兵家智慧，文武之道，交相辉映。如金身彩色关公坐像、关公祠、曹操手绘竹诗、仿制关公青龙偃月刀和赤兔马等，还有《三国演义》彩图63幅，讲述了“草船借箭”“赤壁之战”“失街亭”“空城计”等三国故事。每天参观者达3000人次，数年来免费接待来自世界各国游客300多万人次。

– 邱庆河 –

《孙子兵法》不仅是“军事宝书”，而且是“商战宝剑”“人生宝典”“智慧宝库”，是全人类的“宝贵财富”，应该让全球共享“宝贝孙子”。

在吉隆坡的一次媒体见面会上，作者见到马来西亚著名作家邱庆河。他长着一张标准的东方脸，脸上也充满了东方人的智慧。他告诉作者：作为华人，不懂汉语就踏不进华人社会，不懂《孙子兵法》就不能算一个有智慧的华人。

30 多年来，邱庆河著有多部马来西亚文、英文、中文译本，其中包括中国台湾版《孙子管理兵法》著作共 37 部，平均不到一年就出版一部，是目前世界上翻译《孙子兵法》数量及版本最多的华人，在兵学界可称得上凤毛麟角。

“我从小出生在马来西亚，原来不懂汉语，是我的台湾太太教我学《孙子兵法》后，我开始学汉语，并翻译出版《孙子兵法》。”

邱庆河曾在“糖王”郭鹤年的机构担任市场行销经理，TheMall 商场的总经理，以及新加坡肯德基的业务总监；于 1994 年成立了一家企业顾问公司，是一位世界级的激励讲师。

邱庆河认为：马来人生意做不大，不如华人和新加坡人做的成功，很重要的一个原因是马来人对《孙子兵法》的看法只是表面，并没有学习到里面的精髓所在，表面了解实践不深，许多大马企业家都有阅读《孙子兵法》，也把其中部分应用在商贸中，但都只是阅读而没有完全了解或实践应用在生意上。而大马华人和新加坡华商比马来人更热衷于把《孙子兵法》应用在商战中，将孙子的哲学融入企业管理中。

因此，邱庆河很重视马来西亚文《孙子兵法》的翻译出版和发行。为了翻译《孙子兵法》，邱庆河刻苦学习汉语，下了很大的功夫。他认为只有把汉语学好了，才能更准确地翻译，把这部兵学宝库原汁原味地介绍给马来人，让马来人看得懂、理解得深、用得上。

邱庆河编著的英文版《孙子兵法与管理学》，1992 年由马来西亚百灵鹿出版社出版。该书简介中写道:《孙子兵法》是一本 2500 年前的军事战略经典，它曾经影响一些历史上伟大的战争决胜。千百年来，亚洲的将军都曾经应用过孙子兵法的战略。现代许多杰出领袖，如毛泽东、艾森豪威尔，曾经应用《孙子兵法》的理念，去塑造世界的形势。虽然《孙子兵法》最初是一本军事著作，但是它的重要性，不单只是局限于军事而已。书中的内涵，囊括了军事、政治、外交、哲学及管理领域。

邱庆河所著《马来西亚生存在危机时刻》，1998 年出版，探讨如何在危机中应用《孙子兵法》原则求存。在 1997 年末季度，亚洲经济受到国际金融市场的严重打击，股市大跌。股价在 1998 年初均跌破五成以下。许多国家的人民不知所措，陷入绝望的困境，不知如何维持他们的工作及保护投资。此书让读者学习如何应用《孙子兵法》原理，发展出策略性思维，脱颖而出。不论是时机好坏，《孙子兵法》都能加以应用，成为赢家。成功制胜者，要知彼知己，而至关重要的就是客户、供应商和员工。

邱庆河的英文版《孙子兵法与企业应用案例分析》，2002 年由马来西亚百灵鹿出版社出版。英文版和中文版《以孙子兵法驰骋商场》发行 80 万册，销售一空，自己保留的也全部送了人。

2006 年，邱庆河与槟州总警长

访马来西亚文《孙子兵法》译著者邱庆河(左二)

拿督尹树基副总监合著的《孙子兵法防范罪案》，加入《孙子兵法》战略，演变成大马皇家警察部队在防范罪案的策略，成为大马皇家警察部队在打击罪案策略上的指南，在 MPH 书店大马各大分行出售。

《孙子的手册——掌控战争的艺术》一书 2018 年出版，被列入马来西亚书店十大畅销书榜首。邱庆河认为：《孙子兵法》是在 2500 年前由军事奇才孙武所撰写，书中的内涵精华，并不那么容易融会贯通。要在现代商界中，灵活应用孙子的策略，必须具备商业及管理知识，同时也要有丰富的想象力。邱庆河从个人及企业的专业经验中，亲身见证了《孙子兵法》的战略应用。此书逐条解释《孙子兵法》十三篇原文内容，深入浅出地诠释孙子的策略，让读者更容易理解及应用。不论是公司首席执行官，高级主管，或初学者，都能从《孙子兵法》的策略宝典中受惠。

说到与《孙子兵法》的结缘，邱庆河说要归功于他已过世的太太，他很怀念她，是她经常给邱庆河讲孙子的故事，讲兵法十三篇的精髓，并选择《孙子兵法》主要篇章和警句翻译成英文给他阅读。孙子的哲理深深吸引了邱庆河，引起了他对中国兵法浓厚的兴趣，促成了他要把中国人的大智慧介绍给马来人和全世界人的决心。

邱庆河对作者说了一连串的“宝”：《孙子兵法》不仅是“军事宝书”，而且是“商战宝剑”“人生宝典”“智慧宝库”，是全人类的“宝贵财富”，应该让全球共享“宝贝孙子”。

邱庆河在翻译出版孙子著作的同时，也潜心研究《孙子兵法》，不仅是兵书作家，也成了兵法专家。他善于从企业管理和现代生活管理的角度，解读《孙子兵法》。他特别注重《孙子兵法》的应用，尤其是把孙子理论变成一个实际而容易接受的实例，化繁为简，用在分析经商实践和人生经历上，独树一帜。

30 多年来，邱庆河致力从孙子战略中寻找适合用于今日商业的方法，常年在马来西亚发表演讲，人气颇旺。

– 黄昭虎 –

这辈子只做一件事，而这件能让他长期研究可延伸到商业领域并让全世界应用的事业，非孙子莫属。

作者见到黄昭虎是在南洋理工大学的教学楼里，他正在给来自北欧的研究生讲“孙子兵法与商业管理”。等到授课结束后，只给记者共进午餐的半个多小时时间采访，因为午餐后他要继续授课。

黄昭虎，博士，祖籍海南。1951年出生在新加坡，是第二代华人，当过兵，做过老师，曾任新加坡国立大学企业管理学院院长，主讲战略管理及行为学，现任新加坡南洋理工大学教授，主讲EMBA。

“从古到今，从西到东，从军到商，从学到用”，这是研究和传播《孙子兵法》的16字方针，也是黄昭虎博士对自己30多年兵法生涯的绝妙概括。

黄昭虎是新加坡小有名气的人物，只要提到他的名字，从新加坡总理到普通市民几乎都知道，“他是搞《孙子兵法》研究的”。所以要见到黄昭虎也很难，因为他实在太忙，时间已不属于他自己的了。

黄昭虎告诉作者，这一周要完成42小时《孙子兵法》课程，全年像这样的课程排得很满，研究生大都来自西方国家，这已成为南洋理工大学经典品牌课程。

除了大学安排的课程，新加坡各界和国外邀请他讲课的请求也很多，经常排不过来。从1984起他到世界各地讲课，主要为全世界的总裁们讲《孙子兵法》，讲孙子的智慧如何应用于策略管理和商业运作，受到世界许多机构的热烈反响。西方人要投资中国，投资亚洲，很想了解东方人的头脑和智慧，他就当起东西方文化交流传播的桥梁。

作者了解到，黄昭虎在西方人眼里这么“红”，缘于他翻译了许多让西方人喜欢看的中国兵书。黄教授出版的《孙子兵法》书籍几乎都登上新加坡畅销书排行榜，也被译成汉语、韩语、葡萄牙语和印尼语。

1991年，艾迪生伟斯利出版公司的《孙子兵法：战争与管理》，成为该出版社历年最畅销的书之一；

1996年，艾迪生伟斯利出版公司出版《亚洲行销面面观》；

1998年，艾迪生伟斯利郎文出版公司出版《中国古代智慧与现代商场》；

2001年，普林迪斯豪尔出版社的《古代智慧与现代管理》，成为2001年新加坡十大最畅销之书；

2003年，普林迪斯豪尔出版社出版《孙子兵法：翻译，讲解与分析》；

2005年，普林迪斯豪尔出版社出版《孙子兵法应用面面观》；

2017年，帕生东南亚出版社出版《孙子兵法在商务和营销的策略应用》。

其中《孙子兵法：翻译，讲解与分析》，他花了7年心血，从中国的文言文翻译成英文，英文中有中文，每一句都加以注释，用东方人的眼光诠释东方兵法，这在同类书中是少见的，备受到西方人的关注。

于是，黄昭虎声名远扬，曾为30多个地区和经济体的220家主要机构，包括财富500强如中国银行、中国宝钢、芬兰诺基亚、德国西门子、荷兰皇家荷兰电讯公司、香港香格里拉、印尼三林集团、马来西亚毕马威、台积电，以及美国的希尔顿、摩托罗拉、戴尔等公司进行管理培训与咨询。

1997年12月，黄昭虎应邀给戴

新加坡《孙子兵法》译著者黄昭虎

尔电脑集团的高层主管讲课。戴尔是世界上成长最快的电脑巨人之一，黄昭虎用孙子"未战先胜"的思想说明集团的业务策略，创办人兼总裁麦克戴尔茅塞顿开，开创了不同的电脑销售途径——通过网际网络，不但排除了中介人，还可"量身定做"产品，在网际网络上直接指明他所需要的规格，戴尔在几天内便能把电脑装配好，然后送到办公室来。

黄昭虎早年接受英文教育，却对中国历史文化情有独钟。他说，中国出了孔子、老子和孙子，他们的学说延续了几千年，一直传播到现在，非常了不起，值得好好研究。一个拥有5000年连绵不断历史文化的民族和国家，一定有它长盛不衰的理由，有它厚重的文化精华和光辉的文明智慧。这是现代人取之不尽、用之不竭的活的源泉。

黄昭虎表示：他是1978年中国改革开放后开始研读《孙子兵法》的，研读中发现是大哲学、大智慧。他给自己定位，这辈子只做一件事，而这件能让他长期研究可延伸到商业领域并让全世界应用的事业，非孙子莫属。随着越来越多亚洲经济体对世界开放，孙子也越来越热。他给美国大企业讲"知彼知己，知天知地"，讲中国市场与美国市场的对比，美国大企业居然受其影响，加大对亚洲及中国市场的重视。

– 黄基明 –

《孙子兵法》在东南亚乃至全球的政治、军事、经济和文化领域地位显赫，作为该所高级研究员，要想研究东南亚政治，不能不研究中国的《孙子兵法》。

作者在新加坡国立大学东南亚研究所访问黄基明博士，他在研究政治和哲学中参透了中国兵法，先后把包括《孙子兵法》《吴子兵法》《尉缭子》在内的三部中国兵书翻译成瑞典文和英文。

在瑞典首都斯德哥尔摩和瑞典著名港口城市哥德堡的书店，作者发现，瑞典文《孙子兵法》销量常年居高不下，多年来在外国典籍发行量中排名靠前。而这部瑞典文《孙子兵法》的翻译均出自精通英语、瑞典语、汉语、马来语和熟悉闽南语、粤语的黄基明之手。

黄基明出生于马来西亚槟城，他曾就读拉沙里小学、圣芳济学院及美以美学校。后赴瑞典学习西方哲学，在斯德哥尔摩大学获取汉学博士学位，并留校担任讲师。

他觉得"西方哲学"有其不足，必须吸收更多与中国文化和思想。于是，这名已掌握瑞典文的研究生开始自修中文，不但学习中国书法、中国画，还研读《孙子兵法》，练起太极拳来，甚至成为瑞典数一数二的太极拳高手。

拳法和兵法，同根同源，本属一家。以往的习武者，文学兵法，武练拳术。在黄基明看来，太极拳的虚实、奇正、攻防、分合，以及刚柔、虚实、进退、开合，不仅是兵法谋略的应用，而且从某种程度上是政治意念的延伸，所以兵法和太极一直得到政治家的青睐。

1989 年，黄基明获得瑞典奖学金，有机会到北京浸润两年，这对他参透兵法帮助巨大。

2002 年，这位马来西亚政治专家曾返回马来西亚做研究，努力专研马来西亚政治与发展。马来西亚前首相马哈迪一生最重视两本书，其中一本就是《孙子兵法》。他曾说，《孙子兵法》对他很有影响。

2004 年，黄基明加入新加坡著名智库东南亚研究所任副所长、高级研究员，一头扎入研究政治及出版工作。在这期间，他出版了新加坡已故副总理吴庆瑞博士的传记。

黄基明在传记中记录，吴博士曾担任过内阁资政李光耀大学时期的经济课导师，他倡导从《孙子兵法》和《三国演义》中学习战略管理。早年吴庆瑞博士曾对李光耀说，不读《孙子兵法》不可当新加坡总理。吴博士喜欢送书的习惯多年不改，他曾为武装部队第一批奖学金得主，包含后来出任新加坡总理的李显龙等人每人赠送一本《孙子兵法》。

黄基明还在传记中记录了吴庆瑞应用《孙子兵法》的案例，为他和新加坡赢回了曾经同他在政见上势不两立的朋友。如比他较早离世的莱佛士书院老同学余柱业，也是马来西亚共产党的最高领导，新加坡政府同意在吴博士个人担保下，让他于 1991 再度回归已经现代化的老家新加坡作出余生的贡献。他在吴博士当时主持的“东亚研究所”从事学术研究工作一直到 1995 年 10 月病逝为止。据说，他在 1989 年就开始为新加坡和中国的建交工作提出不少非正式建议和意见，等同免费为新加坡外交部请来了一位真正的“中国通”。另一位叱咤风云的马共全权代表，也是在吴庆瑞的安排下回狮城定居。此点说明了熟读《孙子兵法》的他，深悉时候到了，“网开一面”是“冤家宜解不宜结”的最佳战略之一。

访瑞典文《孙子兵法》译者黄基明

黄基明认为：不同政治文化之间的碰撞越来越多，他觉得中国的传统文化是最优秀的政治文化，在东西方政治文化的碰撞中得到融合。如《孙子兵法》，不仅全世界军事家，而且政治家、哲学家和思想家的喜欢。

从马来西亚到瑞典，又从瑞典到新加坡，经历30多年的东西方政治和文化的比较研究，作为政治分析家的黄基明感悟到，无论是欧洲政要还是新加坡和马来西亚政要，乃至世界各国政治家都钟情于中国传统兵家文化，说明以《孙子兵法》为代表的中国兵法，早已引起了全球政治家的高度关注，不仅成为军事宝典，而且成为治国方略。

黄基明表示：新加坡东南亚研究所是世界上著名的东南亚研究中心，《孙子兵法》在东南亚乃至全球的政治、军事、经济和文化领域地位显赫，作为该所高级研究员，要想研究东南亚政治，不能不研究中国的《孙子兵法》。

– 刘汉忠 –

《孙子兵法》是我们老祖宗留下的宝贵文化财富，在翻译上我们华人有自己的优势。

作者在缅甸仰光的一家餐厅里，见到身穿缅甸服装的刘汉忠。他缅甸名字叫山莱，出生于缅甸。他在仰光华侨中学毕业后，曾在侨校担任中文教师，后就读福建厦门大学。

1976 年后，刘汉忠曾在中国驻缅甸大使馆文化处担任翻译近 10 个年头，参与过《今日中国》、乔冠华在联合国大会讲话等缅文翻译。

刘汉忠告诉作者，缅甸版《孙子兵法》在 1965 年就曾出版，但是是从英文版转译成缅甸文的，有诸多错漏地方，表述不够准确，也不太适合缅甸人阅读。于是，他想到从中文版翻译成缅甸文，让缅甸人看得明白。为此，他参阅了 240 本文言版、白话版、翻译版《孙子兵法》，花了 3 年时间，终于如愿以偿。

作者问他从何时开始关注和研究《孙子兵法》的，刘汉忠回答说，中国改革开放后，他先是从缅甸的报刊上了解《孙子兵法》，后来又看到连环画《孙子兵法》，产生了浓厚兴趣。他研究发现，日本和韩国等发达国家应用中国兵法取得巨大成功，他希望缅甸也借鉴中国的兵家智慧，以利

访缅甸文《孙子兵法》译者刘汉忠

发展。

刘汉忠于2007翻译出版的《孙子兵法》缅文版，由缅甸著名研究孙子战略思想的学者南达登山作序。南达登山曾撰写孙武生平事迹介绍给缅甸读者，出版过《孙子与商战》一书，后来又将英文版孙子战略思想应用于当今世界经济领域的连载文章译成缅文，发表在《财富》杂志上，结集成册，并以《经济与战略》为书名出版单行本。

南达登山说，他自己不懂中文，只能从英文版中翻译，没有中文对照，使他对孙子的战略思想很难准确把握。当他看到直接从中文版译成的《孙子兵法》，在高兴之余，向译者表示祝贺。

刘汉忠的缅甸版《孙子兵法》出版后，赠送给缅甸国民大会1500本，每位议员人手一册，引起缅甸许多高层官员的关注，并给予很高的评价。缅甸联邦文化部长钦昂敏少将称《孙子兵法》在缅甸影响深远。

刘汉忠表示：中缅两国是山水相连的友好邻邦，两国文化交流源远流长。20世纪80年代以来，中缅高层文化代表团互访频繁，文化艺术交流门类日益多样化，涉及考古文物保护、民族民间文化研究以及图书出版事业等各个方面。他将与缅甸学者和兵法研究者一起，继续修订，精益求精，从而推进《孙子兵法》在缅甸的传播和应用。

刘汉忠说："《孙子兵法》是我们老祖宗留下的宝贵文化财富，在翻译上我们华人有自己的优势。"

- 其米德策耶 -

以孙子为代表的中国兵家文化，已成为世界智慧，跨越几千年时空，越过千山万水，再次征服海外。

作者在蒙古国孔子学院与蒙方院长、蒙古中国友好协会秘书长其米德策耶进行交流。他将中文典籍《论语》《大学》《孙子兵法》等翻译成蒙语，荣获“中国大使奖”。

其米德策耶，蒙古知名汉语学家、语言文学博士。1979 年毕业于蒙古国立大学语言文学系汉语专业，在蒙古广播电台、蒙古通讯社做过记者、编辑，担任过蒙古消息报社长、总编辑。

1986 年，他作为中、蒙两国恢复派遣留学生制度后的首批蒙古学生，到北京语言学院（今北京语言大学）学习；回国后任蒙古国立大学教授、蒙古汉语俱乐部主任，热衷于传播中国传统文化。

2005 年 6 月 14 日，蒙古国首次正式发行蒙语译文版《孙子兵法》。此译本由乌兰巴托 ADMON 公司出版，书中除蒙文翻译《孙子兵法》十三篇外，另有三篇评述《孙子》的文章，插图极具“马背民族”特色，彰显蒙古骑兵战法。

其米德策耶是位地地道道的中国通，他用流利的汉语向作者介绍说，1987年他从北京语言大学毕业后，发现《孙子兵法》对世界的影响越来越大，于是便开始研究孙子思想，翻译孙子的典籍，目的就是向蒙古国人民介绍中国古典文化的精华。

孔子和孙子是同时代的圣人，一位是文圣人，一位是武圣人。其米德策耶说，中国文武两圣人被全球普遍接受，其儒家思想和兵学智慧被广泛应用，表明中国“软实力”的影响随之扩大，对研究和普及对汉学研究的影响甚广。所以他在翻译《论语》《大学》的同时，把《孙子兵法》也翻译成蒙文，让蒙古人民全面了解中华文化的“文武”两大精髓，相辅相成，相得益彰。

“要让蒙古人能读懂，首先自己要读懂。”其米德策耶说。翻译《孙子兵法》的过程并不是一帆风顺，他对深奥的古汉语也曾一筹莫展。为了理解原文，他查阅了大量的资料，参考了中国兵法研究领军人物郭化若将军的《孙子译注》，以及上海古籍出版社、山西古籍出版社、吉林文史出版社、中国华侨出版社等12家中国出版社的中文和英汉对照《孙子兵法》，许多中国学者出版的《孙子兵法》注释给了他莫大帮助。他为此研究了5年，翻译了2年，终于完成了这部译作。

其米德策耶告诉作者，蒙语版《孙子兵法》成为当今蒙古国畅销书之一，被蒙古国图书馆、蒙古国防大学收藏，成为蒙古人文大学的必修作品。该书出版后销量可观，蒙古国人对这本书比较欢迎，达到《论语》销量的一半，目前已第三次再版。

有许多蒙古读者与他交流，很多蒙古人说中国的传统文化是巨大的财富，他们渴望从中汲取营养，可见蒙古国人开始对孙子这位哲人有了更深的了解，对中国文化有了更深的看法。

蒙古国和平友好组织联合会主席查希勒冈在主持蒙语译文版《孙子兵法》发行仪式致辞中说，其米德策耶多年来为蒙中友好合作与文化交流作出了重要贡献，在研究中国名著方面取得了学术成就。《孙子兵法》是中华民族瑰丽的文化珍宝，这朵奇葩现在盛开在蒙古国土地上，相信将对蒙古国人民了解中国历史和文化

访蒙古文《孙子兵法》译者其米德策耶

起到积极作用。

其米德策耶认为,《孙子兵法》是世界哲学思想的瑰宝,蒙古国人不仅应该了解它,而且应该应用它。孙子军事理论在今天的商业竞争中仍能发挥很大作用。蒙古经济研究院的学者以其米德策耶的翻译本为基础,出版了一本《商务孙子》,成为蒙古人经商的经典书籍。

其米德策耶评价说,以孙子为代表的中国兵家文化,已成为世界智慧,跨越几千年时空,越过千山万水,再次征服海外;而海外《孙子兵法》研究传播和普及对汉学研究产生重大影响。

其米德策耶介绍说,《孙子兵法》译成蒙文并出版,为在蒙古国开展中国古代哲学、兵学研究提供了宝贵的资料,在蒙古国汉学界引起较大反响,促进了蒙古国汉学研究的发展。如今,蒙古国立大学中文系上的中国文化课,其中《孙子兵法》是必修课。其米德策耶每周除了为孔子学院的学生上课外,还经常通过各种讲座传播孙子思想。

其米德策耶认为:传播和普及《孙子兵法》等中国经典文化,对于加深拓宽蒙中两国的文化交流,增进彼此了解、消除隔阂是最根本、最有效的办法,对汉语推广也有很大的促进作用。蒙古社会各界都对中国文化保持着浓厚的兴趣,通过文化的交流更有利于两国的友好交往,而中国传统文化对蒙古的发展及教育益处良多。

其米德策耶说,在蒙古,中国传统文化的研究是个很重要的课题,但资料缺乏,学者也少,必须要继续推动这方面的工作。由于他特别喜爱汉语言的研究,希望向蒙古人民介绍包括《孙子兵法》在内的中国传统文化。

中国5000年博大精深的文化有着巨大的魅力。其米德策耶说,《孙子兵法》等中国国学在世界文化中也占有重要位置,产生深远影响。值得充分肯定的是,海外《孙子兵法》广泛传播、研究和应用,必将继续产生影响。

– 郝唯民 –

在制订翻译计划时，他首先选择了《孙子兵法》。

作者曾在上海与苏州两次与郝唯民博士会面。在上海会面时还见到与他一起翻译僧伽罗文的《孙子兵法》的斯里兰卡出版社负责人塞纳拉特那·维罗辛诃；在苏州是应邀出席孙武文化与“一带一路”国际学术交流会，郝唯民作了精彩演讲。

1991 年，郝唯民从北京外国语大学来到斯里兰卡凯拉尼亚大学攻读博士，两年后应聘在斯里兰卡国立和私立的几所大学讲授中国佛教、中国哲学和中国古典文献等学位课程，至今已近 30 个春秋。2014 年 9 月，中国国家主席习近平访问斯里兰卡，郝唯民担任了两国元首的翻译。

郝唯民是在讲授先秦诸子哲学的人物和思想，以及在研究中斯关系史料过程中，萌发了用斯里兰卡的国语僧伽罗语翻译中国古典哲学名著和中国古典文献的念头。

为此，在制订翻译计划时，他首先选择了《孙子兵法》。这是因为当时斯里兰卡国内北部和东部地区正处在战争状态，首都科伦坡也常发生突然的爆炸事件。那时斯里兰卡国家军事学院就有人倡导要研习中国

访僧伽罗文《孙子兵法》译者郝唯民（中）和塞纳拉特那·维罗辛诃（左）

的《孙子兵法》。

另一个原因是：斯里兰卡是南亚国家中与中国长期保持友好关系的国家之一。历史上“海上丝绸之路”把两个相距遥远的国家连接在了一起。东晋高僧法显的名字成为两国古代友好关系的代名词，在斯里兰卡家喻户晓，明朝大航海家郑和的事迹也为斯里兰卡人称颂。

还有一个原因是：宗教与战争相伴而生，结缘良久。几千年来，斯里兰卡一直被外族统治，战争让国家和人民多灾多难。前些年，斯里兰卡极端佛教组织抛弃非暴力原则，发动过残忍的战争，导致了斯里兰卡民族大屠杀。斯里兰卡的佛教信徒需要了解《孙子兵法》来审视其自身。

由于斯里兰卡没有僧伽罗文的《孙子兵法》版本，当地友人建议郝唯民把这一世界首部军事哲学著作从中文原文译成僧伽罗文，他欣然接受了这一建议。

当时一家出版社很快就跟他签了出版协议，该社负责人塞纳拉特那·维罗辛诃也是一位作家，也参与了这部著作的翻译工作。

《孙子兵法》僧伽罗文译本问世后，引起社会各界的广泛重视。郝唯民听一些同事后来讲，当时政府军一些将士上战场时带着《孙子兵法》的小开本警句语录，以此作为座右铭和护身符。国内战争结束后，国防大学已将这本《孙子兵法》僧伽罗文译本作为军校必修教科书。此外，一些国立大学和私立大学的管理学院也邀请他做过《孙子兵法》的经营之道方面的讲座。

– 胡塞尼 –

2500 多年前在苏州诞生的《孙子兵法》，是一部包含战略睿智的不朽名著，自古以来一直是兵家必读之经典。

作者在北京、山东、苏州和伊朗首都德黑兰多次与胡塞尼交流《孙子兵法》。

胡塞尼在华留学多年，曾在伊朗驻中国大使馆工作从事翻译事务。2016 年 1 月，中国国家主席习近平访问伊朗，担任两国元首翻译的正是胡塞尼。他用一口流利的汉语与作者交谈，他热心中国文化，熟读经典书籍《红楼梦》《三国演义》《西游记》等，特别对《孙子兵法》精研细读，百学不厌。

2008 年，胡塞尼翻译的首部波斯文《孙子兵法》在首都德黑兰面世，出版后受到伊斯兰国家的欢迎，初版 5000 册很快销售一空，修订版业已上市。近年又有两种波斯文新译本在伊朗相继出版，由胡塞尼改写的波斯文版本也由宁夏的出版社于 2010 年出版。

胡塞尼说，2500 多年前在苏州诞生的《孙子兵法》，是一部包含战略睿智的不朽名著，自古以来一直是兵家必读之经典。近现代以来，《孙子兵法》除了应用于现代军事领域外，还被广泛应用到经济、科技和体育竞技等各个领域。可以说，中国的古代经典对现实世界影响最大的是《孙子兵法》。

胡塞尼在国外观察和了解到，许多国家都在学习应用《孙子兵法》，美国前总统老布什的桌子上经常放着两本书，一本《恺撒传》，一本《孙子兵法》，美国网上零售巨头亚马逊评选的2001年度全美最畅销的人文书即是《孙子兵法》。日本的企业家应用孙子兵法管理企业，使公司兴旺发达，新加坡、马来西亚等东南亚国家的商人们也成功地应用《孙子兵法》经商。

老布什用《孙子兵法》打赢了海湾战争，更引起他对《孙子兵法》的兴趣。“我们国家也很需要孙子思想，而伊朗的国民对《孙子兵法》却很陌生，不懂它的道理。”胡塞尼说。

胡塞尼为此很着急，想把《孙子兵法》推广到伊朗去。为了更好地向伊朗人民介绍中国文化，普及《孙子兵法》，胡塞尼决定翻译首部波斯文《孙子兵法》。

从2006年起，胡塞尼用了3年时间，在新加坡、马来西亚和中国香港等地跑了许多书店，收集了6个汉语版本、8个英文版本、1个德文版本和1个法文版本，以及阿拉伯文版本等各种语言的《孙子》书籍作为参考，他把孙子的每一句话在各个版本中反复比较，力求翻译准确。

胡塞尼在比较中发现，有的翻译版本与《孙子兵法》的原意出入较大，有的版本不易理解，为了让伊朗人民看得懂，他在翻译时加了许多解释，放在括号内。伊朗伊斯兰出版社很感兴趣，很快就出版了首部波斯文《孙子兵法》，并推荐到伊朗国家图书馆、大学和军事院校。

有学者称，在伊斯兰国家用极短的时间出版一部外国兵书，这在世界翻译史上也是罕见的。“每读一次《孙子兵法》都有新的收获、有新的启发。这部兵书博大精深，价值很大，谁也不能说自己读过几遍就掌握孙子精髓不要再学了。”肤色棕褐、留着髭须，操着一口流利中文的伊朗学者胡塞尼，谈起孙子来不亚于东亚学者。

胡塞尼认为：从世界范围来看，不少现代的成功者都以中国古代经典作为案头常备的书籍。中华文化

访波斯文《孙子兵法》译者胡塞尼

遗产众多，如果说《论语》与《孟子》堪称东方伦理的源流，那么《孙子兵法》无疑是东西方智者汲取智慧的宝库。孙子思想所蕴含的文化理念能融合东西方共同的思想，是全世界的智慧。

他还认为：《孙子兵法》在东南亚传播广泛，是由于东南亚受东方文化影响较深，从殷代甲骨文演变而来的汉字，是东亚国家和中国少数民族创造文字的模式，形成“汉字文化圈”。而西亚文化以伊斯兰教为基础，属于西方文化圈，受西方文化影响颇深。

包括《孙子兵法》、太极在内的中国文化元素，越来越受伊朗人的重视。《道德经》《庄子》等中国古典书籍在伊朗已有英文版，但还没有波斯文版。胡塞尼决定要率先把《孙子兵法》翻译成波斯文，介绍给伊朗人民。

《孙子兵法》是现代成功者不可多得的智慧之书，胡塞尼相信，从孙子那里可以找到许多商贸、管理、竞争的智慧，它是完整的举世无双的世界智慧宝典，这些智慧属于全人类，也属于伊朗人民。他希望伊朗不仅要在军事上应用孙子谋略，更重要的是在商战上应用。

为推动《孙子》在西亚的影响，胡塞尼多次到孙子及《孙子兵法》诞生地山东和苏州考察，参加了7次孙子兵法国际研讨会，以便向伊朗人民传播孙子文化。

胡塞尼在伊朗伊斯兰自由大学开设《孙子兵法》课程和培训班已有2年时间，用他翻译出版的首部波斯文《孙子》作为教材，讲了4个学期，他还给伊朗企业界和学术界做了几十场讲座，伊朗大学生和企业管理者被神奇的东方智慧深深吸引。

胡塞尼表示：他创建了一个名为“伊朗兵法”的网站，还计划在伊朗成立孙子兵法研究会，进一步推动《孙子兵法》在西亚的传播。

– 希夏姆·马里基 –

《汉语与阿拉伯语》博士论文与研究孙子居然对接起来，使他有机会把汉语用在了阿拉伯语《孙子兵法》的翻译上，真是"有心栽花花不开，无意插柳柳成荫"

作者在埃及首都开罗市郊的一家酒店见到希夏姆·马里基，他是埃及开罗大学中文系前主任，长相具有阿拉伯人兼尼格罗人种特征，说着一口流利的汉语。

希夏姆介绍说："我的这本阿拉伯语《孙子兵法》，是埃及文化最高委员会和埃及国家翻译中心从中国购买版权翻译出版的，埃及文化出版部门对这部世界著名的兵学圣典翻译出版非常重视，2003 年出资购买最佳版本，2005 年出版发行。"

希夏姆 1985 年在中国北京读大学，1990 年攻读硕士时开始研究《孙子兵法》，起因是埃以战争曾应用过孙子的谋略。他在埃及读博士期间，又被派往中国搜集资料，为的是完成他的博士论文《汉语与阿拉伯语》。

"当时我怀着对《孙子兵法》的浓厚兴趣再次来到北京。"希夏姆告诉作者。他到北京后的第一件事就是买了一本《孙子兵法》，从此与孙子结下不解之缘。在搜集博士论文资料的同时，他认真研读《孙子兵法》以及与之相关的文章，做到了两不

访阿拉伯文《孙子兵法》译者希夏姆·马里基

误。机会往往是留给有准备的人,“两不误”带来的是“双丰收”。

让希夏姆没想到的是:《汉语与阿拉伯语》博士论文与研究孙子居然对接起来,使他有机会把汉语用在了阿拉伯语《孙子兵法》的翻译上,真是“有心栽花花不开,无意插柳柳成荫”。

博士论文通过后,埃及文化最高委员会要出版《孙子兵法》,得知希夏姆对此有研究,又精通汉语和阿拉伯语,自然把他当成最佳人选,委托他赴北京与中国文史出版社取得联系。希夏姆在众多的《孙子兵法》书籍中精选,购买了十次可在阿拉伯国家翻译出版的版权,埃及文化最高委员会请他翻译此书。

希夏姆说,第一部阿拉伯语《孙子兵法》1999年在黎巴嫩翻译出版,是从法语转译的。而他翻译的第二部阿拉伯语《孙子兵法》,是首次从汉语直接翻译的,更加准确,更符合《孙子兵法》的原意。在他之后,也有埃及人翻译的阿拉伯语《孙子兵法》出版,则是从英文转译过来的。

在翻译时,除了十三篇原文外,希夏姆还增加了100多位专家学者对《孙子兵法》的注解、全球各个领域应用《孙子兵法》的经典案例,其中包括埃及前总统穆罕默德·安瓦尔·萨达特在领导埃及人民进行的第四次中东战争,应用《孙子兵法》成功摧毁以色列的巴列夫防线,在这次战争中取得了胜利的成功战例。

同时,希夏姆还介绍了中国应用《孙子兵法》的大量实例和应用方法,包括埃及在内的非洲国家应用《孙子兵法》的实例占了一个部分,《孙子兵法》与国家安全、军队建设、信息化对胜利的利好等,也占了一个部分。

这些实例占了全书的四分之三篇幅,共400多页,每个案例都由观点加故事构成,有血有肉,形象生动,很有说服力和可信度。为此,希夏姆查阅了世界各国应用《孙子兵法》的相关资料,掌握了大量的素材。该书出版后,受到阿拉伯读者的欢迎和好评。

希夏姆向作者透露,他准备翻译出版4部阿拉伯语《孙子兵法》,每部书超过 100 个专家学者的注解、100 个经典应用案例。目前，正在翻译第二部，经典应用案例再增加 100 页。

4
衍生与创新

导读

↙ 《圣经》是全世界发行量最大的书籍，只有《孙子兵法》能与它媲美。《孙子兵法》的刊印本及其衍生书籍，应该超过《圣经》，发行量全球第一。

↙ 《孙子兵法》传入西方后起了很大影响，吸引了一大批、军事家、政治家、哲学家、文学家、历史学家争相研读。开始，主要集中在军事、政治、外交、哲学、文学等领域，并渗透社会文化生活之中。军事家说它是"兵学圣典"，政治家说它是"政治秘诀"，外交家说它是"外交手册"，哲学家说它是"人生宝典"，文学家说它是"文学经典"。

↙ 之后，西方世界又把《孙子兵法》视为商战中的"圣经"。许多西方商人用孙子的东方智慧与谋略，结合当代西方的理念与管理，更多地应用到战略投资、商务谈判、资本运作、市场营销等诸多商业领域。由于这本中国古代兵书，很多西方人认识了孙子，甚至知道其成书的背景和生活的年代。

↙ 以《孙子兵法》英文翻译最早、学术研究最深、出版影响最大的英国为例，其主流媒体不仅对《孙子兵法》及其衍生产品极力推崇，而且作了精妙而全面的评价。英国广播公司曾报道说，《孙子兵法》中的兵法内容对大到围困巴格达的进攻战术、军队部署，小到诈诱敌军等战术都有讲述。从相关书目来看，西方人不仅用《孙子兵法》来指挥作战，还将其原则广泛应用于商战、人际关系，甚至婚姻大事和家庭纠纷。英国《经济学家》发表题为“孙子和软实力之道”的文章称，被全球管理精英推崇的孙子能让中国更具吸引力。《孙子兵法》已成为西方人茶余饭后的热议话题。与之相关的书籍在西方比比皆是：《孙子兵法成功学》《职场女王学：孙子兵法让你成为工作赢家》《高尔夫和孙子兵法》……从会议室到卧室，孙子的智慧已几乎被用于西方所有人际交往领域。

当传统文化遇上飞速发展的新时代，《孙子兵法》的翻译出版重在开启智慧，引发创新性思维，挖掘具有人类共识的社会价值。正如夏威夷大学哲学系教授安乐哲所诠释的：《圣经》是死的，而《孙子兵法》是活的；上帝的思想不能更改，而孙子思想可以再创造。

《孙子兵法》之所以能走向世界、走红西方，千年不衰，历久弥新，是因为孙子给世界带来无穷的创新性思维。美国、日本、波兰、泰国及中国台湾、中国香港等地学者创新了孙子核战略、孙子情报战、孙子科技战、孙子行为学、兵家营销管理法、知识产权兵法、围棋管理法、股票兵法、期货兵法、谈判兵法、生活兵法等，通过创新性发展，融入了现代思维方式，给中国传统兵家文化赋予了新的生命。

世界各国还创造了让东西方读者喜闻乐见、别开生面的各种《孙子兵法》版本。目前，在世界各国流行的《孙子兵法》版本，还有黄金版、丝绸版、线装版、工艺版、字帖版、印谱版等，色彩斑斓，洋洋大观。

美国丹马翻译小组成立的目的是要创造一种新的翻译模式，能够忠实传达中国古典名著的意思和风格。该小组对《孙子兵法》研究历时 10 年，其译本特点表现在：选择典型的异化翻译方式，使得译文在形式上极为接近原文。虽然译文正文显得有些过于精练稀疏，但翻译小组在译文后补充了许多材料，包括 3 篇评论，并就文本意义与历史时代、中西方世界观逐一展开讨论。

此外,他们还在译文后将注释汇总,用长达100页的篇幅来逐句解释。他们着重强调哲学思想,而非实用性意义,并专门设立了相关网站。在英译过程中,他们不时将部分原文与自己的译文提供出来,邀请全世界的个人研究者参与讨论,给出建议,并对自己最后的翻译选择作出阐释。这样充分调动了英语读者的积极性,深入挖掘原文本的意义。

鉴于西方读者初读《孙子兵法》有些晦涩,丹马翻译小组注重文笔简洁,在汉字与英文之间貌似留有一一对照的痕迹,在正文中加注解释。其文体介乎诗歌与散文之间,目的是尽量保留原文本的风貌,朗读起来颇具中文的韵律感。该小组在《孙子兵法》英译本序言中表示:希望读者在反复诵读中,将声形意都印入脑海,体会原文的优美绵长。

《孙子兵法》开篇第一句就讲政治，而且是最大的政治，没有比国之大事更大的政治。孙子首先是个政治家，然后才是战略家、军事家、思想家。孙子的“政治观”时至今日对全球各国“死生之地，存亡之道”都具有重大意义，“不可不察”。《孙子兵法》传入西方后受到各国政治家的重视，既当作一部“兵学圣典”，又当作一部“治国方略大典”。

布热津斯基是美国前总统卡特的国家安全顾问，美国著名地缘战略理论家。离开政坛以后，任哥伦比亚大学政治学教授，美国乔治城大学国际战略研究中心高级顾问。他出版了一部重要战略理论专著《运筹帷幄》。在此书中，布热津斯基直接引用和间接应用了《孙子兵法》中的观点对全书进行总结，并根据孙子的“伐谋”思想提出了对苏联的长期性战略，以夺取“历史性的胜利”。

他在《运筹帷幄》中指出：美苏争夺的历史很长，冲突的根源根深。这是一场真正的争夺，将长期持久地进行下去。但每一代美国人都不必白手起家，他们既不能抱幻想，也不能被恐惧左右。孙子说：“上兵伐谋”。进行持久的历史冲突，情况亦然。模仿孙子的话来说，美国欲在美苏争夺中不战而胜，上策是挫败苏联的政策和利用苏联的弱点。

詹姆斯·克拉维尔，美籍英国作家，亚洲家世小说家。他在《孙子兵法》英译本前言中写道：“孙子在 2500 年前写下了这部在中国历史上奇绝非凡的著作，如果我们的近代军政领导研究过这部天才的著作，大英帝国也不会解体，很可能第一次和第二次世界大战可以避免。这本书对首相、国家要员、大学教授、军事要员有所启迪，《孙子兵法》可以给我们的事业带来和平。我希望，《孙子兵法》成为所有的政治家和政府工作人员的必读教材。”

威廉·恩道尔，美国著名作家，是美国普林斯顿大学政治学学士、瑞典斯德哥尔摩大学比较经济学硕士，美国著名经济学家、地缘政治学家，长期旅居德国，从事国际政治、经济、世界新秩序研究逾 30 年。作为独立经济学家和新闻调查记者，他的研究涵盖领域极为广泛，并定期为世界全球化中心及许多国际出版物撰写文章。曾经出版了《石油战争》《霸权背后》等书。他声称，他自己写书的过程中向《孙子兵法》寻找灵感。

《石油战争》是恩道尔多年专注于世界石油地缘政治研究的成果。书中描绘了 20 世纪 90 年代石油战争石油寡头以及主要西方国家围绕石油展开的地缘政治斗争的生动场景，解析了石油危机、不结盟运动、马岛战争、核不扩散条约、德国统一等重大历史事件背后的真正原因。该书第一章英帝国的新战略；第二章德国的经济奇迹；第三章合纵连横，控制石油的全球争夺战；第四章运筹帷幄，开辟近东石油战场；第五章明争暗斗，英美争当世界霸主；第六章步调一致，英美联手收拾德俄；第七章排兵布阵，建立英美石油美元秩序；第九章逆流而动，人为制造石油危机；第十章各个击破，压制一切独立的发展力量。有学者评价：《石油战争》各个章节明显受《孙子兵法》的影响。

《霸权背后》详细描述了美国运用秘密经济战争、人权、民主等各种方法，来弱化和孤立以中国为代表的其他国家。该书通过超强思维和翔实史料，以辛辣的笔触，揭示了美国精英阶层利用政治、经济、军事、外交、宗教等种种手段，来保持其对世界的控制，维系美国全方位主导世界的地位。恩道尔揭露，美国在走向全球霸主的道路上，已经把自己变成了一个不扩张就不能“生存”的国家，甚至是一个“大兵营式的国家”。为了称霸世界，美国就必须越来越多地依靠军事力量，于是国防部——五角大楼占据了国家政策的中心。100 年以来，美国精英制定的战略就是控制世界，善良的人们对此基本上是完全不知情的。恩道尔在前言中写道：“正如伟大的战略家孙子在 2500 多年前说过的：‘知己知彼，百战不殆。不知彼而知己，一胜一负；不知彼，不知己，每战必败。’拙作是我有关当代历史和地缘政治系列著作中的一部。它探讨了美国权利精英为保持对世界的控制所作出的种种抉择，即如何维系美国世纪、美国的世界主导地位及 1945 年二战胜利后确定的美元体系。”

↙ 杰拉德·麦克尔逊、史蒂文·W. 麦克尔逊著，住友进译的日文《通向成功的孙子——霸权国家美国式的孙子分析》，是两位美国学者撰写，也是应用孙子战略思想分析美国式的全球霸权体系与地缘政治的典范。美国的全球力量是通过一个明显的由美国设计的全球体系来发挥的，由覆盖全球的同盟和联盟所组成的精细体系来支撑，即将各种力量纳入由美国设计、主导的秩序之中，比如北约组织、国际金融机构等，发挥美国的霸权力量，运用力量或影响去改变现有地缘政治状况的国家。

↙ 李光耀曾宣称，不懂《孙子兵法》，就当不好新加坡总理。纵观新加坡的发展轨迹，一直在遵循孙子的教诲。新加坡《孙子兵法》应用的好，用在国家管理上，炉火纯青，就是只学不说，秘而不宣。新加坡的政治家是悄悄学、悄悄用《孙子兵法》，不多声张，不露声色，这是真正懂兵法，是学用兵法的高手，他们与西方人喜欢夸张不一样。曾撰写 37 部有关《孙子兵法》书籍并经常在新加坡发表演讲的马来西亚知名作家邱庆河说，新加坡政府也深入学习应用《孙子兵法》，应对各种挑战。从政府至私人领域，都将《孙子兵法》的哲学融入国家治理和企业管理之中。邱庆河在一本名为《新加坡：透视孙子》的书中，展示了李光耀和他的团队如何应用《孙子兵法》把新加坡建设成今天大家所知道的强大的先进国家。

日本天皇也是最早研学《孙子兵法》的群体之一。武士政权统治了700年的日本，武士的思想遗产如武士道，是日本政治文化的重要组成部分。《孙子兵法》被传入日本后，被视为日本武学兵道的源头。日本奈良时代著名的遣唐留学生吉备真备循海路从中国带回被奉为"兵经"的《孙子兵法》，在域外最早传入日本，被皇室秘藏。可以说，世界上最早研学《孙子兵法》的是日本皇室。二战前后，日本裕仁天皇带头学习中国的兵书，让海军中将佐藤铁太郎给他讲授《孙子兵法》，为此佐藤铁太郎专门著作了《孙子御进讲录》。日本孙子国际研究中心理事长服部千春在《孙子兵法新校》一书中也提及昭和天皇曾就日本在第二次世界大战中的失败感慨言道："兵法研究之不足。即可以察知，其心思是如果学习、应用世界最高水准的《孙子兵法》，就不会发动必将失败的战争。"明治维新前后，《孙子兵法》不仅影响到仁人志士的战争思想，更影响了其政治主张。如吉田松阴在谈到自己的政治主张时，经常引用《孙子兵法》。在当代，日本治国、治企、治家都用《孙子兵法》。日本首相中对《孙子兵法》最推崇的莫过于中曾根康弘了，他在任期内，外出时总会手拿一本书，那就是《孙子兵法》。在他任期间，日本是个全盛的时代。此也说明，应用《孙子兵法》成功与否，就在于重视和应用程度。据服部千春透露，中曾根康弘曾向他请教《孙子兵法》。中曾根康弘评价说："孙子兵法不只是军事原则和军事思想，它已被日本广泛地应用到军事、政治、外交、经济、商业乃至体育的领域中。"日文版与政治相关的书籍不少，如日本原防卫厅情报本部长太田文雄著的《孙子：关系到日本的存亡》，体现了孙子开篇教诲："兵者，国之大事，死生之地，存亡之道，不可不察也。”春山吉广著的《中国的智囊——孙子的兵法、韩非子的政略》，也把孙子的智慧谋略作为政治方略。

韩国的朴正熙曾下达令重印《孙子》。韩国把《孙子兵法》融入了政治经济学。20世纪70年代，时任韩国总统朴正熙下达命令，重印韩文版《孙子兵法》。韩国掀起学中国兵法的热潮，创造了“汉江经济”的奇迹。在现代，韩国人把《孙子兵法》的思维融入治国理政，深化到参政议政，出版了一系列崇奉孙武政治智慧的韩文版《孙子兵法》。如伊藤昌著的《自民党孙子——以孙子理论理解政治权力》，崔奎尚著的《幽默孙子兵法》，崔民秀著的《议政活动孙子兵法》（上、下），还有郑天久、郑海丽著的《特朗普式的孙子兵法》。

《宋楚瑜的孙子兵法》，由经济学博士、美国康奈尔大学博士后邱毅编著。作者认为：政治人物苦修《孙子兵法》，要参透“疾如风，徐如林，掠如火，不动如山”的道理，该出手时毫不迟疑，不该出手时泰山崩于前也面不改色。

我们透过这部战争艺术杰作，看见其蕴含着丰富而深刻的“和合之道”。《孙子兵法》虽然没直接讲和平，却道破了在战争中创造和平的玄机。孙子倡导的“伐交”思想在外交活动中有着极高的使用价值，已成为众多国家为实现其对外政策，在各种外交活动中所采用的智谋和策略，尤其是正在被一些国家的政府首脑应用。21世纪是谈判代替战争的世纪，而《孙子兵法》成了外交家和企业家的谈判手册。

华盛顿，美国首任总统，他在独立战争中选择了正确的战略，“攻到了门外”但却“不得其门而入”，体现了《孙子兵法》“全国为上，破国次之”，“攻城之法，为不得已”的思想。华盛顿主张通过谈判，一直试图避开与英军直接的冲突。华盛顿的独立战争战略，既符合孙子的“伐交”思想，也符合孙子“避其锐气，击其惰归”的用兵之道。美国学者认为：从某种意义上说，是和平条约结束了美国独立战争。

基辛格，美国前国务卿，《论中国》是他唯一的一部中国问题专著。基辛格是过去 40 多年中出访中国 50 余次的资深外交家，有着“最了解中国的美国人”之称。他对《孙子兵法》研究很深，可能读过无数遍，孙子的经典语录信手拈来，孙子的精髓领悟得也很透彻。他从孙子思想中探寻中国人的战略思维模式和大国外交，独树一帜。

基辛格在书中记录了他与毛泽东、邓小平等几代中国领导人的交往。作为历史的亲历者，他用厚达 600 多页的大部头试图揭示中华人民共和国成立以来，中国外交战略的制定和决策机制，以及对“一边倒”的外交政策、抗美援朝、中美建交、三次台海危机等重大外交事件来龙去脉的深度解读。他用世界视角和国际眼光告诉世人：当今平衡全球力量最重要的两个大国应该如何相处，美国又应该做出哪些改变。

基辛格在论述中国人的实力政策与《孙子兵法》时说，中国人是实力政策的出色实践者，其战略思想与西方流行的战略与外交政策截然不同。在陷于冲突中时，中国绝少会孤注一掷，而依靠多年形成的战略思想更符合他们的风格。西方传统推崇决战决胜，强调英雄壮举，而中国的理念强调巧用计谋及迂回策略，耐心累积相对优势。

在基辛格看来，古代的中国高深莫测，中国独具一格的军事理论也与西方截然不同。基辛格阐述说，它产生于中国的春秋战乱时期，当时诸侯混战，百姓涂炭。面对残酷的战争（同样为了赢得战争），中国的思想家提出了一种战略思想，强调取胜以攻心为上，避免直接交战。

闵福德，生于英国伯明翰一个外交世家，对孙子的伐交思想有深刻的理解。他认为《孙子兵法》与《易经》有相通之处，是中国最古老的经典，它讲求和谐，注重减少冲突，读了让人更有智慧，能给当今世界很大的启发。

✓ 瓦希德，印尼历史上第一位由民主选举产生的第四任总统，也是印尼唯一的华裔总统。他熟读中国的《孙子兵法》，上台后做的第一件事，便与中国友好交往，取消所有的排华政策，恢复华人应有的权利，并将春节定为法定节假日。执政期间，瓦希德还率团访问中国。在瓦希德的努力下，印尼跟中国的关系得到恢复和发展。印尼人非常重视《孙子兵法》，把它视为大智慧、大宝典，认为很适合用于外交与商场的谈判，许多印尼人都知道“知己知彼，百战不殆”。印尼文《在中国谈判》阐述了《孙子兵法》的“伐交”思想。

✓ 黄载皓，韩国孙子兵法国际战略研究会会长。他认为：《孙子兵法》作为中国传统军事文化的瑰宝，蕴涵着和平、和谐的哲理。中国的和平崛起，最精彩的就是构建和谐世界，是对中国传统“和合”思想的继承和发展。韩国军事历史编纂研究所高级研究员孙锡贤评价说，应将孙子称为“和平学的创始人”。孙子的思想，从根本上看是有和平倾向的。孙子的战争与和平观、保持世界和平安定、慎战以及考虑战争最终后果的思想，被用作解决全球和平问题的思想形态，其价值就会大增。金荷丽著、罗日英绘画的韩文版《孙子兵法（为了和平而看的书）》，充分表达了孙子的不战思想与和平理念。

✓ 刘必荣，中国台湾东吴大学政治系教授、博士生导师，任台北谈判研究发展协会理事长，是目前中国台湾最权威的谈判学教授，谈判专著超过十本。而《孙子兵法》与谈判谋略是刘必荣的“拳头产品”，他汲取孙子的智慧，把西方的正统谈判理论与东方的传统兵学完美结合，巧妙地应用在谈判桌上，应用到在今日企业的经营合作上，具有很高的实用价值。

✓ 方鹏程，中国台湾商务印书馆原总编辑，出版了《孙子：谈判说服的策略》《鬼谷子：谈判说服的艺术》等书。他曾随海基会亲身了解“汪辜会谈”的情形，给他留下深刻的印象。他感觉大陆谈判有一套，无论是国际谈判还是两岸谈判，都游刃有余。他说，《孙子兵法》《鬼谷子》这两部古典书籍，都是谈判的经典，充满中国人的智慧与谋略。

《孙子兵法》这部被西方译作“战争艺术”的军事宝典，是全世界有史以来第一部真正的战争艺术著作，在改变世界的十本军事名著作中排名第一。当人类社会的列车驶入 21 世纪，它在当代的价值已远远超越中国春秋战国时期，在现代化、信息化、高科技时代引发全新的战争思维，催生出符合今天世界的新军事革命，影响并改变着新时代的兵学理论。

以美国为例，中国军界人士访问美国，在美军的院校和研究机构座谈时，“孙子兵法”是出现频率最高的主题词之一。如果你问美国的军官印象最深的军事理论是什么，他们会毫不犹豫地回答：“《孙子兵法》。”当中国军方人士访问美国时，问及美军在海湾战争时是否将《孙子兵法》人手一册发给参战部队，美国军方人士说：“海军陆战队是人手一册，其他部队不太清楚。”

美军几乎所有的军官学校和指挥院校，均开设《孙子兵法》课。美方人员称，《孙子兵法》在美军部队相当普及，已经成为作战和建军的重要指导理论。

美国孙子研究学者认为：在今天飞速发展的信息时代，《孙子兵法》所代表的东方战略智慧及其价值观念，对西方战略思维、战争实践、军事理论乃至社会发展产生了广泛而持久的影响。美国把《孙子兵法》研究置于当今国际战略格局之中，从哲学高度探究孙子独特的东方智慧和深邃的哲学思想，深入挖掘它的大方略、大思想。

哈伦·厄尔曼、詹姆士·韦德等美国作者著录的《震慑与畏惧：迅速制敌之道》，被称为美国版《孙子兵法》，当代新军事理论。2003 年 3 月 20 日，随着美英对伊拉克战争的爆发，许多人从媒体上越来越多地认识了“震慑”一词，知道了美国有一个以退役将领组成的“迅速制敌研究小组”，而其众人瞩目的两位人物就是哈伦·厄尔曼和詹姆士·韦德。

该书萃取谋略学精髓，标举“实力+谋略=速胜+完胜”，始成于1996年，被美国国防部长拉姆斯菲尔德所激赏，实战应用在伊拉克战争，从而一举风靡国防军事界，成为研读现代战争的一部重要兵书。

马克·麦克尼利，美国前步兵军官，著有《孙子与现代战争兵法》。他说：“这绝非一种巧合。《孙子兵法》是美国高级军校的必修书目，它甚至已被贯穿在美国陆军和海军陆战队的作战指导思想之中。”

麦克尼利认为：美英联军快速挺进伊拉克北部，并在沿途选择一些重要目标进行打击，反映了《孙子兵法》的思想。孙子曰“兵贵神速”“善用兵者，拔人之城而非攻也”，就是这个道理。他表示：联军指挥官避免派大部队攻打伊拉克的主要城市，以避免巷战。美英联军的这样做的目的就是为了控制重要机场、桥梁和公路，使联军能够快速挺进，从而确保最终目标的达成。他甚至认为：《孙子兵法》高度概括的理论似乎在联军打击萨达姆·侯赛因本人的战斗中也得到了说明。

马克·麦克尼利举例说，联军采取的一些战法，如“攻心战”，就源之于孙子的“将军可夺心，三军可夺气”；速决战，绕开一些城市，加速赶路，直趋巴格达，就源之于孙子的“城有所不攻”，“兵贵胜，不贵久”；“斩首行动”，着眼于剥夺萨达姆的权力地位，就源之于孙子的“夺其所爱”和“避实击虚”；陆海空天一体战，集中火力，打敌要害，则体现了孙子“以镒称铢”“转圆石于千仞之山”的思想等等。

贝文·亚历山大，美国著名军事历史学家、军事战略专家，任教于弗吉尼亚大学，专门从事各类战争史研究，著有战争作品《朝鲜，我们第一次战败》《美国国内战争》《克敌制胜：世界著名将帅与经典战例》等近十部作品。《孙子兵法与世界近现代战争》一书，重点分析了近现代世界中的十场代表性战争，并在还原真实战争进程的同时，阐释了《孙子兵法》与这些战争的关系。作者认为：《孙子兵法》是迄今为止最杰出的指导战争的智慧精华，赢得战争的一方是因为其契合了孙子的作战思想，无论是一战、二战，还是朝鲜战争。美国内战期间的南方将军罗伯特·李、法国的拿破仑与德国的希特勒接受的都是现代的军事训练与教育，理当战无不胜。然而他们打输的战役却显示了当代军事训练与教育的不足。该书通过成功与失败两方面的案例，重新检视了《孙子兵法》的伟大，对思考当前及今后的作战同样具有重要现实意义。

约什·卡明斯，著名历史畅销书作家。《最强兵法：军事史上最不可思议的战术详解》一书，讲述的内容从围攻古巴比伦和恺撒在高卢引发的战役延伸到美国内战，并抓住了历史中的那些重大时刻——伟大将领利用巧妙的战略、卓越的远见以及非凡的勇气，在战场中扭转局面，力挽狂澜，起死回生，以弱胜强的高超战术，以不可能制造可能的战争艺术。

该书讲述的 15 个故事非常有趣，详细剖析了军事史上最令人拍案叫绝的战术安排。这些案例印证：打赢战争的决定因素不是坚固的堡垒，也不是庞大的军队或精良的装备，只有统帅们出神入化的指挥艺术才真正坚不可摧。

道格拉斯·麦克瑞迪，美军上校，著有《影响深远的军事圣经——孙子兵法》。他认为：“毫无疑问，中国古代军事家孙武的《孙子兵法》堪称兵法经典，军事圣经，影响深远。”目前，《孙子兵法》至少有 6 种英译本，你可以在世界上最大的书店里随时看见它的身影。

道格拉斯·麦克瑞迪说：“千百年来，孙武的著作一直影响着中国的军事思想。20 世纪 30 年代和 40 年代，在中国的国内战争期间，毛泽东将孙武的军事思想引入了其军事著作；北越的领导人胡志明和武元甲也从孙武的思想中汲取了精华，在对法战争中首次应用了孙武的智慧，后来在对美国的战争中同样应用了孙武的军事思想。”

↙ 迈克尔·汉德尔，1992 年，美国海军战略大学教授，1992 年出版其专著《战争大师：孙子，克劳塞维茨和约米尼》，书中将孙子与克劳塞维茨和约米尼的军事思想进行比较研究，对孙子的战略思想给予高度评价。

↙ 埃弗拉德·弗哥森·克雷西达出版英文版《战争之书·远东的军事经典》。

↙ 此外，日、韩学者十分注重东西方兵学文化的比较研究，出版了一批有影响的书籍，如日文《战神与军事战略：从克劳塞维茨和孙子中解说军事战略理论与实践》，姜声鹤著；韩文《战神和军事战略：军事战略的理论和实践论文选集》，姜声鹤著；韩文《东西洋战略家理论比较研究，世界最早的力作：克劳塞维茨、孙子和约米尼》，朴昌熙译。

詹姆斯·克拉维尔 译 《孙子兵法》(葡萄牙文)

方鹏程 《孙子谈判说服的策略》(中文)

努拉尔 《在中国谈判》(印尼文)

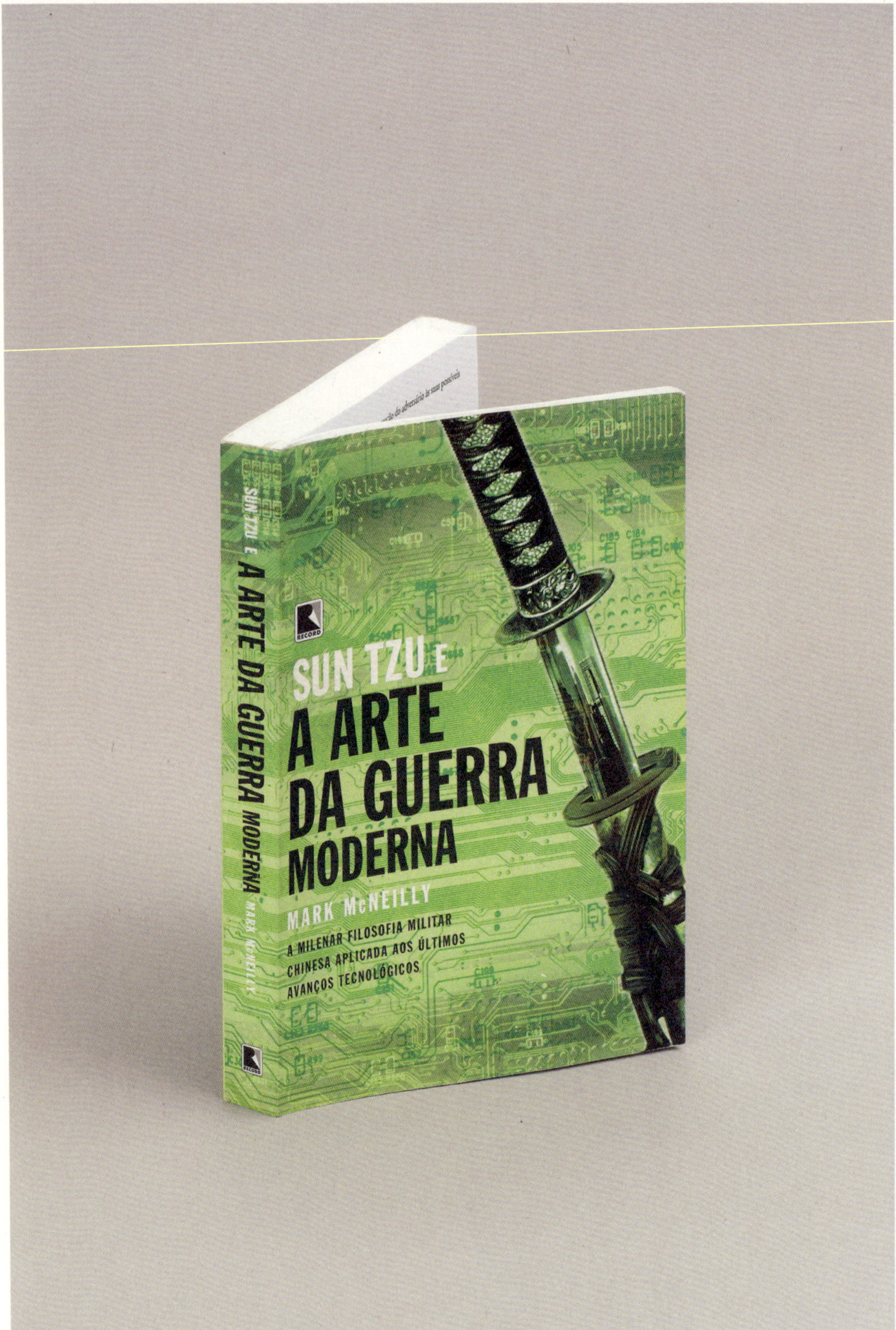

马克·麦克尼利 《孙子与现代战争艺术》(葡萄牙文)

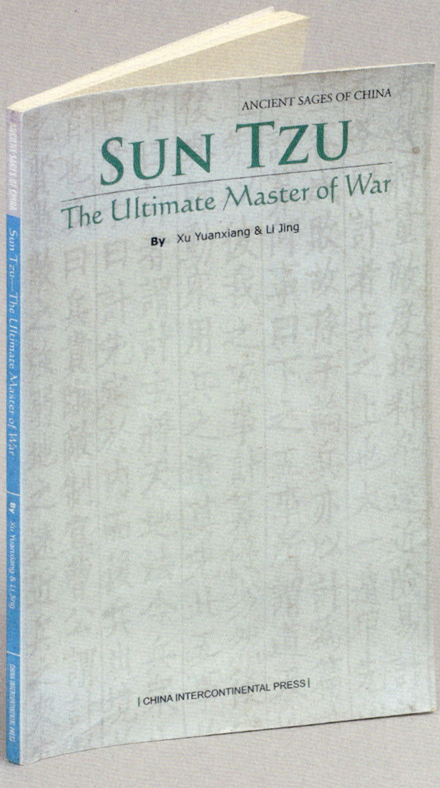

徐远翔，李京　　汉佳，王国振 译　《兵圣——孙子》（英文）

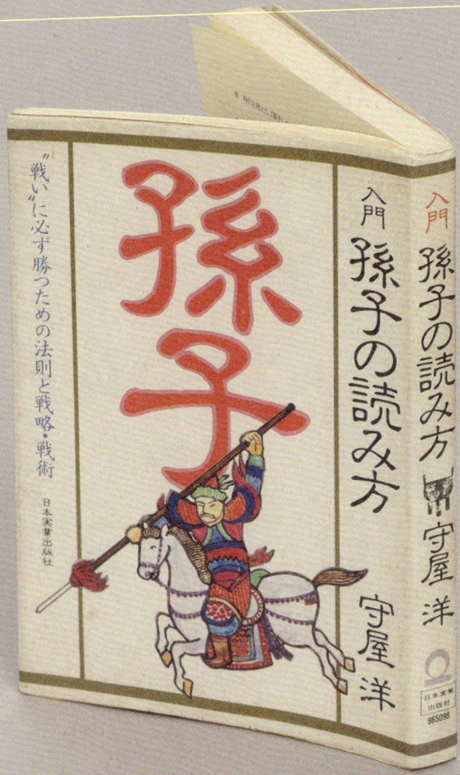

守屋洋 《入门孙子读法》(日文)

在欧美不少国家的书店里,《孙子兵法》是放在哲学书柜的。《孙子兵法》问世虽久,但书中所包容的一些哲学思维,以及在这些哲学文化意识指导下所阐述的战争规律和原则,至今仍然闪烁着哲学光辉,其被称为令人叹为观止的罕世之作。全球许多学者把这部兵书当作经典的哲学书来读,作为经典哲学加以推崇,有些学者乃至翻译者本身就是著名的哲学家,他们在孙子的思想里找到了中国传统哲学思维方法的精华。

安乐哲,夏威夷大学哲学系教授。他认为:“研究《孙子兵法》比考古更重要的是其哲学思想,所以我把向西方介绍中国的哲学作为一辈子的事业,我是为了世界而推崇孙子哲学的。我一辈子传播中国传统哲学,而《孙子兵法》是中国传统哲学思维方法的精华,是世界观、宇宙观、方法论,是哲学的思考,是社会最实用的智慧,对全世界和全人类非常有用。我传播中国传统哲学,不仅是为了中国,更是为了世界。”

吕福克,安乐哲的德国好友、科隆大学翻译家,同样对孙子哲学认可度很高。他说,孙子在欧洲很有名,德国人很喜欢孙子,其中一个重要原因是孙子思想闪耀着哲学的光芒。人们从这部享誉世界的智慧宝典中寻求兵法理论与哲学思想、管理理念的契合点,已经成为世界上许多国家的普遍现象，这就是孙子思想流传千年仍然“活着”的重要原因。

✓ 胜雅律，瑞士汉学家、谋略学家。他对《孙子兵法》等中国谋略典籍有精深研究，对中国的智谋进行了哲学的、社会学的以及军事学上的探讨。他出版的谋略专著《智谋》一书风靡西方，在很短时间里被翻译成十几种文字。

✓ 马迪·诺约宁，芬兰文版《孙子兵法》译者。他表示：《孙子兵法》是中国文化走向世界的“杰出品牌”。孙子的哲学思想对现代人特别有意义，对所有的人都有启迪和帮助。

✓ 意大利有一个翻译版本在序言中写道：“《孙子兵法》是一部很有思想哲理的书，孙子的智慧是对人类有很多的启迪。再版此书，为了让意大利人了解中国孙子的哲学智慧，更好地学习应用。”

✓ 严定暹，中国台湾女学者。她以《格局决定结局》来介绍孙子的哲学观念，因为中国的哲学旨在指导生活，所以很贴近大众生活。后来在大陆出版发行，十分畅销。她说：“我极喜爱这个书名，因为能全方位且深入地表达《孙子兵法》的哲学思想。《格局决定结局》也是中国文化中哲学思考的基准，能启迪哲学思维。中国的哲学本质上是生活哲学，离开了生活就没有哲学可言。”《孙子兵法》是以“成就人、成就事”为目标的人文哲学和应用科学，不仅可以启迪人作正向思考，更可以开发人的权变创新智慧。只有融入兵法的人，才能智慧地生活。

✓ 林易谦，中国台湾兵研社长。他编著的《孙子胜道》，是一部跳出传统思维模式的古籍新编。该书用老子“道”的哲学思想贯通全书，将《孙子兵法》十三篇原著归纳出以“胜”为核心的十二项制胜之道，充满了哲学智慧。

✓ 金载夏编译的韩文《必胜孙子兵法(轻易解开孙子兵法所有奥义的永远的智慧古典)》，揭示了《孙子兵法》的智慧学理的阴阳变化、虚实法则的奥义，已远远超越军事范畴影响并应用于各个领域，成为千古不朽的永远智慧。

《孙子兵法与智慧》,美国出版的英文版,诠释了孙子的智慧具有世界价值,《孙子兵法》作为经典在全世界畅销,孙子的智慧受到全世界的尊敬。《孙子兵法》智慧誉满全球,成为全人类共享的“智慧之法”,其中蕴含的政治智慧、军事智慧、外交智慧、哲学智慧、人生智慧、经商智慧、竞争智慧、竞技智慧,令全世界叫绝。

《孙子》十三篇6000余字,像散文诗一般的语言,词如珠玉,富有韵味,用文学的语言描写兵法,实属罕见,是一部开散文之先河的中国兵法文学精品。孙子思想不仅具有无与伦比的军事价值,也具有精彩绝伦的文化价值。而世界各国的作家、文学家用丰富多彩的文学艺术形式反映兵学的内涵,使“文学”和“兵略”相通相融、相得益彰。

凯利·罗曼、画师迈克尔·德维思,这两位美国作者从中国古代兵书中找到了灵感,合力将《孙子兵法》改编的现代版绘本惊悚小说,由美国哈珀柯林斯公司出版。此书作者谙熟《孙子兵法》的精髓,保留了古书的结构,将故事放到2032年前后,重新演绎,在小说中大量引用了孙子的警句、格言、语录,并进行了深入浅出的诠释。如作者在《计篇》介绍:孙子说,兵对国家至关重要,这关系到生存与死亡,是通往安全之路还是毁灭之路,因此它是一门没有理由被忽视的研究课题。《孙子兵法》由“道天将地法”五个不变的因素组成,即道德法律、天空、世间、指挥官、方法和训练。

阿莱克西·热尼,法国里昂文学青年,受中国古代典籍《孙子兵法》影响,2011年创作的《法兰西兵法》获法国文学奖——龚古尔文学奖。获奖后累计销量已超百万,全球有30多国翻译出版。小说以磅礴大气的史诗风格还原战争年代,同时也以独特的视角书写了现代史。小说主人翁走进二战、越南战争和阿尔尼利亚战争,展开波澜壮阔的历史画卷,并深刻反思法国的历史和现状。

海音寺潮五郎（1901—1977），日本历史小说巨匠，1974年著有长篇历史小说《孙子》上下卷，艺术地再现了孙武和孙膑的生平事迹，首开用文学形式记述《孙子兵法》的先河。该小说至今已有7个版本并多次重印，仅1973年版至1994年就印刷53次，在日本影响广泛。

20世纪60年代，日本经济进入高速发展时期，许多企业管理者想起了中国古代的兵法家孙子，并热衷于将《孙子兵法》应用于现代企业的经营管理中，逐渐形成了一股“孙子经营热”。出版者看中这个卖点，也自然想到了熟知中国题材的海音寺潮五郎。而海音寺潮五郎的创作成就是把本来被日本人应用于商战的《孙子兵法》，被他从现实世界拉回到纯文学领域的精神世界。

海音寺潮五郎在《孙子·引子》评价说：“天下第一兵书《孙子兵法》自古以来在东洋便是继《论语》《老子》《庄子》之后最为人们所重视的古籍。它的来历却是如此费人猜疑。这当然不是意味着它的内容乏味，它不愧是人们所珍视的古籍，不但内容精彩洗练，而且字字铿锵有力，颇堪吟诵。”

郑飞石，韩国著名作家。他撰写的《孙子兵法演义》四卷本成为世界著名畅销书。该小说自1981年开始在《韩国经济报》连载，1984年2月由高丽苑图书出版社出版第一版，10年中共印刷64次。从1984年至1995年就再版5次，印数达200万册，并译成多国文字在海外发行。

作者用三分史实七分演义的手法，生动再现了吴越争霸的波澜壮阔以及伍子胥和孙武的传奇人生，用中国春秋战国时期丰富多彩的故事来全面阐述孙子的丰富思想，通篇闪烁着孙子的智慧之光，现代企业家可从中吮吸他们所需要的滋养。

金庸主编过《孙子兵法》，他的武侠小说暗合兵法之妙，有“金庸兵法”之美誉。《孙子兵法》十三篇的大部分重要谋略，在金庸笔下的武侠小说里都能反映出来。有学者称：用金庸小说可注解《孙子兵法》，用《孙子兵法》可圈点金庸书中所蕴藏的兵法谋略，金庸小说亦能作为兵法的参考书。

赛巴斯蒂安·福斯科 译 《孙子兵法》(意大利文)

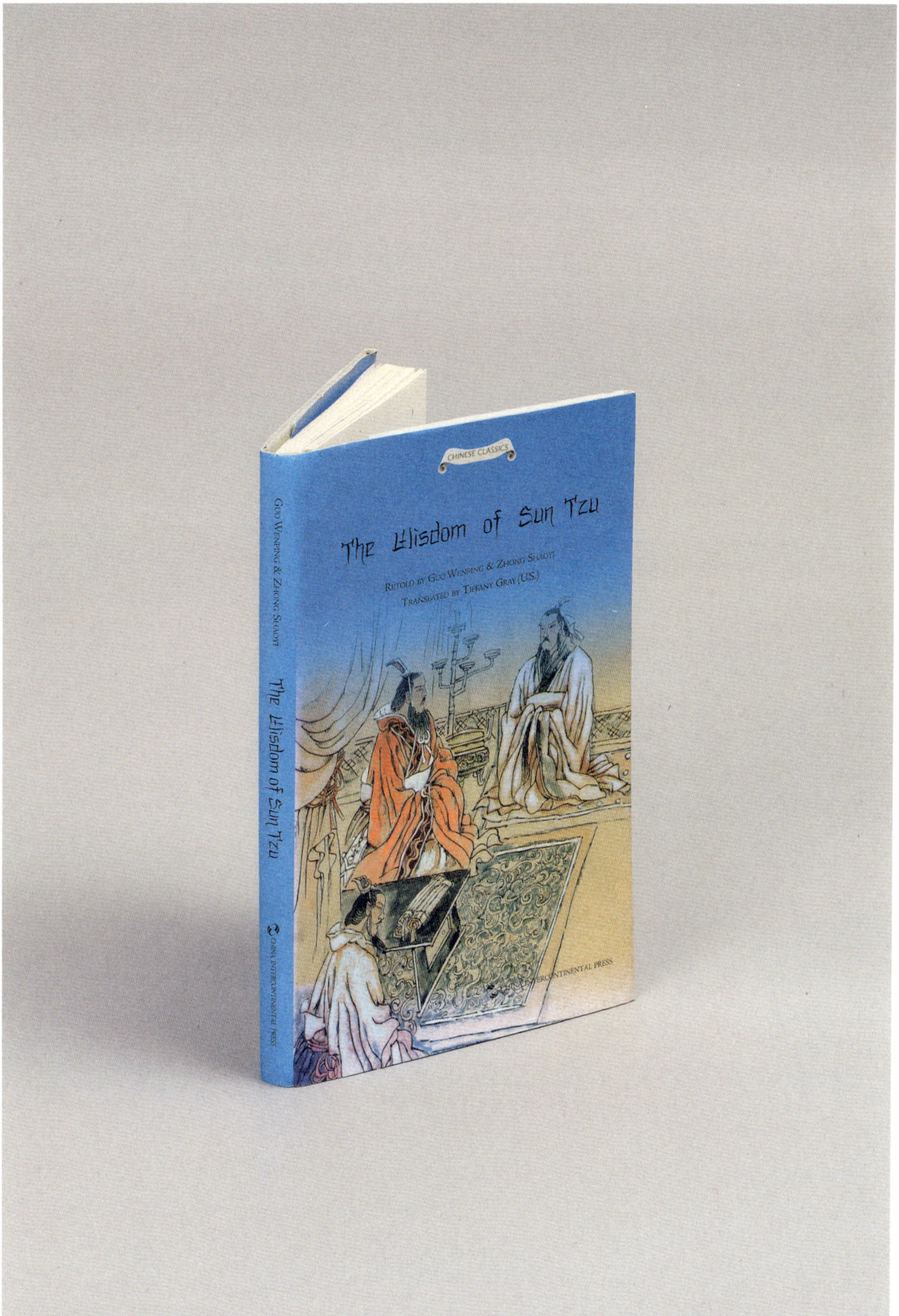

郭闻平，钟少异　　(美)格雷 译 《孙子的智慧》(英文)

손자병법의 모든것을 알기쉽게 풀이한 영원한 지혜의 고전(古典)
완벽한 原文解設 쉬운 譯註풀이
필승
손자 병법
孫子兵法
생존경쟁의 주도권을 잡아라!!
孫武 著
김재하 譯
백전백승(百戰百勝)이라면 누구나 다 만만세라 할 수 있으나 사실은 제일급의 승리가 아니다. 오히려 싸우기 전에 적을 굴복시켜서 자기의 군문(軍門)에 항복시키는 것이 최상의 승리이다.
오늘을 살아가는 현대인에게 보다 지혜로운 삶의 방법은 무엇인가?
太乙出版社
原文解設 譯註풀이
손자병법(孫子兵法)
孫武 著 김재하 譯
太乙出版社

金载夏 译 《孙子兵法》(韩文)

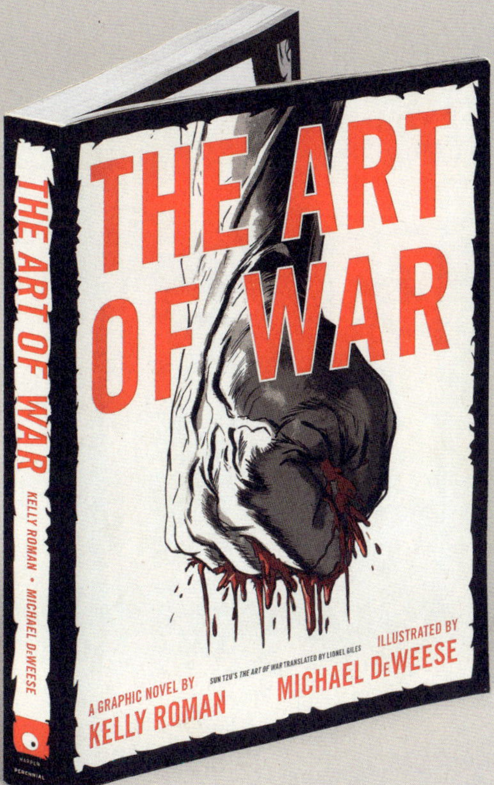

凯利·罗曼,迈克·德维思 译 《孙子兵法》(英文)

海音寺潮五郎 《孙子》(日文)

商业管理类

↙ 或许你了解过日本松下创始人松下幸之助把孙子当“天下第一神灵”的成功秘诀，或许你听说过韩国三星创始人的“相生经营学”，或许你研读孙正义应用兵法精髓下的战略并购，但你可能并不知道，这些商业奇迹的背后，正是孙子“兵道”衍生出的“商道”，即“经商之道”，不断影响并改变着全球经济领域。

↙ 在日本大型图书连锁店——淳久堂的图书检索系统上看到，该书店在售《孙子兵法》相关书籍竟多达280余种，其中大部分是有关商战的书，可见《孙子兵法》在日本商界的影响非同一般。

↙ 美国兰德公司的著名学者波拉克曾撰文说，孙子和孔子一样有永恒的智慧，这种智慧属于全世界，没有哪个国家能够垄断。

↙ 杰拉尔德和斯蒂文父子的著作《孙子兵法的市场营销战略》《孙子兵法的销售战略》《经理人的孙子兵法》等被译为西班牙语、韩语、越南语和中文。

↙ 欧洲许多企业家，如财富500强的老总们，惊喜地发现《孙子兵法》是赢得当今激烈商战的强大武器，大部分欧洲人了解这部战争的艺术是因为它能够在商业和金融等现代生活领域得到应用。许多欧洲商人用孙子的东方智慧与谋略，结合当代西方的理念和管理，更多地应用到诸多商业领域。

- 在英国，与商战相关的《孙子》书籍包括《孙子兵法之经理人：50条战略法则》《策略和技巧：孙子兵法在投资和风险管理中的应用》等，在英国购书网站上可以找到十几种不同版本的与《孙子兵法》类似的书籍。

- 欧洲学者评论说，西方世界把《孙子兵法》视为商战中的“圣经”，因为它用东方文化全面阐释了当代西方的企业管理、战略投资、资本运作、商务谈判、市场营销等诸多商业理念。

- 中国香港三联书店出版的《孙子兵法评注》《三略·六韬》《吴子·司马法》《兵家金言》《三国兵法》《蔡志忠漫画孙子说》等兵法书籍，吸引许多读者浏览。《取胜之道——孙子兵法的竞争思维》在该店2011年6月工商类排行榜中被列入畅销书榜。香港岭南大学中文系荣休教授刘绍铭认为，《孙子兵法》卖得好，可能与全球大企业家广泛应用有关。

- 日本出版的有《一分钟了解 孙子兵法商务教养决定差距》《选择能活用孙子兵法的工作——不战而胜的就业、改行、创业》《实践版孙子兵法：站在人生分岔路上的最强战略书》《培养强韧的心灵儿童的孙子兵法》《超译孙子兵法 笑到最后的人的绝对信条》《彻底图解孙子兵法——不仅是武田信玄就是现代人也可以利用的战术书的决定版》《实践！孙子兵法的应用》等。

- 大桥武夫，原东洋精密工业株式会社社长，军人出身。从1951年就开始用兵法经营探索，对以《孙子兵法》为代表的中国兵书进行深入研究，一生撰写了《用兵法经营》等50余部有关兵法经营的书。他创立了将兵法与经营融为一体的“兵法经营论”，于1980年成立了“兵法经营塾”，并担任塾长，举办演讲、发表著作，进行企业培训等，获得了日本昭和时代政界和财界活跃分子的广泛支持。大桥武夫成为日本“兵法经营学派”的领军人物，影响了20世纪50年代日本的兵法经营管理，并迅速波及世界各地，形成了全球经济领域《孙子兵法》研究应用的时代潮流。

杉之尾宜生，原日本防卫大学校教授。2001 年，重新创立了特定非营利活动法人组织“孙子经营塾”，现今该经营塾会员约 50 人，每月一次或数次研修会。杉之尾氏与孙子的渊源开始于听取著有《孙子思想史研究》而闻名的佐藤坚司等在防卫大学讲授《孙子》讲义，其后参加日本警视厅土田国保主办、原陆军大佐同村诚之为讲师的“孙子研学会”，积极参与孙子研究。他还作为中东战争史研究学家，出版了《战略大系——孙子》。

李嘉诚在当今华人世界中是最有成就的华人企业家之一，也是世界首富之一，名列“福布斯”十大富豪榜之内。他在商场上的布局，有和《孙子兵法》如出一辙的地方，从而使他在商场上得心应手，无往而不利。中国香港孙子学者评价说，打造财富天下是需要大气魄和大智慧的，《孙子兵法》成为李嘉诚智慧泉源、韬略基础。他每一次过招皆有过人智慧，总能借机而起、趁势追击，不错失良机。他懂得借力使力，化危机为转机、化被动为主动。慎谋足虑，从稳健中拓展，在谨微中进取，眼光犀利，先机占尽，终能纵衡商场富甲天下，荣登“华人首富”。

加里·加格里亚蒂是世界 500 强企业美国高科技软件公司的创始人，美国著名企业家、知名学者，也是美国拉斯维加斯战略科学研究所发起人。他从 20 岁起研究《孙子兵法》，并根据自己的研究合理制定企业战略规划，他的高科技软件公司一度成为美国发展最迅速的高科技企业，他本人成了亿万富翁，多次荣获美国商会颁发的“年度最佳企业家”大奖。他将传播《孙子兵法》当作自己的终身事业，在美国孙子研究学界号称“Son of Sun Zi（孙子之子）”。他编译的英文版《孙子兵法》被确定为指导其他亚洲语言著作英译的范本；他撰写了 15 本孙子学术著作，其中《孙子兵法与销售艺术》成为畅销书。

巴菲特这位大名鼎鼎的股神遇到《孙子兵法》,创造了巴氏“投资心法”:主动撤退,避开强敌,寻找战机,以退为进。他最善于以逸待劳,耐心地长期持有。股市中有两种对立的持股策略:长线与短线。他把长线视作“逸”,选对了一只股票后,只要公司情况良好就一直长期持有;把短线则视作“劳”,买了一只股票后,根据对行情走势的判断,高抛低吸,波段操作。

杰拉德·A.迈克尔森,美国著名的市场营销专家,长期从事《孙子兵法》的应用研究工作。他撰写的《12营销原则》一书对《孙子兵法》进行了概括和提炼,提出了一套完整的营销制胜体系。作者对于如何把孙子的思想智慧应用在营销与销售领域具有睿智而独到的见解。在此书中,作者分别从提升个人能力、制定战略规划、主动行动以及结构化销售等方面的销售人士的亲身经历,为读者提供进一步的实践指导。与许多只讲述销售技巧的图书不同,该书除了通过案例详实地告诉读者如何达成交易的技巧,而且告诉读者拥有终身客户的销售智慧。

马克·麦克尼利,美国著名战略专家和商业史作家,目前在世界500强企业担任顾问,之前负责IBM公司的战略策划。他是一名战争历史学家,以前当过步兵和炮兵军官。他是世界上公认的《孙子兵法》研究专家。他撰写的《经理人的六项战略修炼:孙子兵法与竞争的学问》一书,把《孙子兵法》十三篇简化为西方人易于理解的六项战略,书中列举了世界上著名的商业实例,来印证这些方针原则,详细说明《孙子兵法》如何影响世界知名公司的战略决策,使这本被西方译作“战争艺术”的中国兵书成为商业艺术:

1.不战而屈人之兵——无须破坏已有市场就占领市场;2.避实击虚,避强击弱——在人们期望最小的地方着力;3.善用计谋和先见之明——最大化地获取市场信息;4.准备充足、速度至上——永远比你的竞争对手要快；5. 树立对手——注意雇用策略以掌握员工之间的竞争；6. 有个性的领导——在喧嚣时代要提供有效率的领导力。

✓ 该书已经再版了 6 次，并被翻译成 5 种语言。这本书的畅销也赋予了马克一项新的使命，那就是向西方公司的管理者们解释古老的中国智慧如何应用到商业和管理上。曾经被他用《孙子兵法》指导的公司包括：3M、IBM、苏格兰皇家银行、田纳西河谷管理局等。他宣讲孙子智慧的讲台包括《纽约时报》《洛杉矶时报》和众多的电视谈话节目和广播节目。

✓ 马克·麦克尼利在商界备受欢迎，原因是他具备西方商业管理背景，又能够将古老的东方智慧移植于西方商业管理之上。他曾经在 IBM 供职 25 年，拥有明尼苏达大学的 MBA 学位；他也从很小时就开始因为个人兴趣从著名历史学家利德尔·哈特之处接触《孙子兵法》。更重要的是，他的六项战略法则是活学活用了孙子思想。

✓ 叶祖尧，中国远征军 54 军原副军长叶佩高将军之子，是美国电脑科技大师，在美国的 20 年间开了三家软件公司，成为联合国及美、日、新加坡等国的科技顾问。叶祖尧精通《孙子兵法》，他用英文写了一本《商道》，把很多大公司的经营秘诀写进去，介绍《孙子兵法》在商场上的应用之妙，这本书出版后在美国相当受欢迎。

✓ 费黎宗，法国经济学博士。他出版的《思维的战争游戏：从〈孙子兵法〉到〈三十六计〉》，以一个西方高级企业决策者的体验与眼光来评述和验证这两部著作，来观察古老的中国文化遗产如何在现代社会的实践中得到验证，及其在与西方文化的交流中如何相互融会。这是一个在商言商的西方人提供的经验之谈。作者认为：孙子提出真正的战争不是发生在战场上，而是在决策者的头脑中，只有在智慧的对决中战胜对手，才能在较量中所向披靡。

✓ 该书的编辑推荐说："如果一个人一生中只看一本书，那这本书一定是《孙子兵法》。2500年前，当中国哲学家孙子写《孙子兵法》的时候，他不可能想象这本书今天在美国的应用。早在20世纪80年代，它就已经成为公司主管和投资者的‘圣经’了。”

陈万华，加拿大麦克马斯特大学前副校长、经济学博士、金融工商经济学教授。他与南开大学兵学专家陈炳富合作撰写的《孙子兵法及其在管理中的一般应用》英文版读物，由复旦大学出版社在1989年正式出版，该书比较系统地阐释了中国古代兵学对现代经济与管理方面的巨大作用，推动了中华文明在世界范围的传播。

2018年北京大学出版社出版了《孙子兵法新解——东方智慧的商业应用》，译者张泰玮。该书从经济学和工商管理实践的视角解读《孙子兵法》，案例部分全部为真实的现代工商管理案例，实战指导性强，是一本东西方商业智慧交融的著作。

刘梦雄，中国香港“期货教父”。他创造了“期货孙子兵法”，他编撰的《期货决胜一零八篇》，连续六版，销量以数十万计，被全国各期货交易所及经纪公司采用为基本教材，荣获“全国优秀畅销书”“全国城市出版社优秀图书二等奖”“粤版优秀畅销书”等多项大奖。

《浦项的领导者沉迷于孙子兵法：从胜利者的圣书孙子兵法中学习的经营智慧》，由浦项制铁领导者34人著。该书披露了浦项制铁是应用《孙子兵法》获得巨大成功的典型案例。该企业从高层管理者到每个员工都学《孙子兵法》。浦项英文POSCO的五个字母也充满兵法元素：以“S”为中心对称平衡，象征着内部、外部的协调，呈同心圆状的字母组合，体现了应对外部环境的变化，通过不断地革新持续发展。

宋震九，韩国孙子兵法研究院院长。他在收视率最高的韩国电视台、韩国文化电视台开设“孙子兵法大讲堂”，做了450场电视讲座，收看观众不计其数；他一年给韩国企业作300多场《伟大的企业靠孙子兵法决定胜负》讲座；他为韩国企业开讲《孙子兵法》找了几百个案例，指导企业用孙子思想发展企业。他针对最困扰企业高层的问题，给他们用《孙子兵法》解读企业最高、最深、最远的课题，企业高层领导遇到的难题都能找到合适的答案。10 多年来他给韩国企业作了约四五千场次讲座。他用孙子理念编著的韩文《克服的力量》一书，深受韩国企业家的欢迎。

黄昭虎，新加坡南洋理工大学教授。他著的印尼文《孙子：在一个多变时代的应用》，印尼文《商用孙子兵法》，印尼文《孙子兵法与商业世界》，印证九成印尼华人经商获得成功的一个重要原因，是他们善用《孙子兵法》谋略成就大业，以不变应万变，在竞争中永远立于不败之地。

托马斯·兰布罗著的西班牙文《孙子兵法之商业应用》，讲述位于南美洲的阿根廷，随着"汉语热"的不断升温，《孙子兵法》等中国传统文化热也随之升温，翻译出版数量直线上升，并被转化应用到阿根廷商业中。对于阿根廷企业家来说，如果不了解中国的文化传统，就很难在中国将生意做大。

《孙子兵法》蕴含深刻的管理思想，不但适于领兵打仗，也同样适于现代管理，受到世界各国管理学家和企业家的青睐，与之相关的《孙子兵法》与管理的书籍在世界范围内层出不穷。美国通用汽车公司董事会主席罗夫·史密斯自称他的经营之道来自 2000 多年前中国的《孙子兵法》，并应用它的理论在公司进行了一场大刀阔斧的改革。

克劳德·小乔治，美国著名管理学家。他在 1972 年出版的著作《管理思想史》中，就专门提到《孙子兵法》在用人方面的论述，对今天企业管理有很大的价值。他说："今日，虽然战车已经过时，武器已经改变，但是，若能活用《孙子兵法》思想，就不会战败。今日的军事指挥者和现代经理们，仔细研究这本名著，仍将很有价值。"他甚至说："你若想成为管理人才，必须读《孙子兵法》。"

胡伦，美国学者。1979 年，他在所著的《管理思想的发展》一书中，推崇《孙子兵法》内含的经济管理思想，说孙子谈到率领军队分层次，军官分等级，并用锣、旗、焰火来传递消息。这说明孙子已经处理好直线领导与参谋的关系，认为这正是现代化企业管理所追求的组织理论。

菲利普·科特勒，现代营销集大成者，被誉为“现代营销学之父”，美国西北大学凯洛格管理学院终身教授，美国西北大学凯洛格管理学院国际市场学 S.C. 强生荣誉教授，美国管理科学联合市场营销学会主席，美国营销大师。他还是将近 20 本著作的作者，为《哈佛商业评论》《加州管理杂志》《管理科学》等一流杂志撰写了 100 多篇论文。他曾在其《营销管理》一书中，探讨了兵法在营销中的应用。

苏佐科·艾福林，印尼管理控制系统专业博士，他和伯尼·苏赫尔曼伯尼·苏赫尔曼硕士合著的印尼文《孙子兵法和管理控制系统：思想与实践》，2010 年在雅加达出版。该书从《孙子兵法》的哲学思想出发，论述了管理控制系统的理论基础，包括结果控制、过程控制和文化控制三大类别，分析了管理控制中的领导力要素和管理控制系统与当前动荡背景下商业环境之间的互动等。作者始终将西方思维观点和《孙子兵法》思想结合起来，对管理控制系统有着更为全面的理解。

邱庆河，马来西亚著名作家。他编著的英文版《孙子兵法与管理学》，1992 年由马来西亚百灵鹿出版社出版。此书从管理学的角度诠释《孙子兵法》对管理学的借鉴。

黄昭虎，新加坡南洋理工大学教授。他编著的英文版《孙子兵法——战争与管理》，1991 年由爱迪生·威士利出版社出版，成为该出版社历年最畅销的书之一。

黄营衫，中国台湾首位以研究《孙子兵法》等古代兵学获得博士学位的学者。1985 年，他以《兵家之管理思想：策略形成与执行》的论文，获得台湾政治大学博士学位。之后，他在中国式管理方面如鱼得水，先后任台北大学商学院院长、台湾烟酒股份和台电公司等多家大公司董事。他的主要著作有《兵法与商略》《从高阶管理观点论孙子吴起列传》《孙子思想与企业管理》,《中国古兵家之领导思想》《中国兵家之管理思想》《吴子兵法与策略管理》等 80 多本。

萧新永，中国海基会台商财团法律顾问。他著有《孙子兵法的管理智慧》。萧新永认为：在中国讲管理谋略的深刻和实践，莫过于孙子智慧。他把孙子的军事哲学与管理实务结合起来，赋予启发性的内涵，撰写了此书，海基会副董事会兼秘书长高孔廉在序中称，该书是“一本古代中国兵法智慧，启迪现代管理观念的佳作”。该书出版后，两岸台商都很喜欢，市场上也供不应求。1993 年以来应中国台湾出版社及读者的要求再版了 10 次，并于 2010 年荣获大陆中国孙子兵法研究会颁发的“首届孙子兵法研究成果奖”。

杉之尾宜生 《孙子兵法从43条名言中学到的制胜战略》(日文)

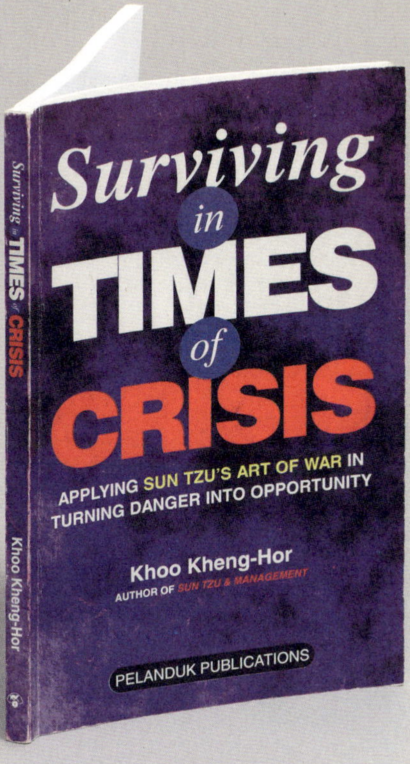

邱庆河 《危急时刻的生存：利用孙子兵法转危为机》（英语）

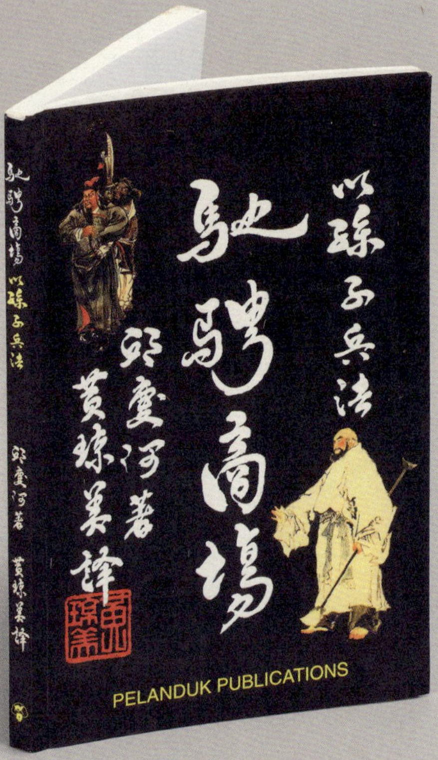

邱庆河 《以孙子兵法驰骋商场》(中文)

二见道夫 《实践！孙子兵法的应用》(日文)

극복의 힘
BIG yes
빅 예스
송진구 지음
MBC 〈희망특강 파랑새〉 명강사 송진구 교수의 희망학 강의
극복의 힘
BIG yes
빅 예스
송진구 지음
인생은
긍정의 크기만큼
이루어진다
위즈덤하우스

宋震九 《克服的力量》(韩文)

浦项制铁领导者 34 人 《浦项的领导者沉迷于孙子兵法：从胜利者的圣书孙子兵法中学习的经营智慧》(韩文)

黄昭虎 《孙子：在一个多变时代的运用》(印尼文)

舒立新 《商用孙子兵法》(印尼文)

迪塔·威德亚·译 《孙子兵法与商业世界》(印尼文)

托马斯·兰布罗 《孙子兵法之商业应用》（西班牙文）

邱庆河 《孙子兵法与管理学》(英文)

黄昭虎 《孙子兵法——战争与管理》(英文)

萧新永 《孙子兵法的管理智慧》(中文)

托斯卡纳蓬 《与孙子一起赢得人心——卓越的商业管理》(泰文)

↙ 体育竞技是运用人的体能、技术、智慧、心理、意志品质等因素，以决胜负高低的对抗性活动。与其他领域相比，体育竞赛领域与战争领域有更多的相似性。当体育竞技与孙子谋略相遇，《孙子兵法》成为全球体育界人士的“竞技之道”。《孙子兵法》广受全球体育界人士的青睐，直接应用于体育竞技活动，在一个没有硝烟的战场上，挥洒着竞技博弈中的智慧色彩。

↙ 日本武士形象成为了德文版、西班牙文版的《孙子兵法》封面。日本武士界人士称，日本的空手道、柔道、剑道、忍术乃至最古老的武术相扑，最初都起源于中国的《孙子兵法》。公元1591年前后日本著名武术家小笠原源信斋到中国学练民间传统武术，并带回《武备志》等书籍回国，该书为汇集兵家术数之书，提出“前孙子者，孙子不遗，后孙子者，不能遗孙子”。

↙ 《忍者兵法》，日本江户时代写本。忍术，又名隐术，即隐身术。关于忍术和忍者的起源说法不一，中国学者认为，忍术起源于中国汉代的五行术，后来传到了日本。日本学者则认为，忍者这个称谓始于日本江户时代，忍术最初起源于中国的《孙子兵法》，之后再加上修炼道，演变完善发展成了忍术。在日本忍者博物馆里，枝繁叶茂的“忍者树”底下，赫然标出：中国兵法。

↙ 《柔道》,日文版。日本柔道之“以柔克刚”,其内涵与《孙子兵法》的“柔胜”“易胜”思想是一脉相承的。柔道“灵活即力量”的原则和舍身技的技法,展示出“奇正相生”的奥妙。“柔术”是中国拳术的发展。自古拳势通兵法,不识兵书莫练拳。在东京古武道研究会曾立一碑,上书:“拳法之传流,自明人陈元赟而起。”陈元赟是中国的一位武林高手,是他将中国的传统武术传到日本,成为现代风行世界的柔道之先河。

↙ 《兵法与剑术》,日文版。日本武士把孙子“诡道”视为“剑道”的重要部分,日本战国时期与德川幕府时期颇有影响的剑术家、兵法家宫本武藏深谙此道。他因与佐佐木小次郎决战而一举成名,与其说是用剑法倒不如说是用兵法取胜的。宫本武藏自幼跟从父亲学习兵法,比武 60 多次不曾失手,写下《兵道镜》《兵法二天一流》《兵法三十五固条》,创立“二刀兵法”,在当地传授兵法。江户时代,剑道在日本被称作“兵法”,日本人称《孙子兵法》为大兵法,称剑道为小兵法。

↙ 《跆拳道》,韩文版。拳道源于朝鲜半岛三国时代的跆拳,是一门韩国格斗术,以其腾空、旋踢脚法而闻名,由韩国的花郎道、中国的武术、日本的空手道融汇而成。“跆拳道”一词是 1955 年由韩国的崔泓熙创造。据说崔泓熙早年在留学日本时,学习了日本松涛馆流空手道,并融入跆拳道中。而日本空手道等武术,是中国拳术的发展,中国的武术与《孙子兵法》源远流长。

↙ 《太极拳》,英文版。《孙子兵法》是中华智慧的瑰宝,太极拳是中华文化的结晶。拳法和兵法,同根同源,自古一家。以往习武者,文学兵法,武练拳术。校场比武是十八般兵器,而理论考试则是《武经七书》。《孙子兵法》位列武经之首,堪称大拳理,是主要考试内容。太极拳退可以独善其身,进可以淑世以道,与孙子的“自保而全胜”有相通之处,两者完美结合,珠联璧合。

✓ 《泰拳》,英文版。泰拳属武术体系,堪称格斗技中的极品,是一种非常狠辣的武术,具有很强的杀伤力。泰拳直接用于军事实战,与兵法密切相关。当时士兵们在战场上远距离作战时使用刀枪剑矢,近距离搏斗时则以拳肘膝脚作为进攻武器。因此,泰拳自古与兵法不可分割。泰拳克敌制胜,汲取了《孙子兵法》的精华。泰拳拳法中的右直拳力量大、速度快,左勾拳发出产生鞭打效果,如同子弹射出一般,展现了"兵贵神速"。

✓ 《对弈》,法文版。法国经济学博士让—弗朗索瓦·费黎宗在与国际象棋世界冠军卡尔波夫在书中的对话,有这样的一番肺腑之言:"从孙子到克劳塞维茨,从福煦到利德尔·哈特,他们之中给我印象最深的,毋庸置疑就是孙子这位生活在春秋动荡时期的中国将领。我数十次反复阅读了他写的一本薄薄的名为《孙子兵法》的书,我甚至还出版了一个加上自己注解评论的新译本。"

✓ 《围棋的孙子兵法》,日文版。起源于中国的围棋,变化多端,奥妙无穷。围棋棋经十三篇多引《孙子兵法》,是尽显大谋略、蕴涵大智慧的对弈。围棋注重对全局的把握,加强自己的力量,而不是去打败对方。基辛格概括了中国围棋与西洋象棋之间的差异:西洋象棋所体现的是力量的碰撞,而围棋讲究的是相对利益和长期围困。围棋从一张空白的棋盘开始,只有当棋盘上"布满双方势力相互交错相互牵制的区块"时才能分出胜负。

✓ 足球王国里,中国的孙子已然成了"军师",这部兵书已经被佩雷拉研究得很透彻。巴西人对《孙子兵法》的热衷与足球狂热有关,因为巴西足球明星都崇拜中国的孙子。被誉为孙子伟大实践者的米卢,他的法宝也是《孙子兵法》。皇马的最高境界是孙子"风林火山"。葡萄牙教练卡洛斯称,足球比赛只有融入兵法艺术,才能成为一场美丽的赛事。

朴在熙 《商战时代遇见孙子》(韩文)

《孙子兵法》独特的特质和处世哲学蕴含着人生教化之理，可以为人生所借鉴，其辩证思维的特质可满足人们启迪心智的需要。因此，千百年来被世人所推崇，成为人生智慧宝典。当《孙子兵法》不断启迪和帮助人们，它已成为众多人们行为规范、处理人际关系的箴言，影响着现代社会的精神文化生活。东西方许多国家将《孙子兵法》作为人生指南，并逐渐上升为一种“处世之道”和“人生战略学”。

朱津宁，美籍华人，国际畅销书作家。她编著了外文版《新女子兵法》《女儿兵法》。朱津宁是国际畅销书作家、著名讲演家，曾与美国前总统卡特和英国前首相梅杰同台演讲。她还担任美国学习频道“伟大之书系列”《孙子兵法》单元的主要撰稿人。她把东方的灵性潜力，转化为生存竞争的武器。她主要是从理性角度分析兵法，形成了作为女性学者的鲜明个性特色。朱津宁的作品受到西方新闻媒介的高度赞扬。美国有线电视新闻网（CNN）脱口秀主持人桑亚·弗雷德曼博士赞美说：“朱津宁对人类心灵智慧具有出人意表的了解，你可以从中得到一百个妙计，帮助你获得人生和事业更大的成功。”

严定暹，中国台湾学者。她编撰了中文版《活用孙子兵法》《谈笑用兵》《笑谈孙子兵法》。华人世界研究兵法的大多是男性学者，女性学者乃凤毛麟角。而把《孙子兵法》活用在现实生活中的女性学者，更是难能可贵。她用女性的审美眼光和思维方式，把枯燥乏味的兵家文化融入现实生活；她把深奥的经典智慧，吸收为浅显易懂的实用生活方法，赋予人生的哲理。严定暹说："读《孙子兵法》是会很快乐的，不是因为你从此以后百战百胜，胜败乃兵家常事。而是因为对我们个人来讲最大的好处是：勇于尝试，不怕失败。失败没什么了不得，《孙子兵法》就是引导我们走过失败。走向成功的一个宝典。如果人的一生只能读一本书的话，那就应该是《孙子兵法》。"

周泯垣，中国台湾中华孙子兵法研究学会研究员、中国台湾高凤数位内容学院讲师。他受邀担任中国台湾屏东教育大学硕博士班、美和科技大学、高凤数位内容学院、屏东女校等数十所大学的"兵法教官"，他编著的中文版《孙子兵法与案例导读》一书，目前为中国台湾多所大学院校采用。此书以大学生为撰写目标主体，从大学生面向生活、面对社会角度切入。各篇内容架构予以图表辅助，使深奥难懂之兵学重点化、简单化、图表化，并将各篇关键思想辅以 50 个生活案例导读，融合于学习、生活、沟通、职场、爱情、创意等方方面面，以提高大学生学习兴趣与效果。

吕罗拔，马来西亚孙子兵法学会的发起创始人、新加坡孙子兵法国际沙龙主席。他把《孙子兵法》中蕴含的军事哲理，现实地应用到了经商管理、人际关系中，还用《孙子兵法》指导人生，编著中文版《兵法·事业·人生》《外公兵法》。吕罗拔认为：《孙子兵法》是一门讲全胜、使人立于不败之地的学问，兵书围绕一个"胜"字，是一部不折不扣的"成功学"，而成功则是包括一切的成功，经济、财富、实力的成功，甚至还包括家庭、健康、夫妇、子女、教育、人际关系以及人生一切的成功。

吴如嵩编著的日文版《孙子兵法与养生治病》，介绍了"兵"与"医"之间的辩证联系，以《孙子兵法》论养生治病，将孙子谋略直接应用于医学，本书是首例。《孙子兵法》内容精博深邃，成为世界第一部养兵养生的兵书，实属罕见。早在古代，扁鹊、孙思邈等名医就提出过以兵论医。孙思邈是提出“防重于治”的医疗思想第一人，孙子写了兵法十三篇，孙思邈提出养生十三法，还提出“存不忘亡，安不忘危”，明显受孙子养兵养生思想的影响。养兵千日，用兵一时。孙子非常重视军队的卫生防病，他在《行军篇》指出：“凡军喜高而恶下，贵阳而贱阴，养生而处实，军无百疾，是谓必胜。”

《孙子兵法》不但深刻揭示了战争中的一般规律，也揭示了在社会其他活动中可借鉴的普遍意义。在一个竞争日趋激烈的时代，它已经成为一部竞争理论的专著，散发着引导人们走出竞争困境的理性之光，越来越多的现代人都从孙子学说中得到了重要启示。孙子之所以受到现代人的青睐，是因为孙子学说充满了竞争精神，符合今天的时代精神，符合现代社会竞争机制的需要。

拉塞尔·怀尔德编著英文《BOSS的孙子兵法》。作者美国人，生于纽约长岛，先后在金融、出版与营销等行业工作。

朱津宁编著英文版《职场女王学——孙子兵法让你成为工作赢家》《先赢后战》《诡道》。

守屋淳编著日文《善于躲避的孙子——何谓凌驾他人之上的兵法》。作者认为，当今商业社会、个人和企业都处在激烈的竞争中，孙子的战略思想超越时空、国界，展现了脱颖而出的智慧。

高畠穣编著的日文《心理战的胜利——孙子兵法的入门》，介绍了《孙子兵法》中蕴含了丰富的战场心理学和心理战思想。《孙子兵法》是世界上最先阐述“心理学”的军事著作，也是心理战的奠基之作。《孙子》十三篇处处可见心理学的智慧和关于心理战术的精妙论述，可以说是最古老且最实用的心理学应用之作。

王立文，中国台湾元智慧大学教授，也是首个在岛内将《孙子兵法》列为必修学分的“推手”。他编著的中文版《孙子兵法实战操练》，是为现代人特别是在校学生量身定制的竞争书籍。他按照《孙子兵法》十三篇，逐篇分析这部经典所包含的人生哲理，引导大学生用孙子竞争思想把握人生与事业的主动权。

- "修道保法"是孙子对各诸侯国的统治者提出的一条基本的政治原则。关于"保法"，孙子解释说："法者，曲制、官道、主用也。"所谓"法"，就是指军队的组织编制、将吏的管理、军需的掌管。"保法"，就是健全和严格法制，使国家的各项事业和军队建设有硬性的制度保障。

- 《孙子勒姬兵》，日文版。内容简介：孙子吴宫教战训练吴王宫女，三令五申，严申军令法规。吴王两位宠姬有恃无恐，目无纪法，即使吴王求情，孙子也毫不留情，立即问斩。吴王阖闾虽因失去两位宠姬而心不悦，但他看出了孙子是一位难得的帅才，随后便拜为将。

- 《实习律师和孙子兵法》，英文版。毕业于剑桥大学和中殿法律学院的蒂姆·凯万，被一家律师工作室录用为实习生，进入了一场剑拔弩张的实习生大战。他在出版的《实习律师和孙子兵法》书中提出：诉讼就是一场战争和一本《孙子兵法》，该书在《泰晤士报网》点击率排行前三名。

- 《孙子兵法防范罪案》，英文版。2006年，马来西亚著名作家邱庆河与槟州总警长拿督尹树基副总监合著的《孙子兵法防范罪案》，加入《孙子兵法》战略，演变成大马皇家警察部队在防范罪案的策略，成为大马皇家警察部队在打击罪案策略上的指南，在MPH书店大马各大分行出售。

- 《警察孙子兵法》，韩文版，宋基燮著。

- 《决胜法庭》，苏州大学出版社出版，中文版，陈金华著。

- 1993年，白山出版社出版吴如嵩主编的《孙子兵法辞典》精装本。本书由名词语汇、军事术语、名言警句、版本举要、原文检字及附录等

17部分组成，收词1307条，文献1075目，《孙子》最重要版本6种和《孙子》佚文45条。此书为海内外学习和研究《孙子兵法》的第一部专题性工具书。

↙ 《孙子兵法大辞典》。1994年，上海科学普及出版社出版，古棣主编，2015年上海辞书出版社出版了修订版。此书约150万字，由《孙子兵法》词汇解释、《孙子兵法》今译、《孙子兵法》研究文献概要、研究信息及书录等部分组成，是一部实用的工具书，又是一部有科学价值的学术著作。

↙ 《孙子兵法辞典》精装本。1994年，湖北人民出版社出版，赵国华等主编。

↙ 《孙子兵法实用大典》精装本。1995年，中国国际广播出版社出版，刘伶、吴绪彬主编。

↙ 《孙子兵法鉴赏辞典》。2012年，上海辞书出版社出版，杨善群主编。此书作为该出版社古代经典鉴赏系列丛书的一本，全书设文本篇、主题篇、名言篇三部分。文本篇包括原文注释、鉴赏三方面；主题篇选取《孙子兵法》思想中的精华，结合历史上的战例分析解读。

↙ 《孙子兵学大辞典》。2015年，白山出版社出版，吴如嵩、苏桂亮主编。全书140万字，分为11部分：孙武本事、原著经文、思想学说、字词详解、军事术语、名言警句、中外评语、诗词曲赋、研究信息、文献要目及附录。涵盖了20多年来国内外《孙子兵法》研究的最新成果，代表了当今的最高水平。

吴如嵩　　李斌等 译 《孙子兵法与养生治病》(英文)

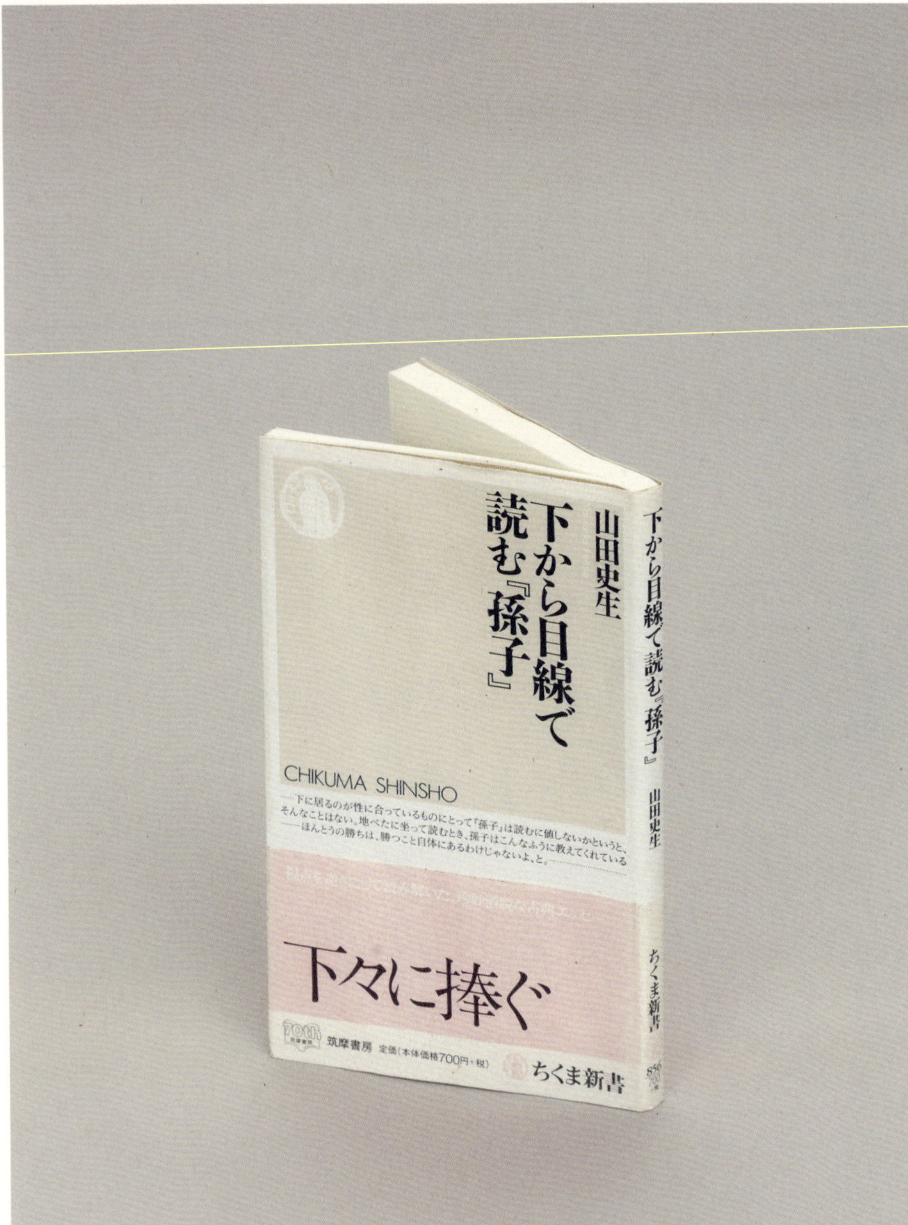

山田史生 《从下属视角阅读孙子》(日文)

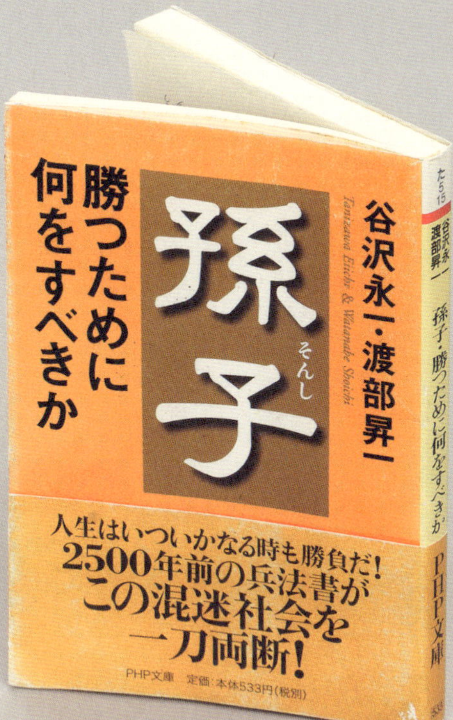

谷泽永一，渡部升一　《孙子·为了胜利应该做什么》(日文)

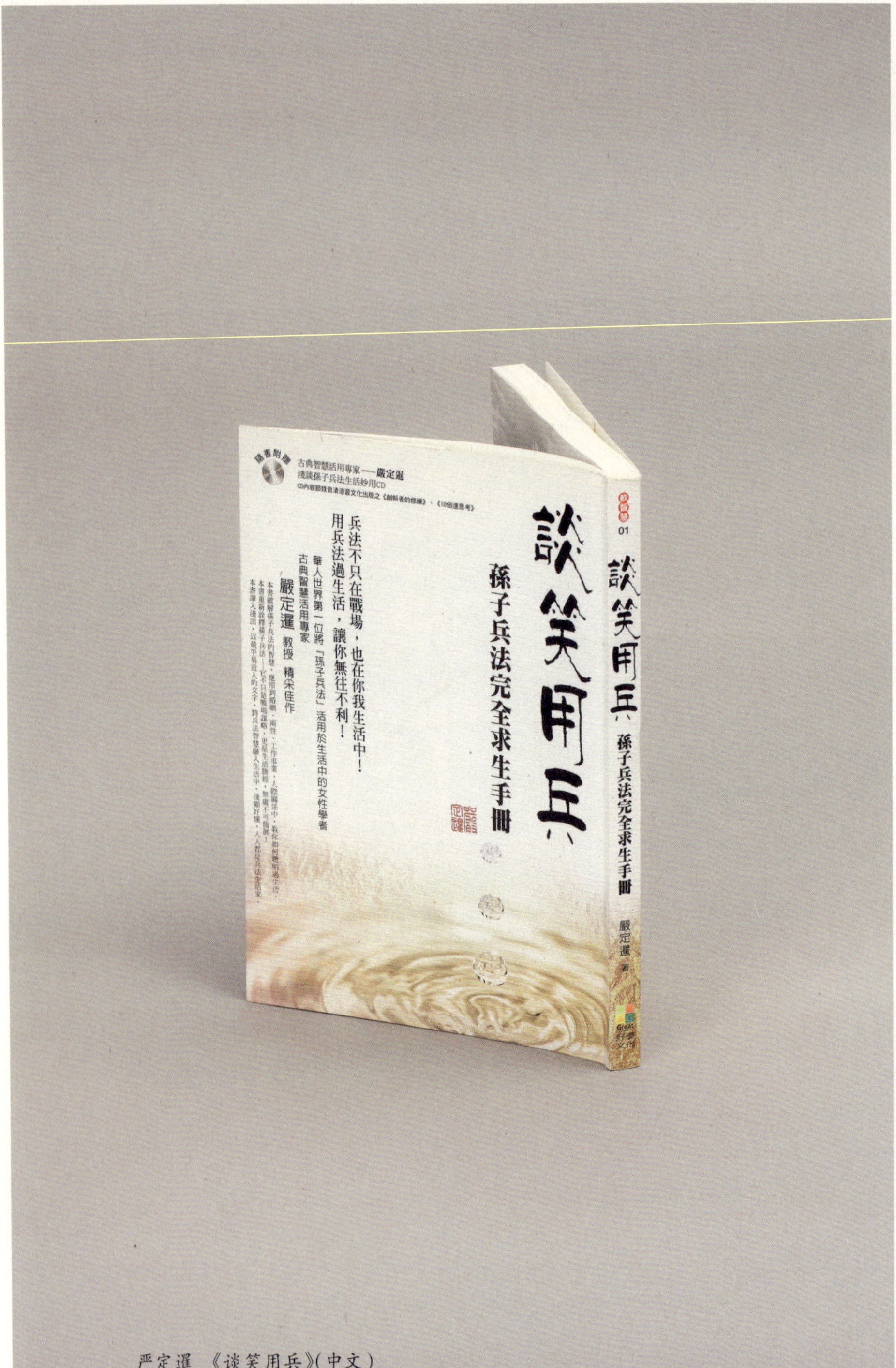
古典智慧活用專家——嚴定暹
淺談孫子兵法生活妙用CD
談笑用兵
孫子兵法完全求生手冊
兵法不只在戰場，也在你我生活中！
用兵法過生活，讓你無往不利！
華人世界第一位將「孫子兵法」活用於生活中的女性學者
古典智慧活用專家
嚴定暹 教授 精采佳作
01
嚴定暹 著

严定暹 《谈笑用兵》(中文)

严定暹 《活用孙子兵法》(中文)

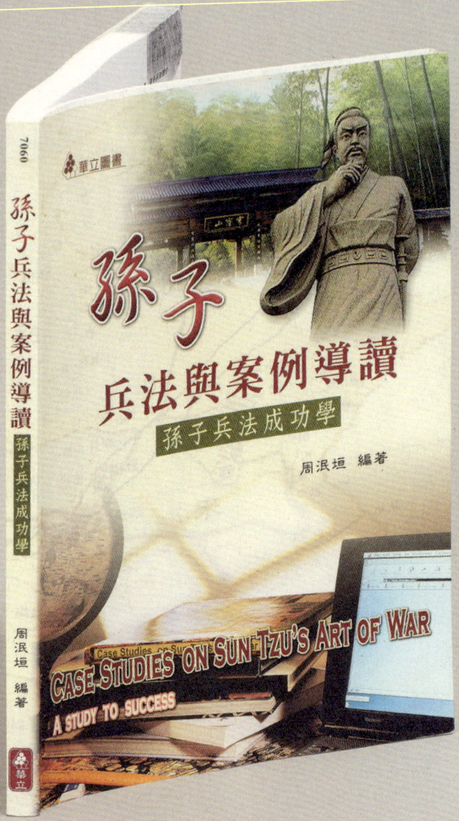

周泯垣 《孙子兵法与案例导读——孙子兵法成功学》(中文)

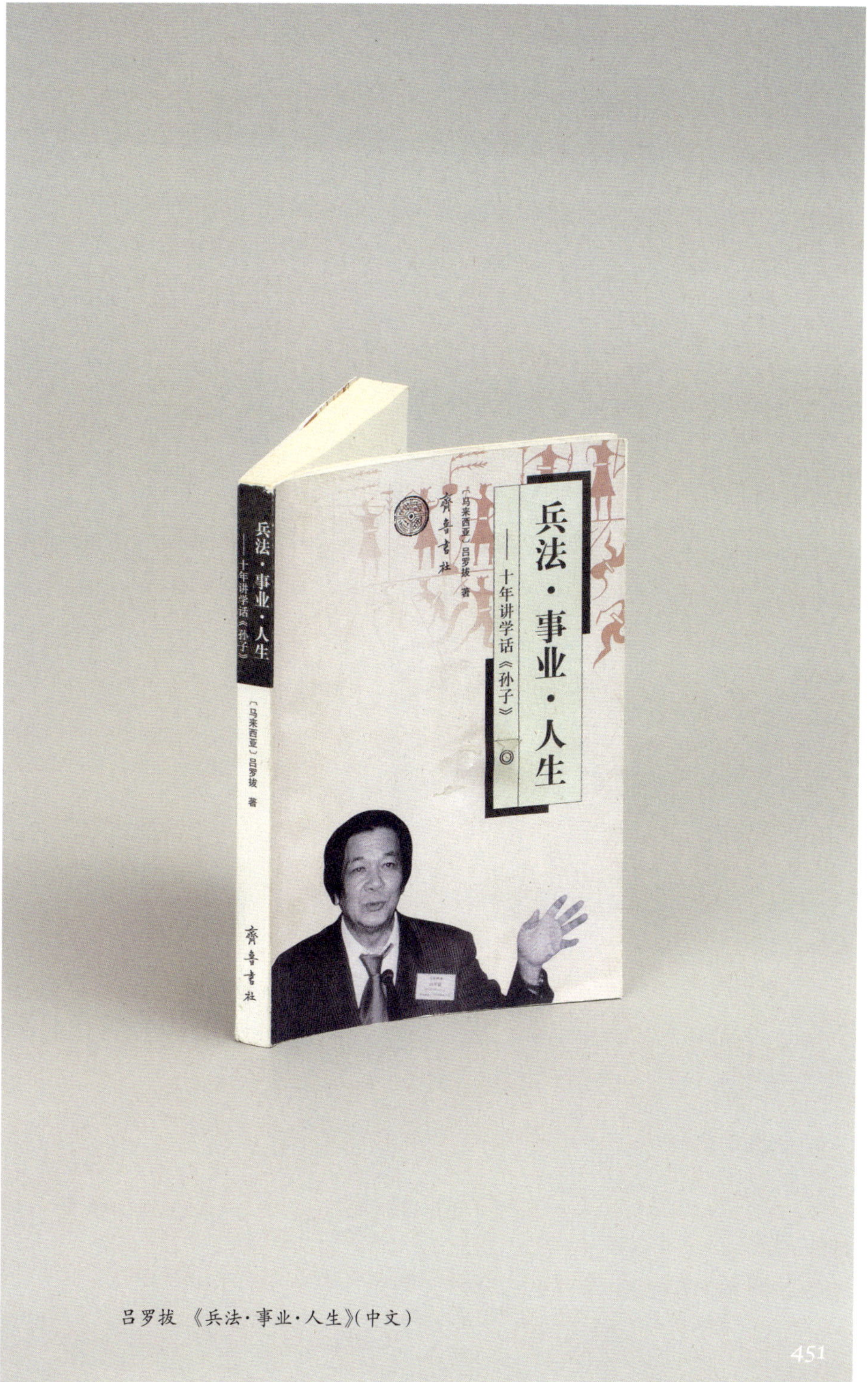

吕罗拔 《兵法·事业·人生》(中文)

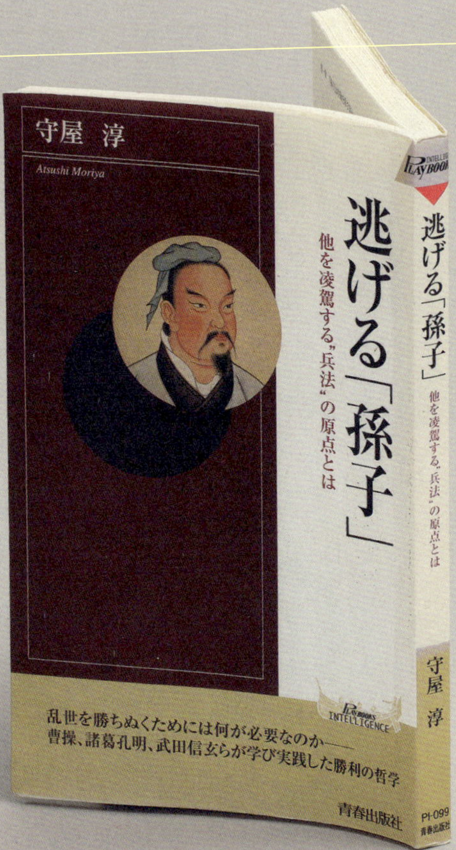

守屋淳　《善于躲避的孙子——何谓凌驾他人之上的兵法》（日文）

高畠穣 《心理战的胜利——孙子兵法的入门》(日文)

王立文 《孙子兵法实战操练》(中文)

汤浅邦宏 《孙子·三十六计》(日文)

宋珍九 《孙子兵法与 36 计》(韩文)

冯吉江 《孙子兵法与36计》(印尼文)

蒂姆·凯万 《英国实习律师和孙子兵法》(中文)

赵国华，刘项，刘国建 《孙子兵法辞典》（中文）

吴如嵩 《孙子兵法辞典》(中文)

少儿读物类

连环画又称连续画、小人书或小书，是一种古老的中国传统艺术，在唐朝印刷术普及后最终成型。以连续的图画叙述故事、刻画人物，是老少皆宜的一种通俗读物。根据《孙子兵法》原著编绘的连环画，翻译成各种语言文字，艺术性强，通俗易懂，还有收藏价值，在全世界非常流行，深受各国读者欢迎。

在巴黎中国文化中心，法文版连环画《孙子兵法》《孙膑兵法》《司马法》《黄石公三略》《六韬》《三十六计》等中国兵家文化书籍十分齐全，很受法国读者青睐，前来阅读的以法国年轻人居多。

法兰克福孔子学院有完整的《孙子兵法》连环画，使得德国受众从文化和艺术的角度解读中国兵学文化，进而加深对中国传统文化深厚内涵的理解。

森哲郎，日本著名社会派漫画家，在日本漫画界自成一派，因而被称为日本漫画界的“一匹狼”。他对中国充满感情，20 多年来访问中国 50 余次，目的就是给中日文化牵线搭桥，堪称“中日漫画交流第一人”。他的《孙子兵法》漫画最受推崇，日本人只要读起来都会爱不释手。他画的《孙子兵法解读》，把中国的兵法以漫画的形式刻画的惟妙惟肖，在日本获得广泛赞誉。

井上靖，日本文坛巨匠，曾任日中文化交流协会会长。他的漫画

《风林火山》出自《孙子兵法》中“其疾如风,其徐如林,侵掠如火,不动如山”,在日本及亚洲也很风靡,狂销 500 万册。

✓ 日本把《孙子兵法》编写成漫画,有单本的,也有一至五册全套的,让孩子从小就开始学习。日本的中学就推荐《孙子兵法》漫画版,日本学生读起来都会津津乐道。

✓ 一本名为《孙子酱的兵法》的读本,除了有大量的萌图以增添阅读乐趣之外,还有超过 60 则以上的四格漫画,深入浅出地介绍了《孙子兵法》中的一些精髓部分,以期让读者简单地了解一些古典兵法在现代社会中的活用法则。充满趣味性的解读,是推广古典名著的一个不错方式。

✓ 李志清,中国香港漫画大师。2007 年 7 月,他最著名的漫画代表作品《孙子兵法》,一举夺得日本首届“国际漫画赏”最优秀作品奖,其书在日本、韩国均有出版。

✓ 蔡志忠,中国台湾著名漫画家。2018 年 6 月,美国普林斯顿大学出版社出版发行了新版《蔡志忠漫画·孙子兵法》,该书上市后,《纽约时报》于 7 月 10 日在其头版刊登了对蔡志忠的专访,当即引发了热烈反响,7 月 10 日一天,亚马逊网店的书便被销售一空。从 1989 年生活·读书·新知三联书店出版第一套《蔡志忠漫画》,到 5 年后推出英文版,蔡志忠用漫画演绎包括孙子在内的诸子百家经典,历经多次再版,被译成 20 多种语言,在全球的销量以千万册计数。

✓ 孙子思想影响了一代又一代的韩国人。在当今激烈竞争的社会中,以少年儿童为普及对象的《孙子兵法》的相关书刊大量涌现。难懂的中国古文转换为通俗易懂各种韩文版,使韩国少儿容易阅读和理解,携带式袖珍本《孙子兵法》也在市面上流行。

✓ 韩国把郑飞石的《孙子兵法演义》改编成漫画,这类漫画老年人买的最多,因为在韩国漫画不只是给孩子看的,主要是给老年人看的,韩国老年人特别喜欢看漫画。

《孙子兵法》德文版漫画10欧元一本，因价格便宜，便于携带，又非常实用，常年销售火爆。

日本人爱读《孙子兵法》，有人把它作为自己的人生指南，也有人把它作为自己的座右铭，更有人把它作为日本人的行为规范。日本人认为：《孙子兵法》无疑是中国几千年来最具影响力的智慧之一，倘若孩子能从小得到熏陶和启迪，对他今后的人生发展有着很大影响。

日本重视出版的少儿普及版《孙子兵法》，除了《孙子》漫画、《孙子》小说，还有《孙子》科普书、《孙子》娱乐书，《孙子》启蒙教育书，先后推出少儿版《孙子物语》，娃娃版《孙子兵法》，如《培养强韧的心灵儿童的孙子兵法》，作者斋藤孝，日本图书中心出版。

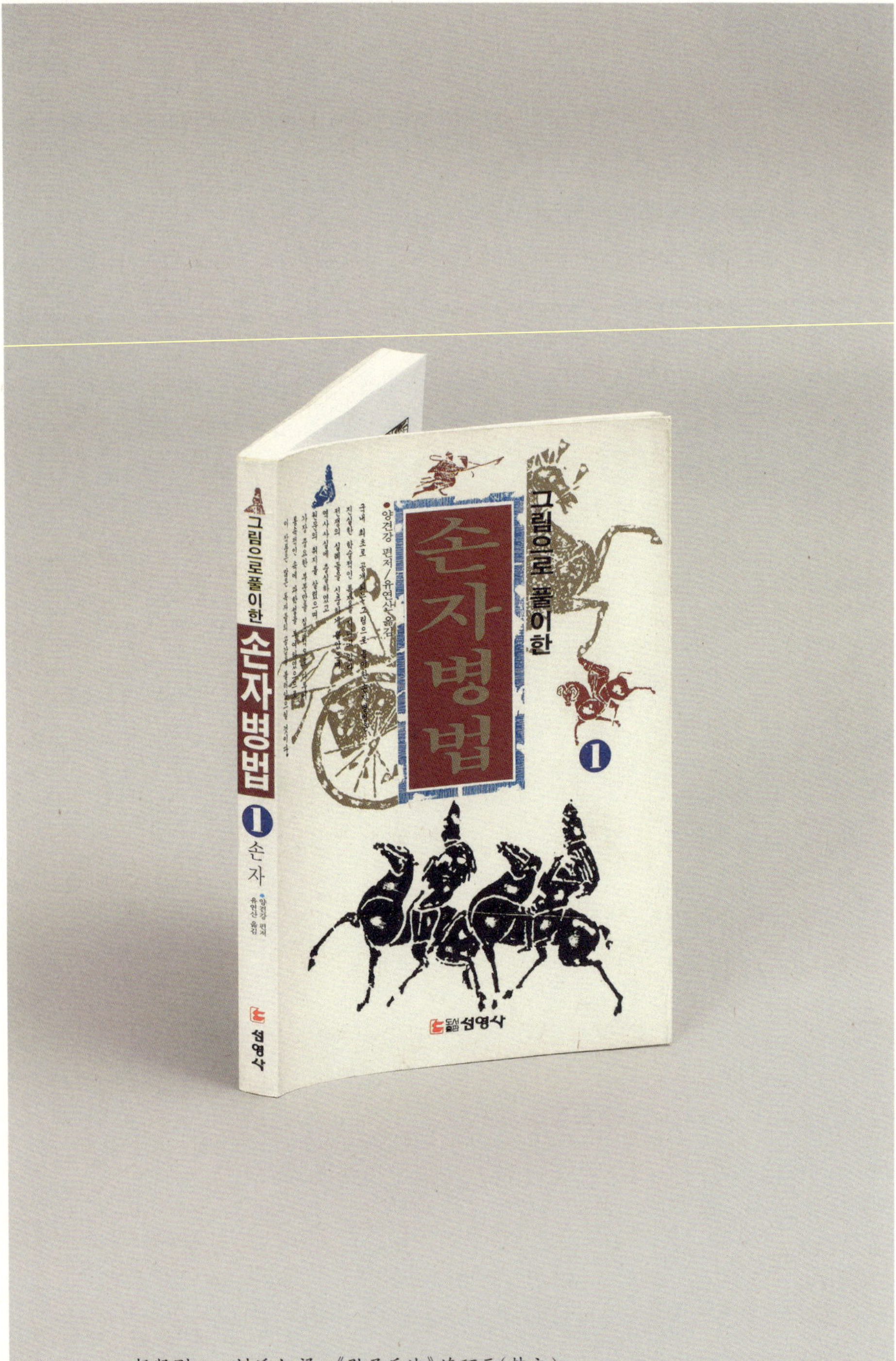

杨坚刚　　刘延山 译 《孙子兵法》连环画(韩文)

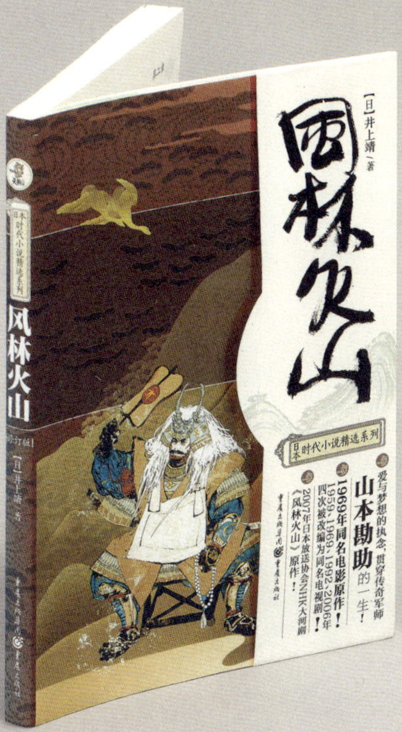

井上靖　　子安 译 《风林火山》(中文)

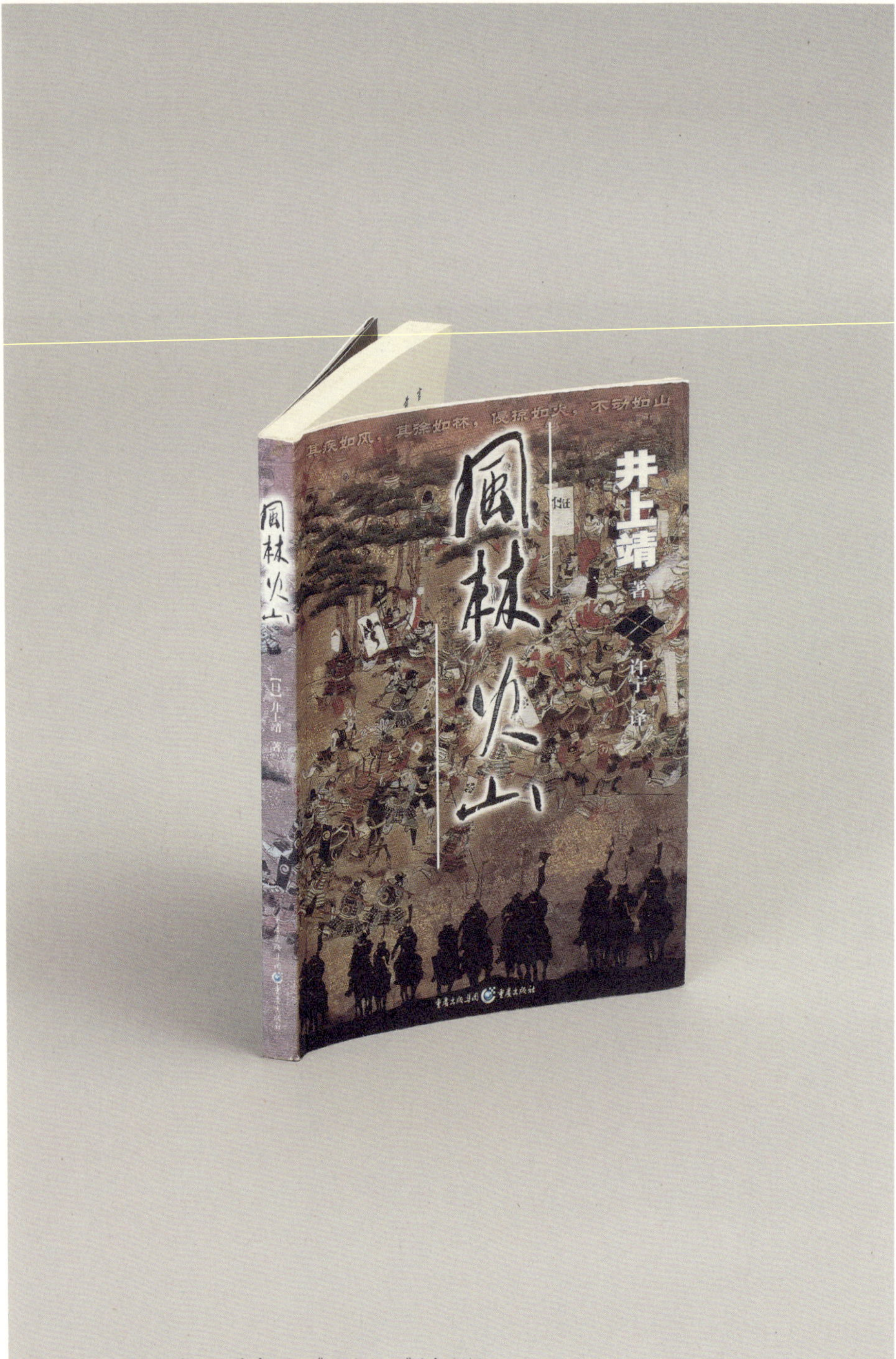

井上靖　　许宁 译 《风林火山》(中文)

李志清 《漫画孙子兵法》(日文)

井上靖 《风林火山》(日文)

蔡志忠　《漫画孙子兵法·韩非子》(中文)

郑飞石 《漫画孙子兵法》(韩文)

无锡世纪宏柏数码动画有限公司 《福五鼠之孙子兵法》(中文)

京鼎动漫 《漫画孙子兵法》(中文)

《天天向上丛书》编委会　《图说孙子兵法》(中文)

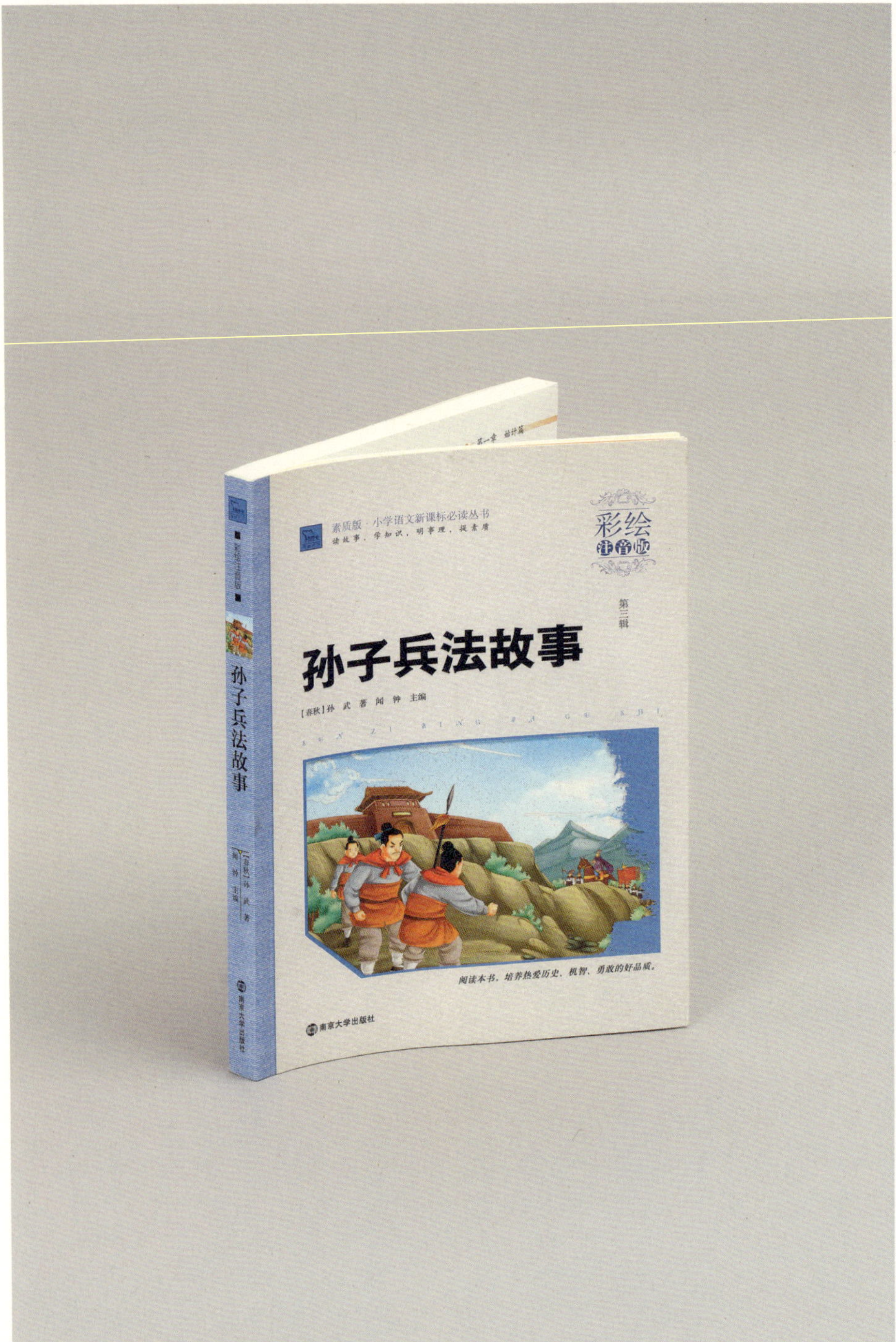
素质版 · 小学语文新课标必读丛书
读故事，学知识，明事理，提素质
彩绘
注音版
第三辑
孙子兵法故事
【春秋】孙 武 著 闻 钟 主编
阅读本书，培养热爱历史、机智、勇敢的好品质。
南京大学出版社

闻钟 《孙子兵法故事》(中文)

申敬爱 《注音版〈孙子兵法〉》(中文)

✓ 1988年12月，由日本著名孙子兵法研究学者服部千春校订、中国书法家李铎书写的《孙子兵法新校字帖》（8开本），由军事科学出版社出版。此书首启《孙子兵法》字帖样式，开创了《孙子兵法》书法字帖的先河。

✓ 21世纪以来，《孙子兵法》的书法字帖、金文、篆刻和印谱等书籍相继问世，使得《孙子兵法》这部兵学圣典更具中国文化特色，更有阅读、欣赏和收藏价值。

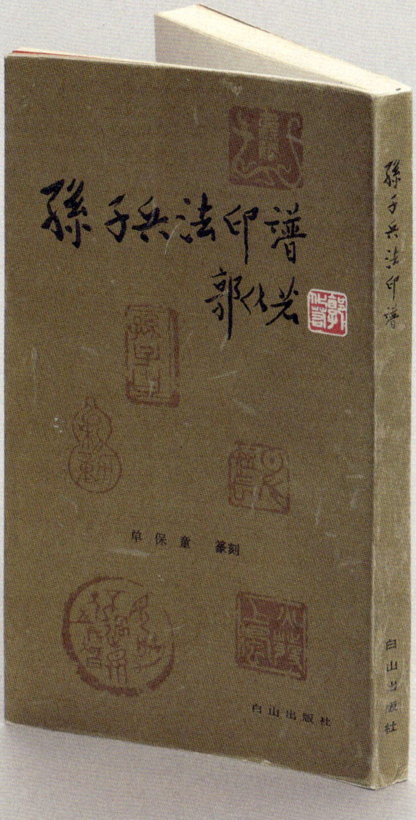

单保童 《孙子兵法印谱》(中文)

老善 《孙子兵法印谱》(中文)

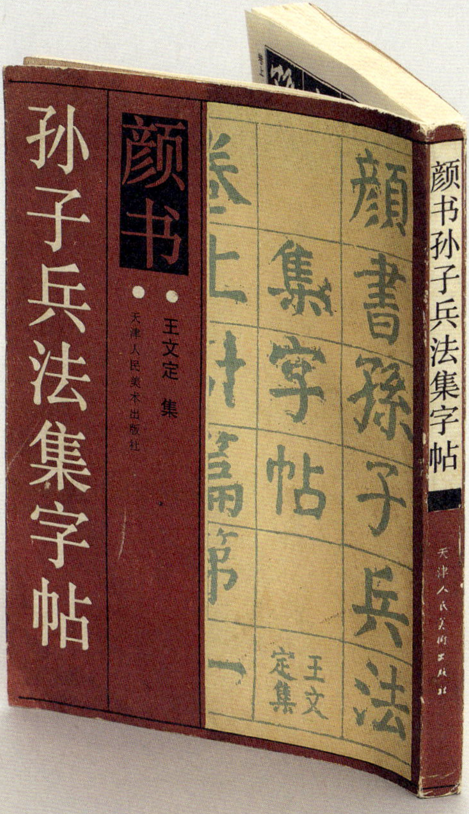

王文定 《孙子兵法集字帖》(中文)

5
阅读与收藏

导读

→ 在世界政治舞台上、在世界外交谈判桌上、在世界军事变革中、在世界经济大潮中、在世界杯的赛场上，乃至在全世界的媒体上，发出中国声音频率最高的是孙子语录，讲述中国故事最精彩的是孙子故事。

→ 中国古代的战略文化，已成为中国改革开放和文化强国的战略，亦正在成为全球化视野中的和平与发展的国际战略。面对全球化的浪潮，中华文化正向世界散发出巨大的影响力。

→ 孙子思想在全球政界、军界、学界、商界受到越来越多的重视，这也说明了中华传统文化穿越了时间和文化的屏障，在国际化、现代化的今天仍闪烁着东方独特的智慧光芒。

→ 美国小说家詹姆斯·克拉维尔在其1983年出版的《孙子兵法》英译本前言中写道：

→ “我真诚地希望你们喜欢读这部书。当然，我希望能把这部书列为自由世界中所有官兵、一切从事政治活动的人，以及政府和大学里所有的人的必读之作。”“如果我是最高统帅，或被选为总统或当上总理……我要以法律的形式确定下来：所有的军官，每年都要参加两次《孙子兵法》十三篇的考试，一次口试，一次笔试，及格分数是95分。”

→ 在美国亚马逊网站上“Sun Tzu”（孙子的英文译名）在图书频道

上检索，结果大致与被誉为现代管理之父的德鲁克和股神巴菲特旗鼓相当，有 1500 个以孙子为题的简装书名，难怪美国许多书店把《孙子兵法》与世界著名商业书籍并为一类。

→ 在洛杉矶一家书店的“军事历史”书架上，《孙子兵法》的英译本独占鳌头，有 17 种版本。书店工作人员告诉作者，在历史类图书中，要数《孙子兵法》最受读者欢迎。

→ 哈佛大学书店，《孙子兵法》与哲学书籍放在一起，哈佛的学者和学子把它当作经典哲学研读。美国各大机场的书店都能买到《孙子兵法》，而且版本很多。

→ 在长达 3 年时间里，《孙子兵法》位居《纽约时报》畅销书排行榜，在美国总发行量超过 600 万册。美国企业家，萨姆·J. 塞巴斯蒂安尼说：假如我手中拿着最后几本书匆匆奔向机场跑道，那几本书将是《圣经》《孙子兵法》《新厚黑学》。

→ 进入 21 世纪，在谷歌中搜索《孙子兵法》，跳出了 5 亿个数据。可见《孙子兵法》在全球出现了热销的局面在持续升温，而美国也许在全球是最具代表性的。在美国经典电影《华尔街》中，华尔街大亨戈登·盖柯曾引用了《孙子兵法》中的一句话“去读读孙子，不战而屈人之兵”。随后，美国商学院学生便掀起了一股阅读《孙子兵法》的热潮。

→ 美国拉斯维加斯战略科学研究“兵法的钥匙(Keysto The Artof War)”一文中说：“孙子的著作是一部人类历史上最有价值的著作。孙子所写的内容是基于现代人所不熟悉的传统的中国科学和哲学思想，因而也是一部最难懂的著作。”

→ 中国香港大学推荐学生看的 60 本书中就有《孙子兵法》，推荐理由是：它浓缩了中国古代最优秀的战略智慧的精华和兵家韬略之首，不仅是中国的谋略宝库，也是人类智慧之源，最能代表中华文明，影响着世界历史的进程。凡读过这部兵法的人，无不倾心于它所蕴含的深邃而奥秘的思辨内容、博大而精深的军事学说内涵、清新而鲜明的实践风格，以及辞如珠玉的文学性语言。

→ 中国香港影视巨星刘德华曾在港台推荐“十本好书”招待会上说：我觉得《孙子兵法》不是一次就看完的书，而是把它放在书架上，每遇到困难或什么疑难杂症时，就可以翻一翻。它提供一条钥匙去开启你的思想宝库，对我们事业、人生道路各方面都有参考价值。

→ 西班牙马德里的孙子崇拜者吉瑞说：孙子的智慧谋略，让全世界如此折服。至少至今还没发现，有哪一个人出的书全世界都在读、都在用，况且又是一本流行了2500多年的古书。

→ 海外图书馆收藏的最早中文版《孙子兵法》是1568年出版、赵本学所著《孙子书：三卷》，是美国国会图书馆摄自北平图书馆（现国家图书馆）善本书的胶片。赵本学的《赵注孙子兵法》在海外也影响深远。1589年出版的黄邦彦校正的《孙子集注：十三卷》，图书馆也以善本书胶片形式收藏。

→ 世界最大的图书馆联合书目平台World Cat中，1956年后出版的韩文版《兵法新讲》《曹操兵法》《孙子·吴子》，都包含了《孙子兵法》的内容。World Cat上收藏数量最多的是明治书院1972年出版的日文版《孙子·吴子》。

→ 在全球最大在线读书社区Good Reads上，英国汉学家贾尔斯翻译的孙子兵法收藏量最多。

→ 在哈佛大学、斯坦福大学、哥伦比亚大学图书馆，《孙子兵法》的中英文版都很齐全。在美国国会图书馆网络检索入口，选择简单检索方式进行主题检索，就能检索出《孙子兵法》英文记录二百零四条。

→ 在美国旧金山公共图书馆，一位美国老太太正在电脑前聚精会神地阅读美国准将格里菲斯翻译的《孙子兵法》。这位老太太告诉作者：她很喜欢中国的孙子，最喜欢读的是亚马逊畅销的这本中国兵书，它给人以智慧，许多美国人都喜欢读。

- 亚洲 -

1. 日本东京书店《孙子兵法》书籍琳琅满目，有 280 多种。有孙子漫画、孙子图解、孙子小说、孙子口袋书、孙子注释书、孙子学术顶端文库书、孙子科普书、活用孙子、孙子商业竞争书等。

2. 首尔光化门韩国最大的教保文库首尔书店，《孙子兵法》韩文版、中韩文对照版、古典版、新编版、新解版、注释版、图解版、小书版等，数不胜数。

3.1 越南首都河内书店《孙子兵法》有越南文版、图画版、精装本、缩略本、画册等多种版本，销售一直火爆。

3.2 越南胡志明市书店和音像店里，不乏《孙子兵法》音像制品。

3.3 在越南河内书店和旅游景点都有出售越文版《孙子兵法》。

4. 泰国首都曼谷的书店有泰文版、英文版、礼品版、精装版、线装版、图画版《孙子兵法》；中文版本也有很多，如《孙武兵法》《孙子兵法智慧》《孙子兵法大传》等。

5. 马来西亚作家邱庆河先生翻译的英文版《孙子兵法》，在马来西亚书店被列入十大畅销书榜首。

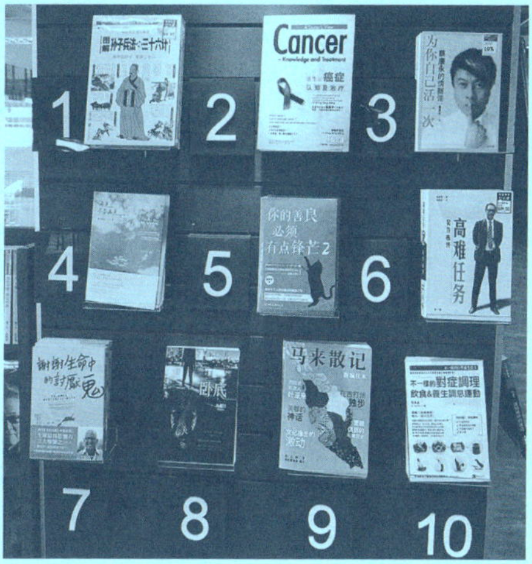

6.1 新加坡大众书局将《孙子兵法》列入十大排行榜首。

6.2 新加坡的友联书店开设兵法谋略学专柜。

7. 阿联酋迪拜书店辟有《孙子兵法》专柜，英文版多达数十种。

— 欧洲 —

1.1 在英国伦敦市中心查令十字路有名的书店街，有各种英文版的《孙子兵法》。

1.2 英国牛津大学的书店里，牛津大学出版社出版的美国准将塞缪尔·B. 格里菲斯翻译的英文版《孙子兵法》热销不衰。

1.3 英国温莎城堡的书店有托马斯·克莱瑞和中国将军陶汉章的英文版《孙子兵法》。

1.4 英国伦敦大学的书店《孙子兵法》吸引留学生眼球。

2.1 德国柏林的书店德文版《孙子兵法》比口袋书略大一点，套红硬壳，这是目前最新的德文版本。

2.2 德国科隆的书店最新德文版《孙子兵法》成为“抢手货”。

3. 俄罗斯圣彼得堡的书店，俄文版《孙子兵法》简装本销售一空，只有少量大开本的精装本和插图本，装帧十分精美，价格在 1 万卢布以上。

4.1 白俄罗斯涅斯维日的书店出售各种版本的俄文版《孙子兵法》。

4.2 白俄罗斯首都明斯克的书店，出售各种版本的俄文版《孙子兵法》。

5. 阿塞拜疆首都巴库的书店，出售3种俄文插图版《孙子兵法》。

6. 西班牙首都马德里的书店，一本西班牙文《孙子兵法》已再版14次仍销售火爆。

7. 葡萄牙首都里斯本的书店，葡萄牙文《孙子兵法》有多个版本，开本有大的，也有供读者携带的小书本。书的封面设计颇具特色，有中西结合的兵家人物画，也有中葡文对照的书名。这本来自中国2500年前的古书，已成为葡萄牙的畅销书，长销不断。

8. 意大利罗马火车站的书店里，《孙子兵法》封面设计颇有特色，体现了中西文化的融合。前来购买的读者长年不断，以大学生居多，也有不少商界人士。

9. 奥地利首都维也纳的书店里，一本德文插图版《孙子兵法》售价 79.99 欧元。

10. 希腊首都雅典的书店里，希腊文《孙子兵法》摆放在中心位置。

11.1 土耳其首都安卡拉的书店，出售兵马俑封面土耳其文版《孙子兵法》。

11.2 土耳其伊斯坦布尔的书店，土耳其文《孙子兵法》放在书店醒目位置。

12. 芬兰首都赫尔辛基的书店，出售芬兰文《孙子兵法》。

13. 丹麦首都哥本哈根的书店，出售丹麦文《孙子兵法》。

14. 挪威首都奥斯陆的书店，出售挪威文《孙子兵法》。

15. 克罗地亚首都萨格勒布的书店，出售的克罗地亚文《孙子兵法》。

16. 波兰首都华沙的书店，出售波兰文版《孙子兵法》。

17. 立陶宛首都维尔纽斯的书店，出售立陶宛文版《孙子兵法》。

18. 塞尔维亚首都贝尔格莱德的书店，出售塞尔维亚文《孙子兵法》。

19. 斯洛文尼亚首都卢布尔雅那的书店里，斯洛文尼亚文《孙子兵法》有 5 个版本。

20. 爱沙尼亚首都塔林的书店，出售英文版《孙子兵法》。

– 美洲 –

1.1 美国哈佛大学的书店出售莱昂内尔·贾尔斯翻译的英文版《孙子兵法》。布什的母校哈佛大学商学院从很早开始就一直在教授《孙子兵法》。哈佛大学建议读的100本书，其中就有《孙子兵法》。

1.2 美国纽约第五大道的书店，烫金的英译本《孙子兵法》放在进口处的醒目位置，与畅销书放在一起。

1.3 美国旧金山机场的书店,有售美国丹马翻译小组翻译的英文版《孙子兵法》。

1.4 美国夏威夷的书店英文版《孙子兵法》有许多版本,令人惊奇的是居然把《孙子》与《圣经》放在一起。

1.5 美国洛杉矶的书店，出售英文版《孙子兵法》。

1.6 美国休斯敦的书店英文版《孙子兵法》种类很多。

1.7 美国芝加哥的书店英文版《孙子兵法》。

2.1 加拿大首都渥太华的书店，出售的英文版《孙子兵法》。

2.2 加拿大蒙特利尔的书店，有各种英文版本《孙子兵法》。

3. 墨西哥首都墨西哥城的书店《孙子兵法》有西班牙文版和英文版。

4. 巴西第一大城市圣保罗和第二大城市里约热内卢的书店里，葡萄牙文版《孙子兵法》的版本众多，令人眼花缭乱。前来购买《孙子兵法》的巴西人比以前更多，销量逐年上升。

5. 走进阿根廷首都布宜诺斯艾利斯步行街最大的书店，仿佛走进一座富丽堂皇的古典剧院。该书店有四层楼面，每年接待逾百万购书者。《孙子兵法》被列为哲学书类，整整一大柜子。前来书店购买《孙子兵法》的除了学者和商业人士，学生是最大的读者群，尤其是正在或者准备学汉语的学生。

6. 秘鲁首都利马的书店，出售西班牙文版《孙子兵法》。

7. 智利首都圣地亚哥的书店里，西班牙文版的《孙子兵法》有五六种版本。图为作者在书店购《孙子兵法》。

- 大洋洲 -

1. 澳大利亚黄金海岸的书店《孙子兵法》作为热销品，摆放在一堆商业奇才的书籍之中。

2. 澳大利亚书店陈列的《易经》《太极剑》与中国兵法书。

– 非洲 –

1.1 南非约翰内斯堡的书店，阿拉伯文和各种英文版本的《孙子兵法》很齐全，翻阅的黑人读者不乏其人。

1.2 南非开普敦的书店，出售英文版《孙子兵法》。

2. 埃塞俄比亚首都亚的斯亚贝巴书店，出售英文版《孙子兵法》。

– 联合国 –

1.《孙子兵法传世典藏本》汇集了西汉《孙子兵法》银雀山竹简摹本、东汉《魏武帝注孙子》本、南宋《十一家注孙子》本、金文《魏武帝注孙子》穹窿山刻本、楷书《魏武帝注孙子》穹窿山刻本、白话文宋《十一家注孙子》穹窿山刻本和英文译宋《十一家注孙子》穹窿山刻本等7个版本。此书已被联合国教科文组织珍藏，不仅向世人宣传、弘扬了中华民族的"国粹"，而且还弥补了该组织图书资料库中文版《孙子兵法》的空缺。

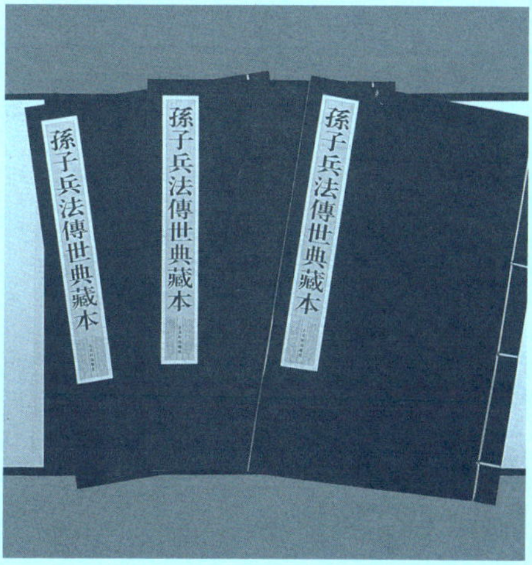

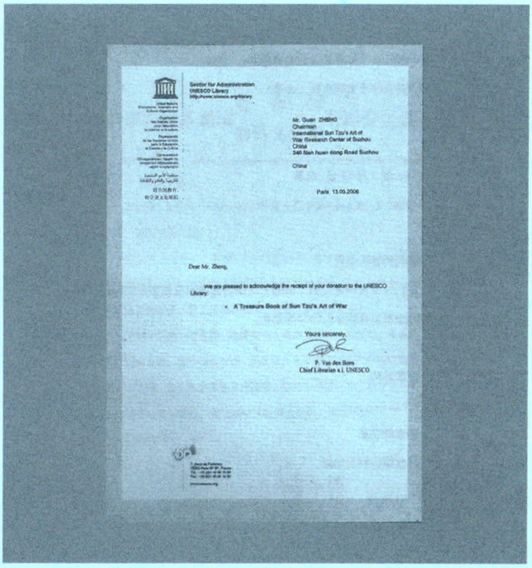

Sector for Administration
UNESCO Library

Mr. Guan ZHENG
Chairman
International Sun Tzu's Art of
War Research Center of Suzhou
China
340 Nan huan dong Road Suzhou

China

Paris, 13.03.2006

Dear Mr. Zheng,

We are pleased to acknowledge the receipt of your donation to the UNESCO Library:

- A Treasure Book of Sun Tzu's Art of War

Yours sincerely,

P. Van den Born
Chief Librarian a.i. UNESCO

2.《孙子兵法传世典藏本》被联合国教科文组织收藏证书。

- 亚洲 -

1.1–1.2 日本宫内厅书陵部藏《群书治要》引《孙子兵法》。

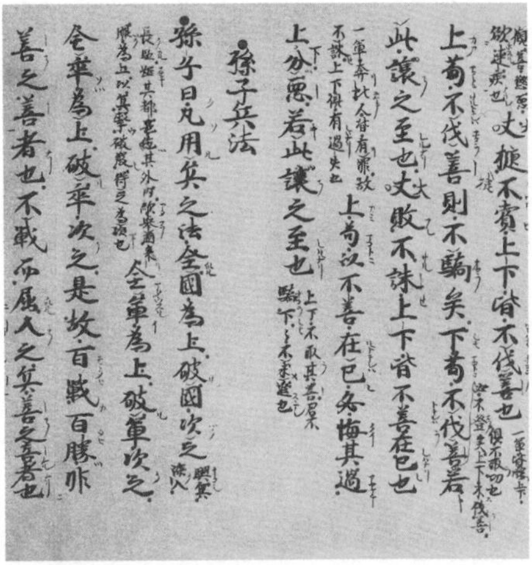

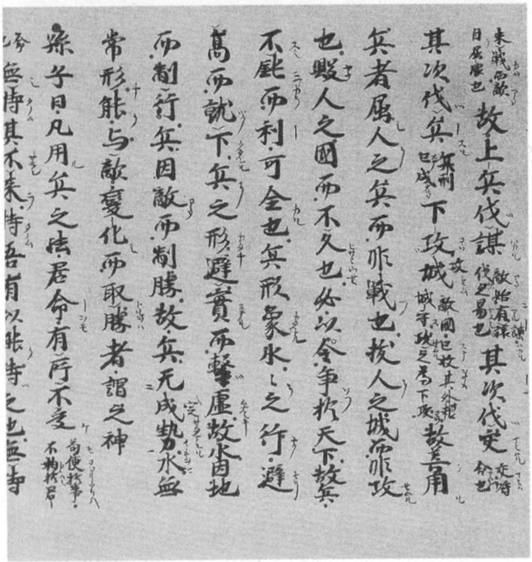

1.3 日本济美馆藏樱田本《孙子兵法》。

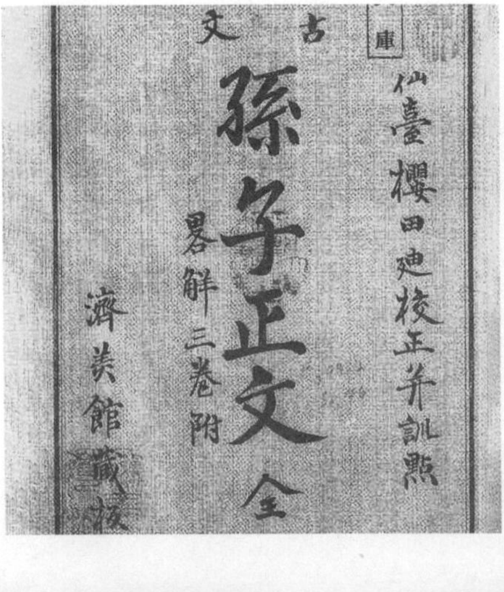

1.4–1.10 在日本福冈英彦山的一个道观分院，日本道教协会会长早岛妙听收藏了《孙子评注》《孙子活说》《孙子集汇》等许多中国古代兵书，这是早岛天来宗师 100 多年前留下的“稀世珍宝”。

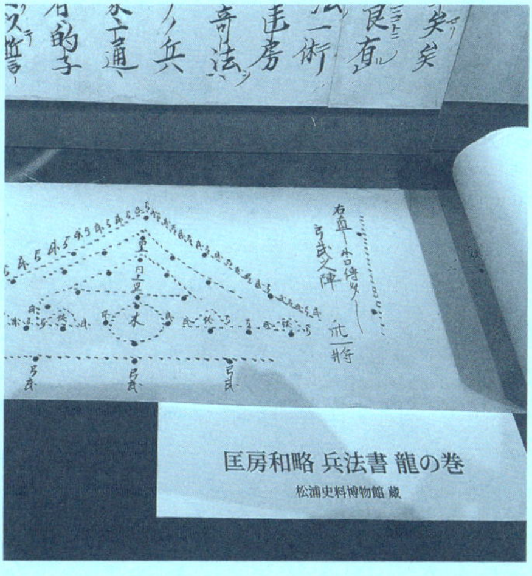

早岛妙听收藏了秘藏家传时期只有皇室及亲王等权贵能够看到作为禁秘书的《孙子》，刊印注释时期结束了手抄汉籍兵书历史。《孙子》在明治时代流传开来。

藏书形成了《孙子兵法》在日本流传的脉络：日本奈良时代著名的遣唐留学生吉备真备把《孙子兵法》传入日本皇室并未迅速传播，而一同传入的《太公六韬》和传授给张良的《黄石公三略》则也视为秘不外传的书籍；后存于大江世家。公元 10 世纪，再传到亲耳聆听吉备授课的土师宿弥关成的后世子孙大江匡房之手，大江匡房对朝廷秘藏的《孙子兵法》加以整理。此后又从大江匡房传到日本平安时代后期的著名武将“八幡太郎”源义家；进而辗转传到甲州武田源氏，“甲州流”兵法曾作为德川家的正式的兵学而被采用。江户时代《甲阳军鉴》出版，“甲州流”兵法成为传奇，武田信玄被公认为“战国第一兵法家”。至此，《孙子兵法》在战国时代才公开应用。

据统计，从 16 世纪以来，日本的各种《孙子兵法》注本不下一百六七十种。

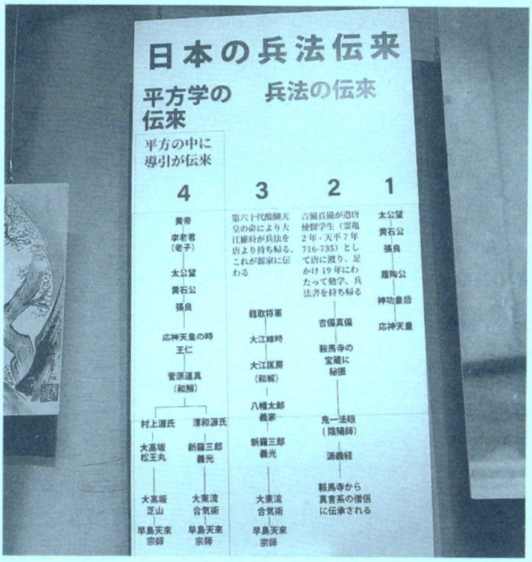

1.11《日本新华侨报》总编辑蒋丰收藏的日文版《孙子兵法》。

2. 越南侨领朱应昌收藏《毛泽东兵法》。

3.1 泰国潮州会馆收藏的《孙吴兵法》。

3.2 泰国三仙宫收藏的包括兵家文化在内的中国传统文化书籍。

4. 印尼《国际日报》总编辑李卓辉收藏的印尼文《孙子兵法》。

5. 马来西亚孙子兵法学会创会会长吕罗拔收藏的各种版本《孙子兵法》。

6.1–6.2 蒙古女大学生阅读乌兰巴托中国文化中心收藏的《孙子兵法》。

- 欧洲 -

1. 大英博物馆收藏的莱昂内尔·贾尔斯英文版《孙子兵法》。

2. 德国科隆大学汉学家、翻译家吕福克收藏的《孙子兵法》。

3.1 法国战争学院军官版亚纳·古德尔克收藏的《孙子兵法》。

3.2 法国潮州会馆监事长许葵收藏的中文版《孙子兵法》。

4. 阿塞拜疆书博馆收藏的中英文《孙子兵法》。

5. 西班牙马德里孙子迷吉瑞收藏的西班牙文《孙子兵法》。

6. 葡萄牙蝉联11届空手道冠军赛尔杰奥·卡斯帕尔收藏的葡萄牙文《孙子兵法》。

- 美洲 -

1.1 美国西点军校收藏的拉尔夫·D. 索耶英文版《孙子兵法》。

1.2 旧金山图书馆收藏了数量可观的各种版本《孙子兵法》。一位美国老太正在电脑前聚精会神地阅读美国准将格里菲斯翻译的《孙子兵法》。

2.1 加拿大皇家院士孙靖夷收藏的拉尔夫·D. 索耶和詹姆斯·克拉维尔等中英文版本《孙子兵法》。

2.2 加拿大蒙特利尔唐人街文化宫收藏的《孙子兵法辞典》。

3. 墨西哥自治大学学生阅读图书馆收藏的《孙子兵法》。

4. 巴西人在飞机上阅读他收藏的葡萄牙文《孙子兵法》。

- 大洋洲 -

1.1 澳大利亚孙子兵法研究会会长丁兆璋向吉姆·莫兰少将(伊拉克战争期间澳大利亚军队总指挥)赠送他收藏的《孙子兵法》。

1.2 澳大利亚华人丁兆德收藏的《孙子兵法》。

2.1 新西兰首都惠灵顿图书馆收藏的加里－加格里亚蒂等英文版《孙子兵法》。

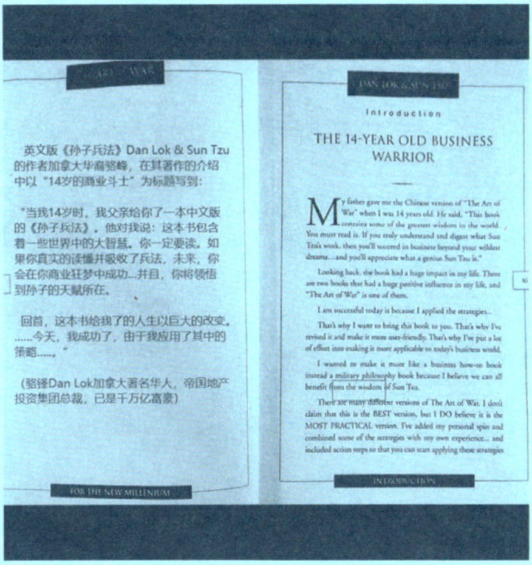

英文版《孙子兵法》Dan Lok & Sun Tzu的作者加拿大华裔骆峰，在其著作的介绍中以“14岁的商业斗士”为标题写到：

“当我14岁时，我父亲给你了一本中文版的《孙子兵法》。他对我说：这本书包含着一些世界中的大智慧。你一定要读。如果你真实的读懂并吸收了兵法，未来，你会在你商业狂梦中成功...并且，你将领悟到孙子的天赋所在。

回首，这本书给我了的人生以巨大的改变。……今天，我成功了，由于我应用了其中的策略……。”

（骆锋Dan Lok加拿大著名华人，帝国地产投资集团总裁，已是千万亿富豪）

FOR THE NEW MILLENIUM

Introduction

THE 14-YEAR OLD BUSINESS WARRIOR

My father gave me the Chinese version of "The Art of War" when I was 14 years old. He said, "This book contains some of the greatest wisdom in the world. You must read it. If you truly understand and digest what Sun Tzu's work, then you'll succeed in business beyond your wildest dreams...and you'll appreciate what a genius Sun Tzu is."

Looking back, the book had a huge impact in my life. There are two books that had a huge positive influence in my life, and "The Art of War" is one of them.

I am succesful today is because I applied the strategies...

That's why I want to bring this book to you. That's why I've revised it and make it more user-friendly. That's why I've put a lot of effort into making it more applicable to today's business world.

I wanted to make it more like a business how-to book instead a military philosophy book because I believe we can all benefit from the wisdom of Sun Tzu.

There are many different versions of The Art of War. I don't claim that this is the BEST version, but I DO believe it is the MOST PRACTICAL version. I've added my personal spin and combined some of the strategies with my own experience... and included action steps so that you can start applying these strategies

INTRODUCTION

2.2 新西兰图书馆收藏的英文版《孙子兵法》，同时展出加拿大华裔撰写的《孙子兵法》读后感。

图书在版编目（CIP）数据

孙子兵法全球传播录 / 韩胜宝著. -- 南京 : 江苏凤凰教育出版社, 2023.4

ISBN 978-7-5743-0340-9

Ⅰ. ①孙… Ⅱ. ①韩… Ⅲ. ①《孙子兵法》—译本—研究 Ⅳ. ①E892.25

中国国家版本馆CIP数据核字(2023)第061626号

摄　　影　齐竹溟

校　　对　沈娴敏

书　　名　孙子兵法全球传播录

著　　者　韩胜宝

统　　筹　周　晨

责任编辑　高　森

书籍设计　周　晨

出版发行　江苏凤凰教育出版社（南京市湖南路1号A楼 邮编210009）

苏教网址　http://www.1088.com.cn

印　　刷　上海雅昌艺术印刷有限公司

开　　本　889×1194　1/32

印　　张　17.625

版　　次　2023年5月第1版

　　　　　2023年5月第1次印刷

书　　号　ISBN 978-7-5743-0340-9

定　　价　260.00元

网店地址　http://jsfhjycbs.taobao.com

公 众 号　江苏凤凰教育出版社（微信号：jsfhjyfw）

邮购电话　025-85406265,85400774　短信02585420909

盗版举报　025-83658579